Uso de desenhos na prática clínica

Dados Internacionais de Catalogação na Publicação (CIP)
(Câmara Brasileira do Livro, SP, Brasil)

Oster, Gerald D.
  Uso de desenhos na prática clínica : aprimorando as entrevistas de admissão e os testes psicológicos / Gerald D. Oster ; tradução de Ricardo A. Rosenbusch ; revisão técnica de Anna Elisa Villemor-Amaral. - Petrópolis, RJ : Vozes, 2023.

  Título original: Using drawings in clinical practice.
  ISBN 978-85-326-6521-8

  1. Arteterapia 2. Desenho – Psicologia 3. Saúde mental – Diagnóstico 4. Técnicas de autoajuda I. Villemor-Amaral, Anna Elisa. II. Título.

23-166729   CDD-615.85156019

Índices para catálogo sistemático:
1. Arteterapia : Aspectos psicológicos   615.85156019
Aline Graziele Benitez – Bibliotecária – CRB-1/3129

Gerald D. Oster

Uso de desenhos na prática clínica

APRIMORANDO AS ENTREVISTAS
DE ADMISSÃO E OS TESTES
PSICOLÓGICOS

Tradução de Ricardo A. Rosenbusch
Revisão técnica de Anna Elisa Villemor-Amaral

EDITORA VOZES

Petrópolis

© 2016 Gerald D. Oster.
O reconhecimento de direito da autora está assegurado pelas seções 77 e 78 da Copyright, Designs and Patents Act 1988.
Tradução autorizada da edição em língua inglesa, publicada pela Routledge, membro da Taylor & Francis Group.

Tradução realizada do original em inglês intitulado *Using Drawings in Clinical Practice – Enhancing Intake Interviews and Psychological Testing*

Direitos de publicação em língua portuguesa – Brasil:
2023, Editora Vozes Ltda.
Rua Frei Luís, 100
25689-900   Petrópolis, RJ
www.vozes.com.br
Brasil

Todos os direitos reservados. Nenhuma parte desta obra poderá ser reproduzida ou transmitida por qualquer forma e/ou quaisquer meios (eletrônico ou mecânico, incluindo fotocópia e gravação) ou arquivada em qualquer sistema ou banco de dados sem permissão escrita da editora.

CONSELHO EDITORIAL

Diretor
Volney J. Berkenbrock

Editores
Aline dos Santos Carneiro
Edrian Josué Pasini
Marilac Loraine Oleniki
Welder Lancieri Marchini

Conselheiros
Elói Dionísio Piva
Francisco Morás
Gilberto Gonçalves Garcia
Ludovico Garmus
Teobaldo Heidemann

Secretário executivo
Leonardo A.R.T. dos Santos

Editoração: Andrea Bassoto Gatto
Diagramação: Sheilandre Desenv. Gráfico
Revisão gráfica: Alessandra Karl
Capa: Rafael Machado

ISBN 978-85-326-6521-8 (Brasil)
ISBN 978-1-138-02406-9 (Reino Unido)

Este livro foi composto e impresso pela Editora Vozes Ltda.

Com a recente morte de Buster, nosso cachorro, pela primeira vez nós ficamos sem bichos de estimação em casa.

Todos os animais que tivemos deram-nos amor e energia positiva em abundância para ajudar-nos a superar quaisquer crises ou dores que surgissem.

Hoje quero dedicar este livro à memória da duradoura companhia deles.

Em memória de

Reggie e Buster,
os queridos cães da nossa família,

e

Sybil e Hannah,
os queridos gatos da nossa família.

Sumário

Prólogo, 11
Prefácio, 15
   Referências, 24
Agradecimentos, 25
Sobre o autor, 29

1 Desenhos na prática cotidiana, 31
   Uso de desenhos em cenários clínicos, 33
   Por que usar desenhos?, 36
   Desenhos podem ser asseguradores, 39
   Fortalecimento do *insight* e resolução de problemas, 43
   Revelar o temperamento, 45
   Reconhecimento de metas e motivação, 48
   Falar por meio de imagens, 49
   Pontos vitais, 51
   Incremento do engajamento interpessoal, 53
   Estímulo à inspiração, 54
   Comentários finais, 59
   Referências, 62

2 Fundamentos dos desenhos clínicos, 65
   Aspectos históricos dos desenhos clínicos, 65
   Imagens de amadurecimento psicológico, 66
   Sequências de desenvolvimento, 68
   Amadurecimento cognitivo, 72

Indicadores emocionais, 75
Símbolos de doença mental, 78
Freud e Jung, 79
Buscas criativas em psicoterapia, 80
A arteterapia como uma disciplina, 83
Interação de arteterapia e psicologia, 85
Controvérsias na interpretação de desenhos, 90
Da psicologia às avaliações por arteterapia, 91
   Testes de Desenho de Silver, 93
   Série de Desenhos de Diagnóstico, 94
   A Pessoa que pega uma Maçã da Árvore, 95
Melhoras na avaliação, 97
Relatos que alertam, 97
Comentários finais, 99
Referências, 100

3 Casa-Árvore-Pessoa e variações, 107
Figuras humanas e objetos do dia a dia, 107
Casa-árvore-pessoa, 109
Desenhos de casas, 110
A árvore, 117
Figuras humanas, 122
Casa-árvore-pessoa cinética, 132
Desenhe uma pessoa na chuva, 135
Procedimentos de desenho da família, 140
   Desenhe-uma-família, 140
   Desenho cinético da família, 142
   Desenho de círculo centrado na família, 146
   Mãe e filho, 150
Referências, 155

4 Diferentes instruções de desenho, 158
  Ampliação do encontro interpessoal, 158
  Linhas de tempo, 160
  Genogramas, 163
  Brasão de família, 167
  Desenhe seu mundo, 169
  Desenhe-se com amigos, 172
  Desenhos cinéticos da escola, 173
  Desenhe seu eu "ideal", 176
  Desenhe seu estado de ânimo (atual), 178
  Definição e resolução de problemas, 181
  Antes, durante e depois das crises, 183
  Comentários finais, 185
  Referências, 186

5 Uso de desenhos em entrevistas clínicas, 188
  Coleta de informação, 188
  Realização de uma primeira entrevista, 193
  Observações comportamentais, 196
  O âmago da entrevista, 199
  Tipos de entrevistas clínicas, 201
    Entrevistas de admissão, 201
    Exame de estado mental, 205
  Entrevistas para casos de trauma, 208
  Escala de TEPT ministrada por clínicos, 212
  Inventário de sintomas de trauma, 215
  Checklist de sintomas de trauma para crianças, 217
  Indicadores de abuso sexual em desenhos, 220
  Vantagens e limitações, 223
  Avaliações da família, 226
  Compartilhar conflitos, 228

Um aprimoramento para os profissionais, 231

Referências, 232

6 Avaliações psicológicas abrangentes, 236

Testes psicológicos no processo de avaliação, 238

Solicitações de profissionais da saúde, 240

Resposta a perguntas de encaminhamento, 242

Identificação dos problemas percebidos, 245

O papel dos psicólogos, 246

Quebra-cabeças que precisam de soluções, 249

Princípios da testagem psicológica, 251

Componentes de avaliações psicológicas, 252

Seleção de uma bateria de testes, 253

    Avaliação da inteligência, 255

    Desempenho acadêmico, 255

    Testes neuropsicológicos, 256

    Inventários de personalidade, 257

    Escalas de pontuação de comportamento, 258

    Técnicas projetivas, 259

Desenhos na bateria de testes, 261

O relatório psicológico, 267

Resumos de avaliações psicológicas, 268

Palavras finais, 277

Referências, 277

Prólogo

*Eliana Gil**

Compartilho com o Dr. Oster de um profundo apreço pelos benefícios que podem decorrer do uso da arte na avaliação e no tratamento de crianças e adultos. O foco deste livro é a fase de avaliação no início do tratamento, momento em que os psicólogos clínicos procuram conseguir uma adequada compreensão do paciente que busca tratamento, de modo a elaborarem um plano terapêutico. Isso é especialmente difícil quando os pacientes são muito jovens, hesitam em se comunicar verbalmente ou não querem ou não conseguem exprimir seus pensamentos e sentimentos em palavras.

Portanto os psicólogos clínicos que trabalham com crianças fazem bem em desenvolver um repertório de estratégias não verbais capazes de atrair e envolver seus pacientes jovens ou ambivalentes no processo de se exporem de forma gradual e sem reservas. As artes expressivas (às vezes consideradas terapias alternativas) ganharam aceitação em razão de sua praticidade e utilidade em contextos clínicos concretos. Com efeito, a música, o drama, a dança, os jogos, a areia e as arteterapias – para mencionar apenas algumas dessas artes – são incorporados com sucesso em hospitais, centros de acolhida e residências coletivas, centros de atendimento a idosos e diversos outros programas que atendem a pessoas necessitadas.

Gosto muito de livros que proporcionam o conteúdo descrito no título. Sendo assim, senti-me satisfeita e entusiasmada ao verificar que o Dr. Oster cumpriu a sua promessa: oferece-nos um manual abrangente para utilizarmos desenhos em nossas práticas clínicas e aprimorarmos as entrevistas de admissão e os testes psicológicos. Acredito que este livro aumentará em grande medida a compreensão clínica de que ao encorajar e possibilitar

_____
* PhD, ATR, Instituto Gil de Recuperação Pós-Traumática e Educação, LLC, Fairfax (Virgínia).

expressões criativas e gráficas, mostrando depois curiosidade clínica, é possível maximizar o relacionamento clínico e o conforto do paciente.

Existe um robusto pano de fundo histórico a constituir o contexto para fundamentar o uso de desenhos na avaliação, bem como exemplos reveladores de que os desenhos têm vantagens inerentes, como as de fortalecer a percepção do paciente e a solução de problemas, reconhecer a motivação, fazer conexões emocionais mais profundas e estimular a inspiração. Esse último fator, em especial, sempre propiciou aos pacientes um sentimento que, embora intangível, é poderoso e os impulsiona a irem em frente, estimula-os rumo a uma maior introspecção e mobiliza energia para o tratamento. Aliás, em geral, desenhar, pintar e envolver-se nas artes expressivas abre novas vias de acesso a recursos internos e de externalização de imagens que depois suscitam a reflexão e uma possível ação.

Oster documenta algumas estratégias-padrão de desenho e expõe várias ideias ampliadas que são interessantes. Por exemplo, embora dedique tempo ao instrumento de avaliação Casa-Árvore-Pessoa, ele também oferece variações inovadoras e muito promissoras. Todas as técnicas de avaliação são mostradas por meio de apresentações que dão vida ao material e fornecem ao leitor uma visão geral dos desenhos como poderosos adjuvantes no processo de avaliação.

Como instrutora e defensora do uso da arte na avaliação e no tratamento, sei por experiência própria que os psicólogos clínicos encaram a utilização da arte clínica com certo receio. Às vezes, eles veem os desenhos como enigmas difíceis de resolver. Paradoxalmente, a maioria dos psicólogos clínicos tem papel e materiais de arte em seus escritórios se trabalham com crianças e adolescentes, mas em geral é menos provável que eles peçam que seus pacientes adultos desenhem. Entretanto, quando os pacientes cooperam e desenham, a maioria dos psicólogos clínicos não treinados não sabe como proceder. Eles frequentemente receiam equivocar-se ao interpretar o que veem ou ficam frustrados quando crianças ou jovens não querem falar mais sobre os desenhos que fizeram. Quanto a isso, este livro será de grande ajuda porque os abundantes estudos de casos mostram como os psicólogos clínicos podem utilizar-se dos desenhos em seu processo de tomada de decisão durante a fase de avaliação.

Sou admiradora do trabalho do Dr. Oster há muito tempo. Aliás, suas primeiras obras aguçaram meu interesse em aprender mais. Foi a leitura de seus livros que me levou a procurar mais conhecimento estruturado em arteterapia. Felizmente, mudei-me para a região de Washington e tive a oportunidade de almoçar com Barry Cohen, ele próprio um brilhante arteterapeuta, efetivamente interessado no tratamento de traumas por meio da arte. Sou eternamente grata a Barry por sugerir-me que me tornasse uma arteterapeuta credenciada, processo que consolidou meu respeito e meu apreço pelo possível uso da arte tanto na avaliação como no tratamento de pessoas ao longo da vida.

No entanto a maior parte da minha experiência concreta tem sido com crianças e estou muito em sintonia com o tom e a profundidade deste livro, bem como com as afirmações do Dr. Oster sobre o fato de os desenhos aprimorarem nossa compreensão e nossa conexão com os pacientes, muitos dos quais não conseguem valer-se de palavras para exprimir sua aflição.

Este livro é abrangente, focado, criativo e esclarecedor. Mais uma vez, agradeço ao Dr. Oster por renovar o meu entusiasmo com o uso da arte no trabalho clínico!

Prefácio

Desde o início da década de 1980 tive a oportunidade de colaborar com outros profissionais de saúde comportamental no que tange ao uso clínico de desenhos em entrevistas e avaliações e na psicoterapia. Por meio de escritos e palestras, bem como ao utilizar-me de imagens gráficas em minha prática profissional por mais de 35 anos, tenho observado que o ato de elaborar ilustrações e, mediante essas imagens, falar sobre problemas, estados de ânimo e relacionamentos têm alargado enormemente o meu enquadramento. E, para meus pacientes, esses rápidos esboços a lápis e papel certamente tornaram as sessões mais prazerosas e úteis, uma vez que reforçaram as possibilidades de melhorar a expressão e a comunicação das emoções.

Inicialmente, essas experiências tiveram o estímulo da arteterapeuta Patricia Gould (agora Patricia Crone), coautora do nosso *best-seller* original *Using drawings in assessment and therapy* (*Uso de desenhos em avaliação e terapia*), que hoje está em sua segunda edição – e já começamos a trabalhar na terceira. Quando ela apresentou suas avaliações dentro do hospital público em que nós dois trabalhávamos, o pessoal e eu adquirimos enorme apreço pelas obras de arte notáveis e elucidativas dessas pessoas vulneráveis que tentam expressar-se de forma mais plena e canalizar seus sentimentos num contexto mais adaptável. Fascinado pelas extraordinárias imagens apresentadas, eu me indagava sobre os significados metafóricos.

Com base nessa introdução às avaliações de arte e à arteterapia, bem como posteriores leituras e participações em oficinas sobre o tema, comecei a introduzir princípios de desenho em minha avaliação inicial e nas sessões de terapia, especialmente quando havia resistências no início dessas sessões. Ainda me lembro e me surpreendo igualmente diante das excepcionais imagens apresentadas e das discussões com os clientes que vieram a seguir, além da percepção adquirida. Por certo, essas breves atividades não verbais abriram um novo caminho para mim, forneceram uma via alternativa visando à coleta de importante informação histórica e geraram muitas hipóteses possíveis a respeito das características da personalidade e dos recursos emocionais do cliente em dificuldades.

Este livro *Uso de desenhos na prática clínica* é uma culminação dessas experiências, dos textos e das aulas sobre o tema. Além de meus livros com Patricia Gould Crone, eu também tive a oportunidade de ser coautor de um livro similar com a assistente social Sarah Montgomery (*Clinical uses of drawings – Usos clínicos de desenhos*) e tenho incluído aspectos do uso de desenhos em outros livros que escrevi com meus colegas sobre testes e psicoterapia de crianças e adolescentes.

Continuo também a ler e a aprender todos os dias de outros autores e profissionais sobre a busca de novas maneiras de incluir desenhos na caixa de ferramentas do psicólogo clínico. Essa procura da vida inteira tem mantido meu entusiasmo em relação ao tema e é ela que me permite compartilhar novos achados com meus colegas e alunos de pós-graduação em Psicologia que tenho a honra e o prazer de orientar.

Como ressaltado neste novo livro, as técnicas não verbais alternativas (como as orientações para desenho) criadas ao longo do último século têm dado novo impulso ao campo de entrevista clínica, testes psicológicos e psicoterapia. Psicólogos clínicos que já incorporaram efetivamente os desenhos ao processo de avaliação têm valorizado a riqueza das respostas e o engajamento que ela trouxe para o encontro de diagnóstico e planejamento terapêutico. Ao introduzirem uma situação singular no cenário das avaliações, os produtos gráficos resultantes falam realmente uma língua diferente, acrescentam flexibilidade às interações psicólogo clínico-cliente e geram coesão e confiança (que passa a ser um fator crucial para a compreensão precisa acontecer). Essa abordagem inovadora oferece um meio empolgante para se produzir marcadores tangíveis visando lembrar eventos importantes, revelar conflitos ocultos e estabelecer uma esfera mais ampla para visualizar soluções aos problemas.

Sem dúvida, os desenhos enriqueceram minha *Vida como psicólogo* (*Life as a psychologist*) (Oster, 2006). Essa técnica auxiliar fundamental que eu tenho usado em sessões de avaliação e terapia tem sempre realçado conversas que resultaram em interações evocativas e perceptivas. Métodos não verbais – como a construção de imagens gráficas – têm conquistado um sólido espaço no tratamento de saúde comportamental e aumentado o entusiasmo entre um amplo leque de profissionais que saúdam a inclusão de procedimentos clínicos especiais durante exames de estado mental, triagens diagnósticas, entrevistas de admissão e testes psicológicos.

Quando se utilizam esses tipos de abertura em tais situações, elas continuam a ser atraentes por sua capacidade de enfatizar e refletir preocupações e conflitos ocultos, bem como de ensejar maior potencial para a compreensão mais aprofundada da psique interior. Muitos consultores profissionais, psicólogos, assistentes sociais, terapeutas expressivos e outros profissionais da saúde em geral e da saúde mental acreditam que o conhecimento adicional adquirido durante a execução de desenhos torna-se relevante para as lutas dos clientes e fornece símbolos concretos de emoções, autoestima e competência social.

Os terapeutas profissionais necessitam sempre de uma caixa de ferramentas clínicas mais abrangente para engajar clientes, especialmente aqueles que relutam em compartilhar informação pessoal. Às vezes, as palavras não fornecem suficientes possibilidades para a comunicação eficaz acontecer. Quando se incluem desenhos no processo de entrevista e avaliação de modo a ampliar as interações pessoais, introduz-se uma estratégia diferente que oferece inúmeras oportunidades para a expressão de sentimentos e ideias. Esse valioso mecanismo é especialmente útil para clientes que sofreram abuso ou abandono no passado, bem como para famílias em situação de desarranjo.

Em minha prática clínica habitual e minhas sessões de supervisão com alunos de pós-graduação em Psicologia, encontrei no uso de desenhos um método divertido, colaborativo e eficaz para envolver e esclarecer sentimentos, percepções e fatos mais difíceis que são muito dolorosos de verbalizar.

Ao iniciarmos atividades de desenho no processo de diagnóstico e tratamento precoce, meus alunos e eu realmente descobrimos um método empolgante para rapidamente trazer à tona problemas que de outra forma passariam despercebidos em entrevistas e avaliações comuns ou nas primeiras sessões de terapia. Essas revelações impulsionaram nossas capacidades de intervir e ajudar as pessoas a compreenderem melhor seus medos profundos e ficarem mais determinadas a mudar.

Ainda maravilhados pelo impacto de simples técnicas na avaliação e na terapia, eu e meus alunos descobrimos que um desenho básico pode facilmente fornecer material frutífero sobre aspectos de desenvolvimento e amadurecimento, funcionamento emocional e cognitivo e expressão de traumas encobertos, bem como exprimir sentimentos e percepções ambíguas ou contraditórias sobre o mundo do cliente.

Quer se trate de instruções padronizadas para "Desenhe uma casa, árvore ou pessoa", que têm dominado a pesquisa psicológica sobre o uso clínico de desenhos, quer de orientações mais amplas, como "Desenhe: seu estado de ânimo; uma mãe e seu filho; soluções para um problema", o uso de imagens visuais encontrou considerável espaço para o compartilhamento de segredos e experiências pessoais dentro dos processos diagnóstico e terapêutico.

Embora outras modalidades não verbais (como música, dança e outros meios artísticos) certamente podem servir para canalizar pensamentos, preocupações e conflitos ocultos, representar as próprias imagens interiores em obras a lápis e papel (ou falar sobre elas) é sem dúvida uma das mais baratas e fáceis de aplicar. E, de fato, os desenhos representam uma linguagem diferente na revelação do bem-estar psicológico e "valem mais do que mil palavras", pois ampliam o contexto para interações interpessoais e fornecem significados metafóricos a experiências comuns.

Uso de desenhos na prática clínica foca em introduzir instruções de desenho no processo de entrevista clínica e avaliação psicológica e visa desenvolver temas abordados em livros anteriores que foram recebidos com muito entusiasmo por profissionais de saúde comportamental a fim de estender métodos alternativos não verbais, de modo a se envolverem e se comunicarem de maneira mais eficaz com clientes de todas as idades. Esses livros anteriores geraram renovada atenção entre profissionais e pesquisadores em busca de abordagens simples capazes de ressaltar e elucidar problemas emocionais relevantes em sessões diagnósticas, além de documentar o progresso do tratamento terapêutico.

Ao longo desses muitos anos, tive a oportunidade de corresponder-me com muitos psicólogos clínicos a respeito de novas técnicas de desenho e resultados, dirigir oficinas de incorporação de desenhos ao âmbito terapêutico e ampliar a perspectiva de alunos de pós-graduação em Psicologia que, a princípio, eram céticos quanto a aplicações criativas para aprimorar testes psicológicos.

Este livro consolida essas experiências e atualiza a literatura sobre desenhos a partir da última edição (2004). Ele dá ênfase principalmente ao processo de tratamento inicial (isto é, avaliação e entrevista clínica), por ser esse um momento para formular diagnósticos e traçar vias de tratamento. Foi durante essas sessões iniciais que eu descobri o empolgante mundo das construções gráficas e o potencial para desvendar conflitos encobertos e consolidar recomendações de intervenções. E, como também percebi nessas experiências, os clientes não precisam expressar-se artisticamente para transmitir imagens ocultas já que podem limitar-se a falar sobre elas.

Este guia prático de utilização de desenhos na fase inicial de coleta de informação está repleto de estudos de casos e imagens gráficas. Ele apresenta um panorama histórico abrangente de uma variedade de procedimentos de desenho que têm sido aplicados em avaliações e entrevistas e que fornecem provas a salientar suas vantagens.

Seu texto explica de maneira convincente como é que simples tarefas de desenho que levam apenas uns instantes de uma sessão podem contribuir e aprimorar entrevistas e testes psicológicos de crianças, adolescentes e adultos. Ele também atualiza as bibliotecas de profissionais iniciantes e experientes com literatura recente e novas soluções para vencer a resistência do cliente. Ricamente ilustrados dentro de um enfoque de "como fazer", os capítulos cobrem aspectos importantes sobre o uso de desenhos nas etapas iniciais do tratamento e oferecem meios para facilitar a comunicação aprofundada de ideias e comportamentos problemáticos.

Desenhar com lápis e papel torna-se uma técnica direta e facilmente disponível para uma miríade de profissionais, inclusive psicólogos, assistentes sociais e consultores, além de terapeutas expressivos. O uso exclusivo de lápis e papel diferencia essa técnica das profissões de arteterapia que têm um alicerce muito mais concreto nas artes criativas e usam uma grande diversidade de materiais com os quais outras disciplinas de saúde comportamental em geral não se sentem à vontade e que habitualmente estão fora de seu campo de competência. Todavia, todos esses profissionais clínicos mostraram-se ávidos por conhecimento e dispostos a aprender técnicas inovadoras para envolver o cliente menos verbal ou resistente que eles encontram no dia a dia de seu exercício profissional.

Espero que este livro seja apreciado não só como um guia instrutivo básico para os diversos usos de imagens gráficas dentro do processo de diagnóstico, mas também visto como um excelente manual educativo para uma melhor compreensão do mundo interior de pessoas afetadas por conflitos psicológicos.

Sem dúvida, o público visado – alunos de pós-graduação e profissionais de saúde comportamental – será impactado pelas vívidas descrições de casos, enriquecido em seu maior conhecimento de diretrizes e procedimentos de entrevista e avaliação, e encantado com uma linguagem visual que fará desta obra um recurso extremamente estimulante e valioso.

Este livro está dividido em seis capítulos, que cobrem a base histórica, pesquisa e aplicações da importância e do valor da introdução de desenhos no processo clínico de entrevista e diagnóstico. O capítulo 1 começa com a apresentação de um estudo de caso que fornece um exemplo surpreendente da depressão de uma jovem e das profundezas de seu sofrimento interior. O exemplo partilha com o leitor a capacidade da jovem de demonstrar com seus desenhos que ela precisa de ajuda para superar a sua visão negativa de suas interações com adolescentes e adultos. Seguem-se outros relatos que também confirmam a eficácia das imagens gráficas para salientar problemas existentes e as questões cruciais que precisam ser descobertas durante a entrevista e os testes psicológicos iniciais.

As páginas deste livro abundam em narrações que mostram como a introdução de desenhos nesse processo avaliativo possibilita o desenvolvimento de uma etapa segura para facilitar de fato recordações, pensamentos e sentimentos, talvez penosos demais de se abordar diretamente mediante escalas e questionários padronizados.

Também é apresentada a ideia de "falar por meio de imagens". Por vezes, a introdução de desenhos na esfera diagnóstica ou terapêutica depara-se com forte resistência. Quando esse entrave ocorrer, examinadores ou entrevistadores podem oferecer uma oportunidade alternativa, isto é, pedir aos clientes que descrevam verbalmente suas imagens ou representações interiores das diversas técnicas de desenho solicitadas, em lugar de expressarem seu "problema" ou seu "mundo" no papel. São dados muitos exemplos curiosos dessas solicitações e respostas. Com frequência, é um alívio para o cliente (e talvez para o psicólogo clínico) o fato de que falar sobre imagens interiores tenha similar eficácia em expor um cenário de aflição encoberto.

O segundo capítulo apresenta ao leitor a sequência histórica dos muitos usos de atividades de desenho e outras técnicas não verbais no questionamento terapêutico e na avaliação. Ele mostra que os desenhos foram usados primeiro para avaliar o desenvolvimento normal, depois se tornaram parte essencial da entrevista clínica e de testes psicológicos, e têm sido utilizados ao longo dos anos em diversos formatos terapêuticos, sobretudo nas fases iniciais do tratamento. São utilizados exemplos e estudos de casos para enfatizar que a introdução de métodos de desenho pode ampliar entrevistas diagnósticas formais.

Há uma revisão da literatura anterior e dos nomes de técnicas de desenhos com instruções padronizadas, e são oferecidos fundamentos da teoria do desenvolvimento, interpretações de desenhos na avaliação psicológica, diagnósticos clínicos, e a edição revista do *Manual diagnóstico e estatístico de transtornos mentais* (DSM-5), bem como pesquisa atualizada. Também explica em detalhes como a psicologia e a arteterapia foram integradas ao longo dos anos.

O capítulo 3 ressalta a evolução histórica que levou à escolha de casa, árvore e pessoa como figuras de uso generalizado na avaliação e como seu enorme valor interpretativo concretizou-se na prática e na pesquisa. Esses objetos comuns do dia a dia foram os primeiros desenhos agregados ao exame psicológico e têm sido objeto de pesquisas mais abrangentes na literatura sobre avaliação. Portanto eles requerem uma seção à parte e investigação mais aprofundada.

O acréscimo de modificações na instrução padronizada, como "Desenhe-uma-pessoa-na-chuva", é uma fascinante variação mais recente entre esse foco sequencial de desenhos de figuras e objetos, tendo demonstrado seus benefícios excepcionais à interpretação durante entrevistas e avaliações. Também foram incluídos outros formatos de acesso à informação. Métodos muito conhecidos, como "HTP Cinético" e outras instruções, como desenhos de "mãe e filho", permitem que essas técnicas minimamente ameaçadoras promovam o compartilhamento e a coleta de experiências subjetivas talvez não reveladas tão facilmente em sessões de entrevista ou avaliação.

Um simples pedido para desenhar pode resultar na introdução extremamente envolvente e excepcional a uma situação de avaliação. Para o psicólogo clínico que interpreta esses desenhos ou para os clientes que exprimem oralmente sua percepção das construções, essas imagens e interações iniciam um importante processo de comunicação que oferece a oportunidade de investigar os conflitos, as preocupações e as ansiedades que resultaram nessas experiências.

O capítulo seguinte (capítulo 4) oferece diretrizes complementares que ampliam o escopo do uso de desenhos para colher informação importante nas etapas iniciais de avaliação e tratamento. Com numerosos exemplos e estudos de casos, essas páginas vão enriquecer e encorajar os leitores a pensarem criativamente em como utilizar desenhos e elaborar novas orientações para suas próprias práticas clínicas.

Essas páginas analisam as instruções padronizadas de desenhos em técnicas não verbais comuns, como as linhas de tempo e os genogramas, bem como inspiram caminhos mais criativos para a obtenção de informação complementar sobre preocupações e sintomas do cliente. O capítulo examina instruções básicas e amplia possibilidades em uma abordagem muito prática que inste os profissionais a irem além de seu jeito habitual de lidar com a coleta de informação.

O capítulo 5 foca diversos aspectos da entrevista clínica e como integrar desenhos no processo de triagem. A entrevista clínica estabelece uma troca entre clientes e trabalhadores de saúde comportamental. Para que esse momento seja proveitoso, os psicólogos clínicos precisam: a) fazer com que esse contato humano seja confortável; b) estabelecer efetiva empatia; c) construir uma aliança efetiva; d) incutir esperança na possibilidade de superar os problemas enfrentados; e) fornecer metas claras e intervenções úteis.

Os profissionais que se veem nessa posição necessitam de muitas estratégias para descobrir a história pregressa, o sistema de apoio, os sintomas presentes e a resiliência da pessoa sentada à sua frente. Para auxiliar nesse processo complicado foram criados formatos de entrevista clínica estruturada e não estruturada, utilizados para adquirir informações valiosas que determinem o rumo do tratamento.

Esse capítulo abrange diversos estilos de entrevista para coleta de evidência pertinente e examina técnicas como o exame de estado mental, assim como listas de traumas e formatos de entrevista que oferecem às pessoas aflitas um contexto para fazerem face a pensamentos e sentimentos perturbadores. Incluem-se também avaliações familiares para analisar a dinâmicas passadas ou atuais do lar que estejam contribuindo para os sintomas apresentados. E, é claro, apresentam-se desenhos para facilitar esse processo.

O último capítulo (capítulo 6) concentra-se nas demandas para testagem psicológica e examina os testes comuns que compõem uma típica bateria de avaliações. Uma vez esclarecidas essas questões de encaminhamento, efetuadas as entrevistas e consideradas as impressões de diagnóstico, talvez ainda haja dúvidas quanto à necessidade de informação e documentação específicas que determinem certa adaptação em sala de aula, um grau de deterioração do funcionamento ou a necessidade de programas especializados de residência, reabilitação ou assistência posterior.

Por meio de questionários de autorrelato, observações comportamentais e aplicação de testes de inteligência e neuropsicológicos, baterias educacionais, relações de personalidade e técnicas projetivas (como técnicas de desenho), cria-se uma descrição abrangente do funcionamento, baseada em dados normativos e no juízo e na experiência do examinador, com base em respostas do cliente que possam detalhar determinados pontos fortes e fracos, além de resumir e esclarecer hipóteses de diagnóstico com maior exatidão. A última seção do livro aborda essas questões e discute o valor da inclusão de desenhos na bateria psicológica. Com a abundante informação reunida ao longo desse processo, é possível estabelecer metas para terapia e outras intervenções terapêuticas com precisão.

Depois de lerem este livro, os psicólogos clínicos terão uma visão geral dos meios para introduzir uma ampla variedade de técnicas não verbais para aumentar a comunicação durante entrevistas clínicas e testes psicológicos. O ganho de conforto decorrente dessas técnicas baseadas em desenho contribui enormemente para o processo de coleta de informação. Mesmo quando falarem por intermédio de imagens, os psicólogos clínicos terão descoberto um método alternativo para interagirem com seus clientes aflitos ou traumatizados e a oportunidade de se tornarem agentes de mudanças concretas.

Com seus exemplos abundantemente ilustrados, este manual para profissionais oferece-lhes muitas possibilidades para incorporarem esses métodos criativos aos seus próprios estilos de trabalho. Finalmente, ao enfatizar os aspectos relacionais da mudança, que são tão inerentes à aplicação de métodos experimentais no campo da avaliação e da terapia, *Uso de desenhos na prática clínica* ressalta as óbvias vantagens da inclusão de atividades não verbais em entrevistas clínicas e sessões de testes psicológicos.

Referências

Oster, G. D. (2006). *Life as a psychologist: Career choices and insights*. Praeger.

Oster, G. D., & Crone, P. (2004). *Using drawings in assessment and therapy* (2. ed.). Taylor & Francis.

Oster, G. D., & Gould, P. (1987). *Using drawings in assessment and therapy*. Brunner/Mazel.

Oster, G. D., & Montgomery, S. S. (1996). *Clinical uses of drawings*. Jason Aronson.

Agradecimentos

Nos meus muitos anos de vida profissional como psicólogo tenho interagido com pessoas maravilhosas que nutriram minha curiosidade e continuam a desempenhar um papel importante no meu crescimento. Conheci muitas dessas pessoas nos meus anos de graduação e pós-graduação e ainda mantenho contato com elas regularmente, por meio de um blogue nas manhãs de domingo.

Tive também a sorte de me comunicar com colegas de trabalho em diversos âmbitos, como hospitais públicos e privados, centros de tratamento residencial e aconselhamento, clínicas e no meu próprio consultório. Algumas dessas talentosas pessoas – como o psiquiatra Stewart Gabel, os psicólogos Joan Offerle e Joshua Semiatin e a consultora profissional Marcie Brooks – tiveram a gentileza de somar palavras encorajadoras para apoiar este livro. Todos me influenciaram – e ainda me influenciam – em diferentes graus na minha aprendizagem, e eu muito lhes devo no meu trabalho continuado.

Durante os últimos nove anos também tive a sorte de oferecer supervisão em avaliação psicológica a pós-graduandos nas regiões de Washington, D.C. e Baltimore, duas manhãs por semana, momentos que sempre foram muito especiais para mim. Esses alunos sempre foram muito receptivos a novas experiências, como a de incluir desenhos em sessões com seus clientes, e têm ficado admirados com seus resultados.

Todos eles têm sido inteligentes e entusiastas em sua disposição a aprender novas maneiras de ampliarem a sua percepção em torno do processo de entrevista e avaliação. A motivação, o humor e o alto nível ético profissional deles sempre me inspiraram a persistir nesse empenho. A eles devo minha continuada juventude e minha relutância à aposentadoria.

É claro que há certas pessoas às quais quero agradecer porque influenciaram minha trajetória e meu interesse em desenhos. Em primeiro lugar, a arteterapeuta Patricia Gould Crone, quem inicialmente expôs o poder das imagens visuais nos primeiros anos da década de 1980, quando se apresentava em rondas clínicas no hospital estadual onde eu e ela trabalhávamos à época.

Vindo de um tradicional programa de psicologia, esse enfoque inovador da expressão certamente me estimulou a escrever sobre o que eu experimentara. Com a ajuda dela, escrevemos a nossa primeira edição de *Using drawings in assessment and therapy* (*Uso de desenhos em avaliação e terapia*, 1987), trabalho que nos permitiu instar muitos outros profissionais a buscarem e agregarem expressões não verbais de pensamentos e sensações ao seu repertório clínico.

Um desses profissionais, a psicóloga e arteterapeuta Eliana Gil, fortaleceu o campo de buscas criativas em seu próprio trabalho, ampliando as áreas de terapia lúdica e intervenções para pessoas traumatizadas. A ela quero agradecer especialmente por dedicar tempo a redigir um prólogo tão favorável para este livro. Outros arteterapeutas com os quais tive contato ao longo dos anos, em especial Cathy Malchiodi, Rawley Silver, Shirley Riley e Diane Safran, também contribuíram para o meu entusiasmo.

Na escrita deste livro, devo também meu reconhecimento a muitas pessoas talentosas do Routledge Mental Health/Taylor and Francis Group por seu apoio, suas ideias e sua edição oportuna. Foi durante minhas primeiras conversas com a editora Anna Moore (que originalmente solicitava uma terceira edição de nosso livro *Using drawings*) que este livro foi concebido.

Outra pessoa a quem quero agradecer por proporcionar estrutura ao longo desse processo é Zoey Peresman, assistente editorial, pois ela pediu minha opinião com frequência durante todo o andamento da publicação. Igualmente importantes por sua ajuda na finalização do livro foram os membros da equipe de produção e os revisores em Nova York e Londres, George Warburton, Quentin Scott e Katherine Hemmings. Por seu excelente profissionalismo, quero agradecer a vocês pelo bom trabalho realizado.

Por fim, preciso reconhecer o incessante incentivo de minha família mais próxima. Todos éramos bem mais jovens quando eu comecei a escrever sobre desenhos, em meados dos anos de 1980. Aliás, minha esposa, Jo Warwick, então estudante de Psicologia, assistiu à minha "evolução" como psicólogo, escritor e flautista por mais de 30 anos e continuará a me observar enquanto nos aproximamos da aposentadoria. Ela também me deu a satisfação de acompanhar a sua transformação em professora de educação especial e me oferece muitas histórias notáveis em sua busca de intervenções ponderadas e pertinentes para seus alunos.

Hoje mais perto de seus 30 anos, nossos dois filhos eram crianças na década de 1980. Admirados, nós os vimos tornarem-se pessoas interessantes por seus méritos, embora fora das nossas áreas profissionais. Nosso filho, Aaron Oster, hoje com 29 anos, fez carreira na mídia esportiva e trabalha na rádio como produtor e repórter em esporte profissional e universitário. Ele também é colunista de luta livre profissional no *Baltimore Sun* e na *Rolling Stone*. Nossa filha, Corriane (Corri) Oster, 26, descobriu sua paixão na teatro musical e atualmente trabalha no desenvolvimento de um teatro sem fins lucrativos na Flórida, com apresentações aos finais de semana na Disney World. Vidas muitos diferentes da nossa, mas o nosso entusiasmo por eles não poderia ser maior.

Sobre o autor

Depois de se doutorar em Psicologia pela Virginia Commonwealth University em 1981, Dr. Oster trabalhou em diversas instituições de pesquisa, hospitais de internação e centros ambulatoriais, como o Centro de Orientação da Universidade de Maryland, em Baltimore, e o Centro Médico Medstar Montgomery, em Olney.

Nesse período, ele atuou como professor adjunto de Clínica na Escola de Medicina da Universidade de Maryland e como diretor de estágio de formação no Instituto Regional para Crianças e Adolescentes (RICA-Rockville). Após a sua "aposentadoria" do sistema estadual de Maryland, com 20 anos de serviço, ele continuou trabalhando em tempo integral, mediante contratos de prestação de serviços de testagem psicológica para um hospital local e uma clínica.

Ele também supervisiona alunos de pós-graduação em Psicologia (externos de 20 horas/semana) num centro de tratamento residencial, em Baltimore. Nesses encontros, ele e seus pós-graduandos de universidades locais examinam encaminhamentos, reúnem informações básicas e escolhem diversos testes – inclusive técnicas de desenho – a serem incluídos em baterias de avaliação psicológica. Depois, eles dedicam muito tempo a interpretar testes e redigir relatórios, bem como a aproveitar o processo de aquisição de diferentes percepções obtidas em suas amplas experiências.

Além de seu trabalho clínico, Dr. Oster escreveu ou foi coautor de dez livros, incluídos os dois últimos como *ebooks* – *Unmasking childhood depression* e *From ABCs to IEPs*. Para além de seu foco em desenhos (inclusive um texto com a assistente social Sarah Montgomery), ele foi coautor de textos sobre testes psicológicos (*Understanding psychological testing in children* and *Assessing adolescents*), depressão em adolescentes (*Understanding and treating adolescent depression and their families* e *Overcoming teenage depression*), terapia infantil (*Difficult moments in child psychotherapy*) e opções de carreira em psicologia (*Life as a psychologist*).

Em anos anteriores, ele também publicou muitos artigos em revistas sob revisão de pares a respeito de temas como incapacidade adquirida, distorções cognitivas, erros em livros-texto e comportamento relativo à bebida em animais, além de ter ministrado cursos de graduação e pós-graduação sobre desenvolvimento infantil e na vida inteira.

A primeira edição de *Using drawings in assessment and therapy* (com Patricia Gould Cone, em 1987) foi aplaudida como texto pioneiro a combinar literatura psicológica com literatura sobre arteterapia. Depois, a obra ganhou o *status* de título do mês em clubes de livros profissionais. Antes do lançamento da segunda edição, em 2004, Dr. Oster teve a oportunidade de publicar um texto semelhante em 1996 (*Clinical uses of drawings*), com Sarah Montgomery. Mais uma vez, foi a ênfase em públicos multidisciplinares que gerou o maior interesse. Posteriormente, ele ministrou palestras e oficinas sobre os diversos aspectos do uso de desenhos em avaliação e terapia para assistentes sociais, consultores profissionais, psicólogos, terapeutas expressivos e até estudantes de Medicina.

Dr. Oster é casado há mais de 30 anos e tem dois filhos adultos. Sua esposa é professora de educação especial no ensino médio e os filhos continuam a se desenvolver em suas carreiras na área de entretenimento, mídia esportiva e teatro sem fins lucrativos. Ele também toca flauta numa banda local.

1
Desenhos na prática cotidiana

Estudo de caso
Sarah E.

Sarah E., 8 anos de idade, era uma aluna de terceira série encaminhada para testes psicológicos por seus pais no intuito de terem uma compreensão mais clara de seus pontos fortes e de suas vulnerabilidades intelectuais, educacionais e emocionais. Os pais queriam esclarecer se atenção deficiente, déficits de processamento de informação ou outros problemas de aprendizagem ou emocionais podiam tolher o potencial da menina.

Eles disseram que o estado de ânimo de Sarah geralmente era de ansiedade e tristeza, bem como de irritabilidade e atitude defensiva. Frisaram também que ela carecia de autoconfiança, frustrava-se com facilidade e muitas vezes desistia de atividades antes de ter despendido realmente um grande esforço.

Embora aparentemente incertos quanto à gravidade dos problemas de Sarah, os pais observavam que ela parecia ver a sua situação de maneira muito negativa em comparação à de seus colegas. Por exemplo, Sarah comentava que era "a pior leitora da turma" e dizia aos pais que seu "boletim seria péssimo". Na verdade, ela sempre estivera pelo menos no nível da série. Sarah também interpretava seu ambiente erroneamente e tendia a generalizar a situação de forma pessimista. Nesse contexto, ela costumava afirmar que "tudo é horroroso" e que "eu não sou boa".

Na primeira entrevista, os pais disseram ver que Sarah era benquista no plano interpessoal porque parecia ter muitos amigos. Pelo contrário, Sarah via-se incapaz de se dar bem com os colegas e como frequente alvo de *bullying*. Ela também se descrevia como a única pessoa "infeliz" da família (mesmo com seus pais presentes na mesma sala!). Parecia haver convicções diametralmente opostas entre as percepções dos pais sobre os pontos de vista de Sarah e a autoimagem da menina.

Em razão do mau humor de Sarah e da preocupação deles com ela, os pais já haviam marcado uma consulta de terapia ambulatorial. Eles queriam mais informações documentadas resultantes de uma avaliação psicológica, de modo a fornecer ao futuro terapeuta uma visão detalhada e abrangente sobre as dificuldades diárias de Sarah, além de suas necessidades afetivas e educacionais.

Dentro do processo de avaliação, Sarah foi instada a realizar uma série de desenhos que caracterizassem sua autoimagem e seus problemas. Antes mesmo de escutar todas as orientações para os desenhos solicitados (tratava-se de várias imagens: Casa-Árvore-Pessoa, família e amigos de Sarah, ela própria na escola, problemas que ela talvez tivesse experimentado e como resolvê-los), Sarah traçou apressadamente essa imagem perfeita de si mesma e de seu estado de espírito (cf. Figura 1.1).

A expressiva ilustração de uma "borboleta triste" representava fielmente a aparência externa da menina, bem como sua situação, por ela percebida sob um viés negativo (uma pessoa linda e extrovertida com uma triste vida interior). Sarah exprimiu de imediato as percepções sombrias e enganosas do seu mundo e tentou expor muitas visões da sua angústia.

Figura 1.1

A infelicidade de Sarah era muito evidente em sua descrição gráfica. E sua disposição ao expressar seus pensamentos negativos por meio de seus desenhos (inclusive com seus pais, quando chamados para examinarem os resultados) foi tão esclarecedora quanto penosa. Com efeito, esse canal criativo de expressão de pensamentos e sentimento mediante desenhos a lápis tornou o *feedback* para seus pais mais tangível e pungente.

Depois, Sarah fez vários outros desenhos na sessão de avaliação, com muitos indicadores de excessivos sofrimento e sensibilidade e escassa confiança, coerentes com diversos questionários de autorrelato e outras técnicas de personalidade que correspondiam à sua tristeza e ao seu frágil autoconceito. Nessas posteriores enumerações e medidas, ela descrevia-se como "sozinha" demais e incapaz de lidar sequer com insignificantes fatores de estresse no dia a dia.

Uma vez concluídos os desenhos e outros aspectos dos testes psicológicos, ao aprofundar-se em suas preocupações e receios, Sarah disse ter variáveis estados de espírito. Revelou que seu dia típico consistia em acordar "numa boa", depois ir ficando cada vez mais triste na escola e, no fim do dia, sentir a "necessidade de chorar".

A inclusão de instruções de desenho na bateria psicológica abriu – especialmente no início da sessão de entrevista e avaliação – muitas vias alternativas para Sarah exprimir seu grande abalo emocional e fez com que fosse mais fácil os pais "verem" de fato seu intenso desespero. Ao que parecia, quaisquer futuras intervenções terapêuticas não só seriam focadas nos pensamentos e nos sentimentos negativos de Sarah (além da educação familiar sobre as distorções que a depressão pode gerar no raciocínio) como proporcionariam habilidades de adaptação mais eficazes para ajudá-la a diminuir a sua tensão de todos os dias (p. ex., princípios de ioga e atenção plena).

* * *

Uso de desenhos em cenários clínicos

Por trabalharem em uma ampla variedade de cenários com diversas populações, psicólogos, assistentes sociais, terapeutas expressivos, consultores profissionais e assistentes de saúde comportamental de todas as tendências continuam a precisar de múltiplos métodos para aprimorarem a comunicação e compreenderem as histórias difíceis que lhes são reveladas por todo e qualquer cliente (Oster & Gould, 1987; Oster & Montgomery, 1996; Oster & Crone, 2004).

Esses profissionais clínicos necessitam avaliar rápida e eficientemente as pessoas à sua frente, reconhecer seus problemas e conflitos essenciais e estabelecer uma relação autêntica e de confiança que permita um livre-fluxo de interações significativas. Como parte de procedimentos de admissão, entrevistas de diagnóstico, avaliações psicológicas ou intervenções terapêuticas iniciais, torna-se fundamental contar com uma abundante e diversificada "caixa de ferramentas clínicas" com técnicas e métodos não ameaçadores que reforcem a colaboração entre um cliente em dificuldades e uma pessoa solidária que há de orientar o fluxo da informação a ser coletada, tanto verbal quanto não verbalmente (Brooke, 2004). A introdução de desenhos nessa "dança" ricamente estruturada é um importante coadjuvante ao processo de entrevista e avaliação e oferece maior percepção dentro da narração cumulativa que ocorre durante uma sessão inicial e posterior avaliação.

Ao longo do último século, imagens gráficas de pessoas, lugares, objetos ou símbolos têm sido terreno fértil para interpretação sobre reconhecer significados ou metáforas de conflitos subjacentes no decorrer do interrogatório clínico e do teste psicológico (Hammer, 1997; Handler & Thomas, 2013). Desenhos e o processo de desenho também têm dado aos clientes em dificuldades um modo mais fácil e menos ameaçador de descobrirem e comunicarem pensamentos perturbadores e de efeito negativo nas fases iniciais do tratamento (Malchiodi, 2012). Ao se criar, observar e discutir desenhos durante sessões de avaliação, enseja-se uma plataforma mais segura para facilitar recordações que seriam dolorosas demais se abordadas diretamente.

O uso de metáforas visuais como complemento do processo de entrevista clínica e avaliação psicológica expressa um mundo interior que, não sendo assim, não seria revelado e exposto. Quando se reserva tempo (geralmente apenas uns minutos) para introduzir essas técnicas não verbais, possibilita-se que métodos eficazes não intrusivos ajudem realmente clientes ansiosos, tristes e aflitos a ampliarem o leque de seu pensamento e aumentarem seu *feedback* espontâneo.

Ao usarem desenhos nas sessões, os psicólogos clínicos observaram que cada imagem criada é exclusiva daquela pessoa e lhe oferecem uma clara mudança de perspectiva (ou seja, uma nova "porta de percepção") capaz de mudar um diálogo interior de modo a ativar possíveis soluções ao problema. Quando essa percepção interior é transformada em uma folha de papel ou simplesmente verbalizada (p. ex., "diga-me como seria o desenho da sua raiva"), surgem muitas possibilidades de maior percepção e novas compreensões com subsequentes ajustes interpessoais no processo de avaliação e terapia.

Com esse formato alternativo de apresentação de sugestões de desenho incluídas na coleta de nova informação sobre a pessoa durante a entrevista clínica e os testes psicológicos, surgem inúmeras oportunidades de maior flexibilidade visando à abertura, à comunicação mais livre e à percepção mais profunda.

O uso de desenhos em sessões de avaliação e terapia inicial sempre teve a vantagem de ser menos invasivo no caso de clientes que têm dificuldade em abordar certas emoções, especialmente aquelas mais penosas, que eles tentam encobrir e proteger. Com frequência, as aplicações de desenhos em entrevistas e avaliações foram consideradas especialmente úteis para pessoas que se mostravam não verbais ou confusas (Rubin, 2001; Wadeson, 2010). E na longa história da prática clínica, a utilização de imagens teve especial destaque quando aplicada em populações específicas, como usuários de drogas, que podem sentir-se mais na defensiva e inibidos quando buscam mudar (Bivans, 2013), ou para pessoas traumatizadas por problemas de saúde (Malchiodi, 2014).

Nos últimos cem anos, abundante literatura demonstrou que muitas pessoas – de jovens de alto risco a idosos fragilizados – podem achar nos desenhos um meio mais simples, mais seguro e diferente de explorar questões penosas e lembranças incômodas que impactaram seu crescimento rumo à maturidade ou seu funcionamento atual (Oster & Crone, 2004).

Verificou-se que, ao estabelecerem um espaço simbólico para a expressão da angústia interior em uma entrevista de admissão ou de avaliação ou uma sessão de terapia inicial, as imagens gráficas oferecem ilimitadas oportunidades para expor importantes bloqueios psíquicos e inspirar o cliente a perceber e começar a praticar um leque mais amplo de possibilidades visando à mudança positiva.

Quando se solicitam desenhos dentro do processo de entrevista clínica, avaliação psicológica e diagnóstico, obtém-se uma visão ampliada das histórias do cliente. Esses símbolos que descrevem conflitos interiores (os aspectos compartilhados do mundo do cliente) podem ser de grande ajuda para o assistente de saúde ou de saúde mental que necessite de outro modo de superar a resistência inicial enfrentada ou que tente oferecer uma compreensão mais aprofundada das narrações em evolução que lhe são apresentadas.

Essas imagens não verbais oferecem pistas de um turbilhão subjacente, de temores e diálogos secretos às vezes não tão fáceis de exprimir só em palavras, e quase sempre elas melhoram a troca interpessoal. Por meio desses pontos de referência visual, clientes em dificuldades podem começar a ampliar suas descrições de seus pensamentos, sentimentos e percepções, em lugar de tentarem pôr apenas rótulos verbais em sua vida interior.

Por que usar desenhos?

Os psicólogos clínicos precisam se atualizar constantemente com novas técnicas para estender entrevistas iniciais, observar diversos comportamentos durante testes psicológicos e examinar perguntas de diagnóstico. Ademais, os clientes precisam de mais meios para se expressarem no processo de avaliação e tratamento inicial do que meramente falar de seus problemas, para promover conscientização e crescimento. E os profissionais de saúde comportamental devem descobrir maneiras inovadoras de produzir novas experiências que capacitem os clientes a "verem" seus problemas diferentemente, de modo a resolvê-los.

Nessa tentativa de esclarecer problemas, diagnosticadores, examinadores psicológicos e profissionais de admissão estão sempre em busca de diferentes ferramentas e técnicas clínicas (como desenhos e outros procedimentos não verbais) para dar vigor ao seu regime de tratamento cotidiano. Esse entusiasmo por introduzir métodos complementares que tornem mais eficazes o envolvimento e a comunicação com os clientes tem gerado renovada atenção entre profissionais atuantes e pesquisadores para descobrirem aplicações simples e diretas que possam responder perguntas específicas no processo de entrevista clínica e avaliação, bem como melhorar o diálogo e documentar o progresso durante as sessões iniciais da terapia (Linesch, 2000; Riley, 2001; Edwards, 2002; Safran, 2002; Gil, 2011).

O uso clínico de imagens gráficas em entrevistas diagnósticas e testes psicológicos continua a atrair clientes e psicólogos clínicos com sua capacidade de ilustrar marcadores concretos do mundo interior. Em suas muitas variantes, as diretrizes de desenho proporcionaram uma estrutura simplificada, embora importante, para a expressão de sentimentos e experiências pessoais, exprimindo conflitos e preocupações atuais numa linguagem não verbal.

De mais a mais, essas intervenções pictóricas fornecem novas e criativas oportunidades para promover mudanças e atingir metas de tratamento. Essas representações visuais perduram no uso corrente por demonstrarem seu valor principal para gerarem hipóteses sobre funcionamento intelectual, emocional e de desenvolvimento durante a coleta de informação inicial e avaliações mais amplas (Hammer, 1997; Handler & Thomas, 2013).

Independentemente de os envolvidos no desdobramento do processo de diagnóstico e terapia inicial serem crianças, adolescentes ou adultos, o ato de criar desenhos com lápis e papel fornece uma visão ampliada e profunda do ego, além de percepção do mundo circundante. As produções servem como foco tangível para discussão, interpretação e exame de áreas problemáticas para muitos clientes que hesitam em revelar seu sofrimento interior. O modo de as pessoas encararem a tarefa de desenhar e o produto resultante torna-se uma experiência ativa com muito material para reflexão.

Tanto o ato de desenhar quanto as imagens e símbolos resultantes fazem com que pessoas sob avaliação ou em início de tratamento expressem com maior facilidade seus níveis de funcionamento atuais de uma maneira diferente. Esses métodos oferecem também uma estrutura excepcional para pessoas em tratamento revelarem seus conflitos subjacentes de uma maneira que não se daria se a comunicação consistisse apenas em trocas verbais (Killick & Schaveriaen, 1997).

Com seus muitos usos em entrevistas e avaliações clínicas, os desenhos dão aos clientes uma estimulante oportunidade para relatar seus pensamentos e sentimentos de uma maneira mais ampla, que realmente examine a pessoa como um todo. E as imagens resultantes demonstram mais uma vez que "uma imagem vale mais do que mil palavras".

Estudo de caso
Cheyenne R.

Cheyenne R. era uma garota de 14 anos com uma longa história de comportamentos do tipo *acting out*, inclusive atuações de autolesão e suicidas. Abandonada com tenra idade e exposta a vários cuidadores usuários de drogas, ela certamente preenchia os critérios para o transtorno de apego reativo, doença rara e grave pela qual, após anos de descaso e maus-tratos, crianças pequenas não estabelecem laços salutares com pais e cuidadores.

Já havia alegações de abusos sexual e físico e o comportamento extremamente agressivo e impulsivo de Cheyenne gerava tais suspeitas. Quando foi vista por um conselheiro profissional licenciado num centro de crise, ela já tinha sido hospitalizada diversas vezes, bem como estivera em vários lares adotivos e centros de tratamento residencial. Ela também participara de um programa para agressores sexuais, mas continuava a exibir atitudes provocativas para com crianças mais novas.

Cheyenne foi levada ao centro de crise da residência coletiva onde então morava, porque era preciso avaliar a sua segurança e o risco de ela causar danos a outros. Ela se tornara incontrolável e passara a ameaçar o pessoal da residência e seus próprios colegas. Quem realizou a entrevista tentou envolver Cheyenne na conversa, mas o semblante amuado e raivoso dela limitou as interações.

Nesse momento, ela ficou retraída, recusou-se a falar e estava furiosa por ter sido levada para mais uma avaliação. Precisando vencer a resistência de Cheyenne e produzir documentação necessária para auxiliar nas decisões sobre o tratamento, o examinador pôs lápis e papel diante dela e pediu-lhe que "desenhasse seu estado de ânimo atual". De imediato, ela aproveitou essa oportunidade de se expressar graficamente em vez de verbalmente e fez a seguinte ilustração (cf. Figura 1.2).

Figura 1.2

A imagem desafiadora certamente ofereceu uma plataforma sólida para potenciar o diálogo posterior. Encorajado pela disposição de Cheyenne a se expressar dessa maneira, o conselheiro aproveitou a ocasião para abordar as frustrações e a sensação geral de desânimo da garota.

Embora ela nunca se infligira ferimentos graves, o caráter vexatório desse desenho permitiu a Cheyenne falar logo sobre sua irritação com outros em posição de autoridade e como ela costumava lidar com seu desconforto de modo tão impulsivo e autodestrutivo. Ela gostou da sugestão do entrevistador de valer-se desse método criativo de relacionar-se com outros, pois isso lhe deu a oportunidade de canalizar seus descontentamentos de forma mais segura e adequada.

Para demonstrar seu prazer ante o resultado, Cheyenne elaborou outras imagens visuais para transmitir sua clara ambivalência quanto ao fato de ser examinada, e depois esse processo veio a ajudar em outro de seus momentos mais duros.

Introduzindo uma simples intervenção, o processo de "revelar mediante imagens" deu a Cheyenne a chance de relaxar e aceitar a necessidade de uma avaliação abrangente dentro do contexto de uma breve estadia num hospital local onde pudesse planejar suas futuras necessidades com cuidado e mais segurança.

Por certo, esse exemplo salienta o fato de que a introdução de técnicas de desenho em situações clínicas difíceis pode permitir o acesso a um nível emocional que, de outro modo, estaria indisponível (nesse caso, com o sofrimento, a desconfiança e a raiva de Cheyenne bloqueados por sua resistência e seu retraimento).

Desenhos podem ser asseguradores

Quando começam a incluir desenhos nas entrevistas clínicas e nas avaliações diagnósticas, os psicólogos clínicos descobrem em geral que a ação de gerar ilustrações pode ser menos ameaçadora e pode proporcionar uma sensação de maior conforto que às vezes não está disponível durante o processo mais intimidante de admissão ou de testes psicológicos. Por exemplo, o uso de desenhos com clientes traumatizados fornece um dos poucos meios de se externalizarem emoções e fatos talvez doídos demais de serem expostos verbalmente nessas sessões iniciais.

Ao se entrevistar uma criança ou um adulto vítima de abuso, uma criança ou um adolescente resistente, enraivecido ou antagônico, ou uma família em caos, a inclusão de desenhos nesse processo permite uma ação alternativa para expressar um sofrimento emocional reprimido ou segredos familiares não ditos (Malchiadi, 1998, 2008, 2012).

Quando pessoas vulneráveis se recusam a abrir-se e a revelar seus segredos oralmente durante entrevistas de admissão ou avaliações prolongadas por temerem sofrer retaliação ou rejeição, veículos clínicos (como iniciar imagens gráficas no curso de ação) podem ser uma via muito valiosa para "dizer sem dizer de fato" (Peterson & Hardin, 1997). Muitas vezes essas descrições visuais captam e descrevem uma diversidade de estados emocionais e processos psicológicos e oferecem um caminho diferente e especial para apresentar conflitos íntimos que talvez sejam difíceis de evidenciar mediante entrevistas padronizadas ou de captar em questionários de autorrelato.

Estudo de caso
Paul K.

Paul K. (10 anos) foi levado ao consultório de um terapeuta (um assistente social psiquiátrico) para uma sessão de admissão inicial. Seus pais descreveram assim seu quadro naquele momento: zangava-se com facilidade, ficava na defensiva, carecia de autoestima e expressava diversas queixas somáticas (inclusive problemas para dormir e subsequente cansaço). Eles também observaram uma atitude negativa perante a escola e dificuldades de aprendizagem como problemas coexistentes. Essa consulta foi a primeira vez em que os pais recorriam a profissionais de saúde comportamental, exceto o orientador da escola.

Por sua vez, Paul parecia muito irritado com seus pais e constrangido por se reunir com um estranho. Embora colaborasse com relutância, ele preferiu não falar muito, mas se dispôs a preencher questionários de triagem e fazer vários desenhos.

Num formulário, ele mencionou que tinha "pavio curto" e tomava decisões precipitadas sem ponderar as possíveis consequências ruins. Além disso, ele assinalou diversos conflitos emocionais e problemas interpessoais. Disse que se preocupava demais com o futuro e achava que seus colegas eram muito mais felizes.

Em um desenho notável (com base na instrução "Desenhe uma pessoa na chuva", que capta percepções de estresse no ambiente e como as pessoas podem proteger-se desses elementos às vezes percebidos como esmagadores), Paul fez a seguinte imagem (Figura 1.3).

Nesse desenho simples, mas excelente, Paul revelou em que medida se via como uma vítima impotente e quão adverso lhe parecia seu mundo no dia a dia. Com essa imagem explícita, ele falava sobre suas dificuldades de aprendizagem, o quanto os professores e seus pais "desciam o cacete" nele, quantas vezes tinha sido alvejado por seus colegas e como se sentia impotente e incapaz de resolver qualquer um de seus problemas.

Depois de todas essas dificuldades terem vindo à tona e sido exprimidas, decidiu-se que seria mais

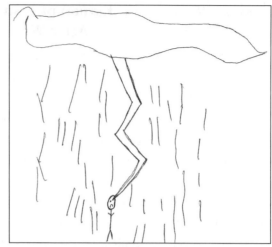

Figura 1.3

útil aplicar uma bateria completa de testes psicológicos não só para orientar o tratamento como para possíveis serviços especializados e acomodações em sala de aula na escola. Sem o uso desse método de desenhos, muitos desses temas teriam sido negligenciados na sessão de admissão.

A incorporação de técnicas de desenho a sessões de entrevista inicial ou testes psicológicos pode dar a crianças, adolescentes e adultos que, de outra maneira, se recusariam a discutir seus problemas ou preencher questionários, a oportunidade de se enxergarem mais objetivamente nesse contexto ampliado.

Pelo processo de elaboração de imagens e talvez falar por meio delas, pessoas submetidas a avaliações ou em início de tratamento podem examinar suas produções sem risco e relacioná-las às suas percepções das ilustrações, em lugar de responderem perguntas de um novo psicólogo clínico que, inadvertidamente, pode gerar um ambiente pouco convidativo.

O ato de desenhar e os produtos assim criados possivelmente propiciam uma abordagem inovadora e curativa a pessoas que estão sendo avaliadas ou vieram em busca de assistência terapêutica. Elas podem expor graficamente e visualizar representações tangíveis de suas emoções e ideias que ficariam ocultas ou não seriam descritas com facilidade de maneira verbal. E quando se pede às pessoas que reflitam sobre seus desenhos, a experiência pode passar a fazer parte do processo de avaliação.

Estudo de caso
Alice W.

Aluna de última série do ensino médio, quase 18 anos de idade, Alice estava sendo avaliada em uma clínica ambulatorial de saúde comportamental após o trauma de uma colisão de carro.

Antes do acidente, ela era considerada benquista, otimista e disposta a resolver problemas. Fazia parte das equipes de tênis e de natação da escola e já tinha sido admitida numa prestigiosa universidade. Desde o acidente, porém, ela passara a notar que tinha medo de dirigir ou mesmo de andar de carro. Também dizia estar sempre "muito estressada" e irritada, continuamente distraída e já não ser capaz de se concentrar nas aulas ou nos esportes.

Diante desses constantes reveses (além de seus pensamentos pessimistas e sensações de opressão), ela começava a perder boa parte de sua autoconfiança e sua motivação. Ademais, ela explicou na entrevista de admissão que estava comendo mais, tinha sonhos inquietantes, sentia-se ensimesmada e geralmente triste, e achava que, na verdade, as pessoas não compreendiam seus profundos temores. Ela também percebeu que estava sendo impaciente com amigos e que se afastara de muitos eventos sociais.

Depois, quando chamada para uma avaliação diagnóstica mais formal com o propósito de planejar posteriores intervenções terapêuticas, Alice mostrou-se mal-humorada, irritável e menos disposta a expor mais do que já revelara. Vendo que a sessão não começava bem, o psicólogo clínico incumbido da avaliação (um terapeuta expressivo) resolveu que, se apresentasse a ideia de fazer desenhos, poderia oferecer um caminho inovador e mais fácil com vistas a trocas mais proveitosas. Quando lhe ofereceram um enfoque diferente e mais estruturado, Alice respondeu positivamente à mudança na estratégia de diagnóstico e elaborou a seguinte imagem para retratar seus fatores estressantes interiores de maneira mais concreta (cf. Figura 1.4).

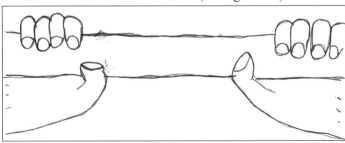

Figura 1.4

O retrato que Alice chamou de "cabo de guerra" parecia representar as pressões consideráveis que ela vinha enfrentando desde seu acidente. Depois de concordar com essa possível interpretação, ela ficou mais predisposta a aceitar o processo interativo. A partir desse ponto, foi bem mais fácil para ela explicar melhor as tensões e as inseguranças que ainda experimentava.

Por meio dessa troca de informação, ela ficou mais envolvida no encontro e mais disposta a examinar suas lembranças do acidente. Depois, ela começou a aceitar a ajuda que as intervenções terapêuticas podiam dar. Mais tarde, foi revelado que ela até desafiou seu terapeuta a usar desenhos para fornecer marcadores de seu progresso, bem como para mostrar possíveis soluções para os problemas com que se deparava.

Fortalecimento do *insight* e resolução de problemas

Historicamente, muitos clínicos utilizaram-se amplamente do desenho como técnica de avaliação para propiciar *insights* nos clientes sobre seus processos inconscientes durante entrevistas de diagnóstico e avaliações psicológicas ampliadas (Groth-Marnat, 2009).

Muitos profissionais clínicos e pesquisadores têm utilizado imagens gráficas para revelar características de personalidade pela interpretação de certos indicadores nos desenhos (p. ex., a intensidade de uma linha pode significar ousadia ou timidez) (Hammer, 1958, 1997), enquanto outros concentraram-se em fornecer oportunidades alternativas visando aumentar o diálogo entre cliente e psicólogo clínico (Oster & Montgomery, 1996; Oster & Crone, 2004).

Com seu discurso simbólico e a riqueza resultante da revelação de áreas problemáticas, os desenhos clínicos oferecem uma linguagem especial na qual é possível observar (talvez pela primeira vez) grande parte do mundo interior da pessoa. Além disso, eles têm a capacidade de ressaltar e apresentar questões mais relevantes que são necessárias para o diagnóstico e o planejamento da terapia, inclusive oportunidades terapêuticas para intervenções criativas (Malchiodi, 2011).

Em virtude das defesas emocionais que a maioria das pessoas emprega ao falar sobre seus problemas e conflitos, os usos clínicos de desenhos em avaliações e entrevistas proporcionam um formato menos invasivo para expressar sentimentos dolorosos, como medo ou raiva. Quando se introduz essa abordagem possivelmente nova – por exemplo, pedir ao cliente que faça um desenho de si próprio no trabalho ou na escola – durante a coleta de informação, é mais provável que pessoas à procura de tratamento ou que necessitam de avaliações completas compartilhem pensamentos valendo-se desse método facilitador oferecido pelos desenhos (Oster & Crone, 2004). Com essa via alargada para se expressarem, os clientes estão mais dispostos a expor crenças e sentimentos de longa data que até aquele momento ficaram restritos e raramente foram revelados.

Como muitos examinadores e terapeutas têm observado, essa abordagem indireta valendo-se de desenhos pode desvendar rapidamente informação relevante sobre o atual funcionamento intelectual, emocional e de desenvolvimento (Handler & Thomas, 2013), e as expressões gráficas resultantes têm a vantagem de serem menos ameaçadoras e dar a oportunidade de desvendar e representar problemas existentes do ponto de vista de um diferente tipo de avaliação, em comparação aos meios convencionais de entrevistas clínicas ou testes psicológicos formais.

No ambiente atual da saúde comportamental, em que é preciso agir rápido na descrição dos problemas importantes e em geral as sessões são limitadas, os desenhos são ainda mais estratégicos como recurso para agilizar o rumo da avaliação e do planejamento da terapia.

A eficiência tornou-se um aspecto necessário das obrigações de psicólogos, assistentes sociais, conselheiros profissionais e terapeutas expressivos (além de pessoal de enfermagem psiquiátrica ou outras áreas de saúde) em diversos âmbitos clínicos, de reabilitação e de ensino. Em muitos casos, clientes que estão sendo avaliados carecem das habilidades necessárias para reconhecer ou processar com sucesso os conflitos ou traumas vivenciados. Ao se comunicarem por imagens, as pessoas submetidas a entrevistas estruturadas ou avaliação podem utilizar-se desses meios para se expressarem mais facilmente por essas interações simbólicas.

Técnicas não verbais dão oportunidades para os primeiros passos de processamento e de cura acontecerem. Elas também oferecem uma alternativa à autoexpressão que vai além do preenchimento de listas comportamentais ou de personalidade e da resposta oral às situações estruturadas ou ambíguas que são a marca dos testes psicológicos. Portanto a criação de imagens visuais continua a atrair a atenção e o entusiasmo de psicólogos clínicos de todas as tendências, que lidam com os processos de admissão e de diagnóstico, assim como em áreas nas quais há a necessidade de outras técnicas interativas para enriquecer o processo de restabelecimento (Kaplan, 1999).

Revelar o temperamento

Quer se usem desenhos como técnica projetiva (neste caso, expressando pensamentos, ideias e traços de personalidade por intermédio de métodos gráficos), quer se lance mão de produções pictóricas para melhorar a comunicação e reforçar o diálogo, pode-se dizer com certeza que qualquer ação ou gesto pode carregar aspectos do caráter ou do temperamento da pessoa (Hammer, 1958, 1997).

Ilustrações gráficas podem ser uma forma de a pessoa descrever o próprio eu, expressar incerteza ou desconfiança quanto ao ambiente, demonstrar baixa tolerância à frustração ou compartilhar conflitos íntimos (Handler & Thomas, 2013). Também é possível obter indícios de elementos contidos nos desenhos a respeito do autoconceito do cliente em condições que simbolizam estresse ambiental (como no exemplo anterior de "Desenhe uma pessoa na chuva") ou ter acesso a percepções de relações familiares (cf. capítulos 3 e 4).

Para o psicólogo examinador ou o entrevistador clínico, o ato de desenhar e os próprios desenhos iniciam o processo de geração de hipóteses referentes a habilidades cognitivas, recursos emocionais e características de personalidade que apontam futuras investigações ou ajudam na seleção de outros testes psicológicos ou questionários estruturados.

Rápidos e fáceis de ministrar, os desenhos podem servir para corroborar observações clínicas e ajudar a facilitar o planejamento eficaz e personalizado do tratamento. As autopercepções dos clientes revelam-se facilmente pela produção de desenhos, junto a sua visão pessoal de seu meio circundante e suas interações interpessoais. Elaborar imagens gráficas também ajuda as pessoas a sararem de qualquer crise ou trauma que tiverem experimentado (Malchiodi, 1998, 2012).

Ajudar as pessoas a compreenderem ou refletirem sobre seus desenhos pode ser, mesmo na fase de avaliação, um catalisador da percepção mais profunda e da possível mudança. Às vezes, os símbolos usados em desenhos podem ser muito diretos e fáceis de interpretar, e outras vezes podem estar ocultos em sua real compreensão, como em manifestações de sonhos ou mitos.

Com a adição de pensamento visual (ou a capacidade de organizar reflexões, sentimentos e percepções mediante produções gráficas) e o uso de referências pictóricas para descrever percepções de pessoas e coisas durante o processo de coleta de informação, as ações derivadas do desenhar contribuem com novas experiências e possibilidades inovadoras para que haja ajustes positivos.

A utilização de desenhos (similar ao formato de psicoterapia não estruturada) faz as vezes de uma tela em branco ou uma lousa limpa capaz de criar vislumbres de uma dimensão oculta em que os conflitos se arrastam e nem sempre estão ao alcance da pessoa para expressão imediata. Especialmente quando estão ansiosas ou sob intensa aflição, pessoas em processo de avaliação ou à procura de tratamento estão abertas à oportunidade de serem compreendidas com mais facilidade e mais a fundo quando se aplicam diversos métodos e ferramentas de avaliação nas primeiras reuniões.

Com frequência, quem se diz incapaz de falar sobre certo assunto – ou não tem palavras para articular seu sofrimento interior – está disposto a retratar graficamente seus conflitos mentais ou criar sinais e figuras para representarem sua angústia íntima. E cada símbolo criado é sempre exclusivo de cada cliente. Quando se dão oportunidades de comunicação mediante maior variedade de métodos, em lugar de meios verbais somente, as pessoas entrevistadas exprimem seus receios e suas de maneira mais eficaz e num nível mais aprofundado e significativo.

Estudo de caso
Sam K.

Sam K. era atormentado por lembranças da quinta série e do ensino fundamental. Ao longo desses anos conturbados, ele era profundamente sensível a menosprezos e incompreensões e muitas vezes sentiu-se intimidado. Agora, ao concluir com sucesso seu primeiro ano do ensino médio, tendo completado 15 anos recentemente, viu-se rejeitado mais uma vez, e os sentimentos passados de decepção e distanciamento o sobrecarregaram.

Depois de cair em profunda crise emocional, Sam descreveu suas frustrações em mensagem de texto para um amigo, com um anexo que o mostrava segurando uma arma. Ainda que a arma não fosse real (uma pistola de chumbinho), a foto foi considerada ameaçadora quando, de alguma maneira, a mãe do amigo de Sam descobriu-a e enviou-a para a autoridade da escola dos garotos. Em seguida, o diretor ligou para os pais de Sam e pediu que ele fosse submetido a uma sessão de avaliação num centro de emergência local para depois ser autorizado a voltar à escola.

A princípio, Sam sentiu-se mortificado, além de desconfiado e relutante em falar de seus sentimentos pessoais com uma pessoa desconhecida (um assistente social clínico). Ciente da atitude relutante de Sam e sentindo-se um tanto imobilizado por sua aparente postura de rechaço, o clínico precisava de um meio especial para quebrar essa resistência. Logo, em vez da conversa verbal corriqueira, o assistente social pediu a Sam que elaborasse uma metáfora visual dos sentimentos por trás de seus atos. Em lugar de penetrar no possível dilema de avaliar se o *acting out* de Sam sobre seu conflito era real ou não, o clínico decidiu que um novo enfoque que talvez demonstrasse visualmente o que havia sob a superfície do incidente daria a Sam um modo mais fácil de ele se abrir.

Essa instrução básica permitiu a Sam "falar" de maneira muito diferente de como normalmente o teria feito. O processo também ampliou o leque das interações entre ele e o clínico de admissão, o que lhe ofereceu um jeito mais livre e seguro de desabafar seus conflitos subjacentes.

Para Sam, as tentativas iniciais de estabelecer um entrosamento não bastaram para obter uma visão completa de seu verdadeiro eu e de como ele costumava resolver problemas. Ele parecia precisar de uma rota alternativa para expor sua vida interior. Sua ponderada ilustração (cf. Figura 1.5) é mais um exemplo da importância de se expandir a "caixa de ferramentas clínicas" e evidencia as deficiências da linguagem no processo de avaliação (Andreas, 2013). Havia ali um excelente exemplo mostrando, mais uma vez, que outros métodos interativos são necessários para se obter um "quadro" mais abrangente daquilo que realmente está acontecendo com um cliente problemático.

Em entrevistas iniciais ou avaliações psicológicas com clientes, sempre parece fácil supor que a pessoa vai responder às nossas palavras. Porém muitas vezes as palavras não dão conta de captar um momento elucidativo

Figura 1.5 – (Loser = Perdedor / No one loves you = Ninguém te ama)

com tanto dramatismo. Para Sam, foi esse desenho pungente de antigas lembranças de se sentir envergonhado que lhe ofereceu uma vívida recordação do quanto ele amadurecera durante seu primeiro ano do ensino médio, mas também de que essas lembranças ainda regiam seu comportamento atual. Infelizmente, ele ainda tendia a atuar seus sentimentos, geralmente de maneira imatura e inadaptada. Como o desenho sugeria, e como Sam refletiu ao examinar o esboço, ele quase sempre se retraía e sentia que "todo mundo" zombava dele quando percebia desprezo (exceto seus professores, representados pela "luz").

Agora, porém, esses atos regressivos, quando sob pressão, envolviam mais sentimentos de raiva e represália, como caracterizava a foto original com uma arma que ele enviara ao amigo. Sem esse desenho, o clínico de admissão não teria descoberto essas antigas lembranças na primeira sessão nem teria a oportunidade de discuti-las e permitir que Sam exprimisse tão rápido essas primeiras experiências negativas. Com essa informação mais ampla, o assistente social ficou mais aliviado quanto ao prognóstico da situação e pôde propor uma orientação terapêutica positiva à família e à escola, recomendando terapia ambulatorial em lugar de um ambiente mais seguro para avaliações aprofundadas.

Reconhecimento de metas e motivação

As principais metas da entrevista clínica e das avaliações psicológicas são obter uma compreensão clara e abrangente do funcionamento presente e de problemas subjacentes. Além disso, essas intervenções servem para reconhecer e avaliar a motivação para o tratamento e para expandir o conhecimento de psicólogos clínicos e clientes para encorajar soluções mais adaptáveis à vida no dia a dia. Durante essas sessões de admissão e avaliação, cabe ao profissional de saúde comportamental delinear possibilidades que ofereçam uma orientação terapêutica mais clara para uma mudança ativa.

Quando solicitados a elaborarem graficamente seus "mundos percebidos", "sentimentos cotidianos", "piores – ou melhores – recordações" ou "problemas", os clientes podem começar a alargar seu leque de comunicação e conferir significados simbólicos alternativos às suas experiências do dia a dia (Oster & Montgomery, 1996; Oster & Crone, 2004).

A inclusão de autoexpressão por meio de técnicas não verbais, como os desenhos, também dá aos clientes maior chance de diminuírem sua tensão interior e sua confusão, bem como de reduzirem a sua sensação de isolamento. Essas ilustrações tangíveis podem revelar – e, de fato, revelam – ideias de melhores maneiras de se lidar com fatores estressantes percebidos e de começar ativamente a superar problemas.

Ademais, ao fazer uso de metáforas visuais nas fases iniciais de estabelecimento de um *rapport* ou durante avaliações mais extensas, o clínico consegue demonstrar diferentes maneiras criativas de acessar material emocionalmente carregado. Dar *feedback* ao cliente ou instá-lo a responder às imagens simbólicas sobre o papel (em vez de diretamente ao examinador) inspira as pessoas a procurarem possibilidades mais amplas em sua busca de *insights* e mudança pessoal. Tais interações são cruciais para evitar reações de oposição ou angústia que normalmente impediriam ou inibiriam os clientes de passarem pelas etapas necessárias para aceitar assistência terapêutica.

Por exemplo, um cliente que normalmente não dialogaria talvez esteja mais disposto a formular imagens de seus aspectos problemáticos. Ao se conceber um espaço simbólico para expressar conflitos e preocupações, conferem-se ao cliente vias de comunicação mais fáceis e eficazes, com foco nas mudanças que precisam acontecer no futuro. Todavia é possível que nem todos os clientes aceitem os desenhos com facilidade e, em tais casos, falar por intermédio dessas imagens talvez seja o bastante.

Falar por meio de imagens

Às vezes, a ideia de introduzir desenhos no âmbito do diagnóstico pode deparar-se com forte resistência. Quando esse entrave se apresenta, examinadores e entrevistadores podem oferecer uma oportunidade alternativa, isto é, instar os clientes a descreverem verbalmente suas imagens ou representações íntimas das diversas instruções de desenho que estão sendo solicitadas, em vez de esperar que eles de fato retratem graficamente seu "problema" ou seu "mundo" em papel.

Por exemplo, um homem de trinta e tantos anos relutava em manifestar suas vulnerabilidades durante uma entrevista de admissão. Enquanto falava sobre episódios de bebida em seu passado e sua frustração com anteriores tentativas de parar de consumir álcool, pediram-lhe que pensasse em símbolos representativos de seus sentimentos. Ele imediatamente aceitou a sugestão e descreveu-se dizendo que se via dentro de uma "bolha" ou "cela", de modo a exprimir suas imagens de medos subjacentes, solidão e afastamento de amigos e familiares.

Esse homem de 30 e poucos anos continuou a usar essas metáforas pelo resto da sessão para ampliar a descrição de seus problemas. Esse jeito não convencional (para ele) de especificar dificuldades falando por meio de suas imagens interiores aliviou a pressão de expor áreas dolorosas mais diretamente, de forma oral. Assim, ele ficou mais relaxado e livre para abordar uma gama de dificuldades pessoais e interpessoais mais ampla do que havia pensado antes de marcar essa primeira consulta.

Outro homem, de 58 anos, caiu em lágrimas numa sessão inicial de terapia e não conseguiu exprimir as profundezas da sua depressão. Em lugar de prosseguir com a entrevista clínica, foi-lhe pedido descrever verbalmente "seu estado de espírito" mediante metáforas. Sua imagem interior e a posterior discussão de "um buraco fundo na terra que desaba com montes de emoções confusas todas juntas" permitiram-lhe falar mais sobre suas frustrações, sua raiva e sua tristeza ("aos prantos").

Para os dois homens, o fato de compartilharem "retratos interiores" verbalmente permitiu que eles se abrissem para revelar segredos e superar temores de expressar seus conflitos internos em voz alta, assim como ajudou a estabelecer uma relação inicial de confiança que depois contribuiria para seu processo de tratamento.

Esses exemplos (além de muitos outros que veremos ao longo deste livro) demonstram os possíveis formatos para a elaboração de retratos visuais em entrevistas clínicas e no processo de avaliação e como eles oferecem mais oportunidades para discussão por meio das representações simbólicas criadas. E, como se acaba de exemplificar com as sessões de admissão desses homens, às vezes é possível ter acesso a símbolos ocultos simplesmente falando sobre eles em lugar de colocá-los no papel. Esses inesperados pedidos de desenhos (ou de descrições verbais daquilo que o cliente colocaria em uma folha de papel) iniciam a transição da construção de uma "ponte" do interior para o exterior, visando compartilhar, aprender e crescer.

Os exemplos a seguir também salientam esse enfoque para vencer resistências mediante pedidos de informação inovadores e inesperados. Certa vez, por ocasião de uma avaliação em sala de emergência, uma jovem de vinte e tantos anos sentia-se sufocada, limitada na expressão de seus sentimentos, e parecia experimentar ideação suicida. Quando solicitada a expressar visualmente as emoções que sentia quando se deparava com essa angústia confusa, ela relutou em desenhar, mas concordou em descrever verbalmente a sua imagem interior, que via "como uma casa em chamas e com apenas dois baldes d'água para apagar o incêndio".

Certamente ela sofria temores devastadores e não tinha condições de resolver problemas com sucesso naquele momento. Quando lhe ofereceram uma via diferente para descrever a sua ansiedade subjacente, ela ficou à vontade e mais à vontade para explicar as razões pelas quais pedia para ser admitida na unidade de avaliação do hospital. Para ela, essa abordagem alternativa e avançada de descrever sua ansiedade e seus sentimentos de impotência resultou em acesso mais livre aos seus pensamentos e sentimentos.

Outro exemplo de aplicação dessa abordagem de "falar por meio de imagens" aconteceu durante a sessão inicial de admissão de outra cliente que também se recusou a fazer um desenho. Em vez de produzir graficamente um retrato dos membros de sua família e de suas percepções de áreas conflitivas, essa mulher de 45 anos descreveu seu relacionamento com o pai dizendo sentir que "viviam em distintas montanhas e não podiam nem ouvir, nem compreender, um ao outro". Um "quadro" realmente profundo de suas áreas problemáticas cruciais, que ela depois conseguiu desenvolver nas consultas seguintes.

Pontos vitais

Seja retratando graficamente uma imagem "interior" sobre papel, seja apenas falando em metáforas visuais, esses reflexos alternativos do conflito subjacente fornecem ainda outro cenário potencialmente atraente para compartilhar e discutir problemas, ao invés de abordar dificuldades emocionais simplesmente com perguntas e respostas.

Quer ampliando enfoques de avaliação mediante o uso de desenhos concretos ou descrevendo verbalmente figuras que representam aspectos complicados da vida, concebem-se muitas oportunidades para descrever visualmente sentimentos e pensamentos que ganham vida, ao invés de permanecerem escusos e difíceis de comunicar.

Por exemplo, reflexos de autorrejeição ou inadequações pessoais podem ser mais fáceis de abordar com metáforas verbais ou de externalizar em uma folha de papel. E, talvez pela primeira vez, há uma chance de esses segredos íntimos serem articulados e, assim, ouvidos por outra pessoa, em vez de ficarem encobertos por uma postura defensiva (Brooke, 2004).

Quando se pede aos clientes que descrevam aquilo que veriam ou construiriam num desenho, ressaltam-se dois aspectos importantes do processo de avaliação: reviver marcas e diálogo interiores do cliente e, ao mesmo tempo, criar e incrementar o discurso externo entre cliente e clínico (Dalley, Rifkind & Terry, 2014).

Como já se disse na introdução deste livro, é possível usar desenhos (ou suas descrições verbais) de diversas maneiras para agilizar a admissão e o processo de diagnóstico. Esse modo complementar de falar tem sido apresentado como uma técnica facilitadora para ajudar a superar sentimentos de apatia, ambivalência ou impotência (Oster & Crone, 2004).

Tanto crianças e adolescentes quanto adultos e idosos experimentam com frequência uma profunda sensação de fragilidade em seus mundos do dia a dia. Muitas vezes eles veem-se como vítimas de um ambiente caótico, injusto ou insensível (Moon, 1994). Não raro, quando se apresentam inicialmente para avaliação diagnóstica ou entrevista de admissão, eles mostram-se superdefensivos e desconfiados, pois seus rígidos muros emocionais vieram à tona e todos ao seu redor são percebidos como excessivamente distantes.

Para eles, ainda mais ameaçadores são os estranhos nesses contextos inovadores, pois todo recém-chegado pode lhes parecer hostil e com pouco a lhes oferecer. Para se contraporem a essa atitude derrotista e desesperançada, os clínicos devem querer e ser capazes de proporcionar experiências de avaliação positivas dentro de interações interpessoais de apoio que ampliam a percepção dos clientes sobre suas experiências cotidianas.

Incremento do engajamento interpessoal

Todos os clientes que ingressam em programas de saúde comportamental ou centros de aconselhamento estão sofrendo intensos sintomas de angústia por carecerem de adequada habilidade para lidar com eles ou não conseguirem identificar seus recursos habituais para tanto (Willis, Joy & Kaiser, 2010).

É preciso transformar essas pessoas – especialmente aquelas traumatizadas ou vitimadas – em participantes ativamente engajados nas primeiras etapas de entrevista ou avaliação inicial e depois, enquanto se estabelece uma parceria terapêutica (Malchiodi, 1997, 2004). Poucas metas de tratamento iniciais são atingíveis sem um relacionamento de confiança que permita desabafar sentimentos e exprimir novas percepções.

É preciso descobrir novos significados de conflitos por meio de um processo de avaliação que depois poderá reforçar novas interpretações de um mundo talvez ameaçador e ampliar o campo para futuras intervenções. Descobrir novos meios de expressão dessa confusão interior e de sentimentos de desesperança pode ser um caminho eficaz para superar obstáculos desafiadores e aumentar a criatividade pessoal.

Aprendendo a reconhecer os gatilhos de tensão subjacente e melhorar habilidades de adaptação mediante a introdução de diversas técnicas clínicas (como pedir para fazer desenhos), as pessoas entrevistadas ou avaliadas podem enxergar o processo como um meio mais eficaz e abrangente para nutrir suas capacidades de resolução de problemas num arranjo relativamente seguro e confortável.

Em geral, envolver os clientes com uma abordagem exclusivamente verbal não basta para desvendar traumas do passado nem para revelar diferentes possíveis razões de condutas inadequadas. Quando se incluem instruções como as de desenho (ou mesmo com a expressão verbal dessas imagens), as pessoas a serem entrevistadas ou avaliadas podem: a) ampliar seu arcabouço de referência; b) adquirir novos entendimentos ao visualizarem ou verem concretamente seus problemas e c) ter mais oportunidades de descobrir outras respostas para seus conflitos e suas preocupações. Fazer com que os clientes elaborem um desenho sobre um de seus problemas numa folha de papel e depois desenhem uma possível solução em outra, por exemplo, traz novas possibilidades de superação do desamparo percebido

(Oster & Crone, 2004). Por meio dessa via especial de visualização de áreas de conflito subjacente, clientes submetidos a avaliação podem atingir um novo nível de consciência por meio de tais produtos ou expressões não verbais e obter imediatamente uma compreensão mais completa de si mesmos e de suas ideias.

O próprio ato de desenhar também dá aos clientes condições de se sentirem mais otimistas e fornece uma ferramenta de engajamento ativo no tratamento posterior ao gerar mais possibilidades de novos *insights* e mudança produtiva. Desenhos utilizados em sessões de admissão ou testes psicológicos podem estimular a inventividade e sustentar um enfoque diferente do processo de solução de problemas, com ênfase em determinadas metas de tratamento. Quando somados às técnicas de tratamento que os psicólogos clínicos já aplicam, os desenhos (e o uso de "metáforas falantes") podem ampliar as probabilidades de obter nova informação sobre os clientes, otimizar remédios prescritos e acelerar o percurso rumo ao restabelecimento.

Estímulo à inspiração

Como frisado nas seções anteriores, o ato de elaborar símbolos – ou mesmo falar por intermédio de metáforas – pode estimular a inspiração, reforçar a desenvoltura pessoal e propiciar depoimentos pessoais importantes que representam significado consciente e inconsciente. Com os desenhos ou reflexos em si, a criança, o adolescente ou o adulto que está sendo avaliado ou entrevistado pode fornecer informação relevante por meio do imaginário espontâneo que talvez teria sido censurado por suas defesas psicológicas na expressão oral.

Esses produtos gráficos ou imagens expressas geram oportunidades para as pessoas ganharem novas percepções e novas perspectivas significativas que muitas vezes não estão ao alcance delas com as modalidades habituais de intervenção verbal. Quando introduzidos no início do processo de tratamento, os desenhos podem ressaltar o importante relacionamento que está a ser construído entre terapeuta e cliente, ou seja, o que se chama de aliança terapêutica (Wadeson, 2010). E, em entrevistas e testes, eles reforçam a ideia de que são necessárias diferentes experiências pessoais e interativas para se compreender a pessoa em sua totalidade.

Ao serem aplicadas diversas instruções de desenho (como "Desenhe-se na escola", "Desenhe um sonho" ou "Desenhe-se antes, durante e depois [de um acontecimento traumático]"), criam-se produtos ou representações expressivas para serem intercambiadas, descobertas e comentadas. A construção de imagens gráficas ajuda a estabelecer esse relacionamento de trabalho que, por sua vez, aprimora o diálogo e a espontaneidade e favorece níveis mais profundos de compartilhamento de percepções (Rubin, 2005).

O uso de desenhos proporciona também uma plataforma física para o processo de diagnóstico acontecer e pode aprofundar a compreensão, bem como ampliar as possibilidades de tratamento. Por meio desses marcadores simbólicos visuais ou orais, melhores meios de autoexpressão canalizam-se em interações frutíferas.

A partir de uma simples imagem, um símbolo expresso ou uma série de desenhos que retratam problemas ou soluções graficamente, pode-se utilizar o imaginário resultante para reforçar a comunicação significativa. Os desenhos podem tornar-se marcas ou depoimentos pessoais a definirem um ponto no tempo, um pensamento fugaz do passado ou um sentimento que foi suscitado. E, é claro, os desenhos tornam-se um meio excepcional para firmar o entrosamento. A primeira tarefa em avaliações e entrevistas é iniciar essa relação de trabalho entre o cliente e a equipe profissional, sem a qual é difícil obter dados relevantes (Fischer, 1994). Desenhos e imagens verbais oferecem essa via rumo à colaboração interpessoal.

Ao observarem o processo de desenho, e o que se mostra e discute-se após a sua conclusão, os psicólogos clínicos podem, com mais facilidade, enxergar retratos vívidos do mundo interior de seus clientes ou ter uma melhor compreensão das "máscaras públicas" exteriores que eles podem estar apresentando ao mundo (Oster & Caro, 1990). Essa revelação é especialmente tocante no caso de adolescentes ou adultos que, não fosse assim, poderiam ocultar-se atrás sua fachada interpessoal.

Um caso incluído num livro anterior – Clinical uses of drawings (Oster & Montgomery, 1996) – lançou luz sobre esse ponto com a descrição de "George", 34 anos, que procurou apoio emocional depois de receber o diagnóstico de aids. Embora ele soubesse ser HIV positivo havia vários anos, só recentemente tinha sido hospitalizado com pneumonia relacionada à doença. Não parecia doente quando da admissão, mas acabara de dei-

xar seu emprego de alto nível profissional e começava a procurar assistência para lidar com a sua nova realidade. Quando lhe pediram que fizesse um desenho de como os outros o viam (sua máscara pública) e como ele se via, "George" elaborou dois retratos, um mostrando um jovem aparentemente saudável e vigoroso, e o outro uma ilustração de uma pessoa muito adoentada, de aparência macilenta e desgrenhada. Ao usar esse formato alternativo para se expor, George estava muito mais disposto a revelar seus temores mais profundos e suas preocupações quanto ao futuro.

Ainda que haja um fascínio na tentativa de atribuir significado a essas criações artísticas em sessões de avaliação e entrevista, em geral é melhor pedir as interpretações dos próprios clientes (Malchiodi, 2012). Ao encorajarem clientes a expressarem seus significados pessoais nos desenhos, as pessoas envolvidas no processo de avaliação e teste podem oferecer uma orientação estimulante e original que frequentemente reforça trocas verbais e gera um melhor resultado geral da avaliação.

Para "George", os esboços permitiam explorar a vergonha e o desapontamento que experimentava, examinando como outros questionariam a sua falta de emprego. Com a inclusão de um processo diferente, como o desenho, os clínicos têm a oportunidade de ajudar os clientes – como "George" – a julgarem-se de maneira mais precisa e ampliarem suas visões objetivas de si próprios.

Outra cliente, Marcia T., também conseguiu valer-se desse tipo de intervenção para expandir a sua capacidade de expressar sua tensão e seus temores interiores mais abertamente.

Estudo de caso
Marcia T.

Marcia T. tinha 17 anos e estava na última série do segundo grau quando da sua primeira consulta para avaliação diagnóstica na unidade psiquiátrica de um hospital. Ela já tinha sido entrevistada por outros membros do pessoal de admissão porque havia manifestado ideação e gestos suicidas. Marcia estaria sentindo-se sufocada após passar por vários acontecimentos estressantes nos últimos meses – a morte de sua avó, um rompimento com seu namorado, rejeição de colegas e dificuldades em seu desempenho escolar. Havia também muita confusão em casa em torno de sua inabilidade em começar as inscrições para a faculdade.

Quando foi admitida pela primeira vez, Marcia mostrava-se chorosa e deprimida. Outros relatórios do pessoal de admissão que a avaliara na sala de emergência para determinar a necessidade de internação indicavam que ela havia perdido o apetite e se retraíra em sua vida social. Sua percepção e seu juízo foram considerados adequados, não havendo sinais de psicose nem de uso significativo de drogas ou álcool. Entretanto Marcia afirmara que se sentira rejeitada em uma festa de um vizinho e essa rejeição a levara a cortar os pulsos superficialmente.

Uma vez na unidade, o psiquiatra responsável encaminhou Marcia a um psicólogo para uma avaliação mais aprofundada. As perguntas diziam respeito a até que ponto suas experiências interferiam com suas atividades habituais e ao grau de risco de suicídio, bem como visavam contribuir na orientação do tratamento e no planejamento da assistência posterior. Houve também perguntas sobre diagnósticos e como as características da personalidade de Marcia influenciavam suas decisões.

Marcia parecia alerta, orientada e cooperativa no contato inicial. Falava com clareza e expressava sentimentos pertinentes. Todavia parecia um tanto contida e inibida em seu afeto. Embora se mostrasse intelectualmente brilhante e fosse bastante articulada segundo todos os relatórios, só de mau grado ela aceitou passar por "mais uma entrevista".

Assim, o examinador achou melhor tentar outra abordagem para aumentar as chances de conseguir mais espontaneidade e interação. Solicitada a elaborar uma imagem que representasse seus aspectos problemáticos, Marcia apresentou as seguintes "setas" para descrever visualmente e assinalar suas questões conflituosas (cf. Figura 1.6).

Ainda que Marcia não tenha apresentado um quadro detalhado de sua tensão interior, o exercício de desenho deu-lhe ensejo para discutir suas áreas de preocupação de modo inesperado e menos ameaçante. Ao valer-se dessa instrução de desenho para articular seus medos e conflitos, ela ficou muito mais interessada e disposta a falar sobre seus problemas do dia a dia. Essa técnica básica quebrou as barreiras de sua resistência a expor suas dificuldades pessoais e, ao falar por meio dessa imagem, ela sentiu-se mais do que disposta a reconhecer a amplitude da angústia em torno de suas

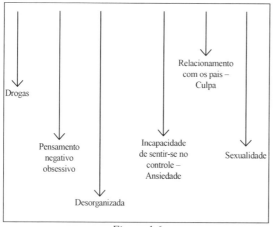

Figura 1.6

sensações de inutilidade e distanciamento dos colegas e da família.

Superada a atitude inicial de oposição de Marcia mediante os desenhos, foi muito mais fácil incluir outros testes e questionários psicológicos que fornecessem um quadro mais abrangente de seus pontos fortes e fracos nos aspectos cognitivo e no emocional. Por exemplo, em uma escala de depressão, Marcia registrou muitos episódios de preocupação, tristeza e solidão. Ela assinalou também que nunca se sentia importante e achava que outros alunos não gostavam dela. Estendeu-se sobre a sua frágil autoestima e sua necessidade de pertencer, mesmo se isso implicasse fazer coisas que, na verdade, não queria fazer, como sentir-se forçada a fazer sexo ou usar drogas.

Embora Marcia negasse qualquer risco de suicídio no momento, o mês anterior tinha sido especialmente perturbador para ela. Com efeito, ela indicou, em uma escala de ideação suicida (Escala de Ideação Suicida, Reynolds, 1988), que ao menos em duas ocasiões foi acometida por pensamentos de morte e automutilação. Nesses momentos, ela pensou como e quando se mataria e cogitou escrever um bilhete de suicídio. Também se perguntou se teria coragem para machucar-se e refletiu se ainda valia a pena viver.

Outros dados mostravam-na instável, distraída, preocupada e muito triste. Ela lutava com a autoaceitação, parecia muito autocrítica e dependente de outras pessoas para resolver problemas e, por óbvio, sentia-se extremamente sozinha.

Posteriormente, Marcia comentou o quanto o exercício de desenho a ajudava a focar e organizar seus pensamentos e lhe permitia relaxar com o examinador. Ela admitiu que, se não se tivesse tentado essa atividade, provavelmente teria recusado o outro material de avaliação. Tendo essas áreas principais de angústia emocional claramente expostas, ela estava bem mais disposta a prosseguir no processo terapêutico e aceitar ajuda do pessoal da unidade referente aos seus problemas atuais e de mais longa duração.

Comentários finais

Em suma, agregar desenhos a entrevistas clínicas e avaliações psicológicas pode facilitar a espontaneidade em crianças pequenas, ajudar a compreender o que há por trás de adolescentes problemáticos e auxiliá-los a superar empecilhos ao seu desenvolvimento pessoal, além de desvendar conflitos subjacentes em adultos de modo a mitigar seu sofrimento psicológico. Ao elaborarem imagens gráficas ou falarem sobre elas, adultos mais velhos podem rever os acontecimentos memoráveis de suas vidas, bem como reviver problemas e soluções anteriores (Oster & Crone, 1987; Oster & Montgomery, 1996; Oster & Gould, 2004).

Como mostraram os exemplos de casos neste capítulo, solicitar desenhos oferecem às pessoas a possibilidade de projetarem sua vida interior em uma forma visual que depois pode servir como ponto de partida para reconhecer conflitos iniciais, resumir metas e definir uma referência para posteriores medições de resultados.

A introdução da oportunidade de retratar conflitos e preocupações em imagens gráficas expande o enfoque e a perspectiva para compreender a pessoa como um todo, tanto de forma verbal como não verbal. E com esses esforços de expressão criativa vêm meios poderosos para promover mudanças pessoais e interpessoais. Ao longo deste livro para profissionais clínicos haverá muitas demonstrações práticas e estudos de casos que também ressaltarão o valor da inclusão de desenhos no processo de entrevista clínica e avaliação psicológica.

Ao produzirem marcadores concretos de aflição aguda ou trauma passado, essas representações não verbais são capazes de suscitar respostas muito pertinentes e trocas entre clientes e examinadores, das quais resultarão mais vias para possíveis mudanças de percepções, sentimentos e atitudes. E elas não inibem a discussão! Pelo contrário, os desenhos estabelecem novos e inovadores caminhos rumo a estilos de comunicação aperfeiçoada que se tornam veículos de expressão de temores, dificuldades, desejos realizados e fantasias.

Os desenhos representam uma fala simbólica que não é um substituto da conversação, mas pode estimular o diálogo verbal ampliado no exame dos produtos elaborados na entrevista de admissão, na sessão de avaliação diagnóstica ou na primeira hora de terapia. O uso clínico de desenhos dá às pessoas envolvidas em avaliação ou entrevista a oportunidade de chegarem além de suas preocupações superficiais e explorar mais a fundo suas dificuldades atuais e suas recordações.

No restante deste livro examinaremos a história dos desenhos, seus usos e interpretações em avaliações e entrevistas, e descobertas de pesquisas atuais. Haverá também seções sobre a aplicação básica e possíveis derivações de instruções comuns de desenho. Ademais, numerosas orientações foram reexaminadas em outros recursos, de modo a aperfeiçoar e a interpretar a linguagem visual dos desenhos (Hammer, 1997; Handler & Thomas, 2013), e serão tratadas em vários capítulos. E mesmo que haja ou não significados de símbolos universalmente aceitos ou hipóteses baseadas em pesquisas relacionadas a indicadores de traços de personalidade, haverá muitos estudos de casos a demonstrarem que é melhor usar desenhos para estabelecimento de um *rapport*, em especial para quem não tiver capacitação em interpretação psicológica de imagens ou arteterapia.

Quando usados para quebrar o gelo e fazer as pessoas relaxarem e falarem abertamente sobre o que sentem quanto às coisas que acontecem em suas vidas e como percebem sua conduta atual em seu mundo interpessoal, os desenhos tornam-se ferramentas realmente valiosas durante a aplicação de entrevistas clínicas e avaliações.

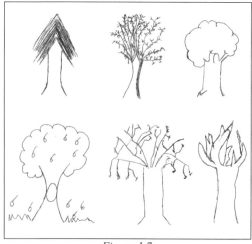

Figura 1.7

Os desenhos também são muito pessoais, quase como uma impressão digital. Nunca se observam desenhos idênticos de uma casa, árvore, pessoa ou qualquer outra ilustração que tenha sido solicitada a um cliente, embora abundem temas comuns em partes das figuras (cf. Figura 1.7). Ademais, cada cliente traz seu histórico singular ao processo de desenho, inclusive experiências de vida, influências culturais e perspectivas pessoais.

É com essa maior compreensão de interpretações e experiências combinadas que os clínicos aumentam a sua percepção dos pensamentos subjacentes e potencialmente derrotistas e dos comportamentos autodestrutivos que levaram a pessoa em dificuldades a um determinado consultório ou contexto.

Só é possível haver tratamento eficaz quando os psicólogos clínicos participantes em entrevistas de admissão ou testes psicológicos começam a entender o mundo interior de seus clientes. Para isso acontecer, é preciso criar uma linguagem compartilhada por meios verbais e não verbais de modo a promover movimento e crescimento (Linesch, 2000). Construções não verbais podem ajudar nos desafios de descortinar significados aprofundados de conflitos intrapsíquicos e de sua resolução. Por meio do compartilhamento dessas imagens, os clínicos conseguem vislumbrar as lutas interiores de seus clientes, além de estimar seus recursos cognitivos e emocionais.

O ato de desenhar e os próprios desenhos oferecem um método poderoso e excepcional de repassar informação que pode ser analisada em entrevistas de admissão, testes abrangentes e tratamento inicial. Esses produtos gráficos concluídos – ou o ato de falar sobre eles – oferecem uma comunicação visual com riqueza, especificidade, complexidade e espontaneidade, que geralmente não são conseguidos apenas com discussões.

As expressões por via de imagens costumam ser mais simbólicas e menos específicas do que as palavras. Essas metáforas de tensão junto ao compartilhamento de experiências e percepções geram imagens visuais que estão além da compreensão convencional. Assim, pessoas envolvidas no processo de desenho podem comunicar-se por essa linguagem simbólica sem ter de reconhecer que seus desenhos fazem parte de seu eu real. Essa proteção contra material emocionalmente carregado faz com que o relato desses pensamentos e sentimentos gere menos ansiedade e seja menos propenso a provocar uma atitude defensiva. O que se revela é fundamental para o conhecimento e a transformação pessoal.

É provável que a maioria dos psicólogos clínicos e daqueles em posição de tomar decisões faça uso de desenhos, além de outros materiais, como observações comportamentais, opiniões de profissionais externos indicados e questionários de autorrelato, visando obter informação suficiente para decidir acerca de um primeiro diagnóstico e um plano de tratamento inicial.

Os psicólogos ou outros clínicos envolvidos no processo de avaliação que ampliarem sua "caixa de ferramentas" de teste ao incluírem desenhos em suas análises mais fundamentadas, também ganharão um companheiro útil em sua descoberta do funcionamento cognitivo e emocional. O uso clínico de desenhos fornece importantes hipóteses complementares que podem contribuir com facilidade para esse processo de coleta de dados. Além disso, as produções gráficas ajudam a proporcionar ao cliente um jeito original e interessante de participar no processo de admissão ou de testagem, por meio de tarefas criativas e voltadas para o crescimento que certamente despertarão interesse e maior compreensão da sua situação.

Referências

Andreas, S. (2013). Breaking the spell. *Psychotherapy Networker*, maio/junho.

Bivans, S. (2013). *The use of projective drawings as interpreted through self psychology to activate stages of change in the treatment of substance abuse*. Pacific Graduate Institute: Dissertations and Thesis.

Brooke, S. L. (2004). A *therapist's guide to art therapy assessments: Tools of the trade* (2. ed.). Charles C. Thomas.

Dalley, T., Rifkind, G., & Terry, K. (2014). *Three voices of art therapy: Image, client, therapist* (2. ed.). Routledge.

Edwards, D. (2002). *Art therapy.* Sage.

Fischer, C. (1994). *Individualizing psychological assessment*. Lawrence Erlbaum Associates.

Gil, E. (2011). *Helping abused and traumatized children: Integrating directive and nondirective approaches*. Guilford Press.

Groth-Marnat, G. (2009). *Handbook of psychological assessment* (5. ed.). Wiley.

Hammer, E. F. (Ed.). (1958). *The clinical applications of projective drawings*. Charles C. Thomas.

Hammer, E. F. (1997). *Advances in projective drawing interpretation*. Charles C. Thomas.

Handler, L., & Thomas, A. D. (Eds.) (2013). *Drawings in assessment and psychotherapy: Research and application.* Routledge.

Kaplan, F. F. (1999). *Art, science, and art therapy.* Jessica Kingsley.

Killick, K., & Schaveriaen, J. (Eds.). (1997). *Art, psychotherapy, and psychosis.* Routledge.

Linesch, D. G. (2000). *Celebrating family milestones: By making art together.* Firefly.

Malchiodi, C. A. (1997). *Breaking the silence: Art therapy with children from violent homes* (2. ed.). Brunner/Mazel.

Malchiodi, C. A. (1998). *Understanding children's drawings.* Guilford Press.

Malchiodi, C. A. (2006). *Art therapy sourcebook.* McGraw-Hill.

Malchiodi, C. A. (2008). *Creative interventions with traumatized children.* Guilford Press.

Malchiodi, C.A. (Ed.) (2011). *Handbook of Art Therapy* (2. ed.). Guilford Press.

Malchiodi, C. A. (Ed.). (2012). *Art therapy and health care.* Guilford Press.

Malchiodi, C. A. (2014). *Creative interventions with traumatized children* (2. ed.). Guilford Press.

Moon, B. L. (1994). *Introduction to art therapy: Faith in the product.* Charles C. Thomas.

Oster, G. D., & Caro, J. (1990). *Understanding and treating depressed adolescents and their families.* Wiley.

Oster, G. D., & Crone, P. (2004). *Using drawings in assessment and therapy* (2. ed.). Taylor & Francis.

Oster, G. D., & Gould, P. (1987). *Using drawings in assessment and therapy.* Brunner/Mazel.

Oster, G. D. & Montgomery, S. S. (1996). *Clinical uses of drawings.* Jason Aronson.

Peterson, L. W., & Hardin, M. E. (1997). *Children in distress: A guide for screening children's art.* W. W. Norton & Company.

Reynolds, W. M. (1988). *Suicidal ideation questionnaire: Professional manual*. Psychological Assessment Resources.

Riley, S. (2001). *Group process made visible: The use of art in group therapy*. Routledge.

Rubin, J. A. (Ed.). (2001). *Approaches to art therapy: Theory and techniques*. Psychology Press.

Rubin, J. A. (2005). *Child art therapy: Understanding and helping children grow through art* (Edição do 25º aniversário). Wiley.

Safran, D. S. (2002). *Art therapy and AD/HD: Diagnostic and therapeutic approaches*. Jessica Kingsley.

Steele, W., & Malchiodi, C. A. (2011). *Trauma-informed practices with children and adolescents*. Routledge.

Wadeson, H. (2010). *Art psychotherapy*. Wiley.

Willis, L. R., Joy, S. P., & Kaiser, D. H. (2010). Draw-a-person-in-the-rain as an assessment of stress and coping resources. *The Arts in Psychotherapy*, *37*(3), 233-239.

2
Fundamentos dos desenhos clínicos

> Na medida em que conseguia traduzir as emoções em imagens – isto é, encontrar as imagens que estavam escondidas nas emoções – eu estava calmo e confiante por dentro.
> Se tivesse deixado essas imagens ocultas nas emoções, eu poderia ter sido dilacerado por elas.
> Talvez eu conseguisse dissociá-las, mas em tal caso teria inexoravelmente caído numa neurose e, portanto, elas acabariam por destruir-me.
> Como resultado do meu experimento, eu soube o quanto pode ser útil, do ponto de vista terapêutico, encontrar as imagens que estão por trás das emoções.
> *Memórias, sonhos, reflexões* (1961), Carl Gustav Jung.

Aspectos históricos dos desenhos clínicos

Ao longo dos séculos, desenhos e outras criações artísticas têm sido considerados extensões importantes das comunicações pessoal e interpessoal. As evidências revelaram que, na Antiguidade, pessoas gravaram e talharam paredes subterrâneas para descrever seus sentimentos e suas ações. Essas pessoas desconhecidas adentraram em cavernas escuras para pintar e esculpir imagens nas paredes de pedra, representando rituais ou fatos significativos da época. Os esboços e as "obras de arte" mais antigos já conhecidos foram feitos cerca de 20.000 anos atrás, na última fase do período Paleolítico, tendo sido descobertos principalmente na Espanha e no Sul da França (Janson, 1991).

O pouco que se sabe de toda essa história primitiva tem sido realçado por símbolos baseados em pictografias (imagens que lembram a vida real) e ideogramas (símbolos que representam ideias). As antigas civilizações suméria, egípcia e chinesa começaram a utilizar figuras desse tipo e depois as aprimoraram, criando sistemas de escrita mais elaborados.

As pictografias também podem ser consideradas como formas de arte expressiva. Assim, elas caracterizam-se em cenas da arte pré-colombiana e dos povos nativos americanos, no artesanato da Mesopotâmia antiga e em pinturas de todo o território dos Estados Unidos antes da época colonial. Das cavernas do Novo México às rochas nas praias de Rangell, no Alasca (observações pessoais), essas expressões criativas forneceram pistas a exploradores sobre mistérios desconhecidos sem claras passagens históricas.

Pesquisas científicas têm catalogado esses desenhos antigos como exemplos de como indivíduos primitivos tentaram gerar suas ideias e emoções. Essas notações básicas, embora expressivas, foram consideradas a essência da linguagem dos primórdios e têm sido estudadas por muitas disciplinas, sobretudo por arqueólogos e historiadores da arte.

Ao longo do último século, até as áreas de neuropsiquiatria e neuropsicologia estudaram os significados simbólicos desses pictogramas e petróglifos indígenas, de modo a criarem novas vias para o intercâmbio de ideias entre povos nativos e cientistas modernos a fim de proteger e valorizar a sua diversidade cultural (Meyer, 1985).

Imagens de amadurecimento psicológico

Em sua transição a partir dessas antigas explorações da linguagem visual, profissionais da saúde comportamental também têm estudado e utilizado desenhos de tipos similares nos últimos duzentos anos. Observou-se esse interesse especialmente na disciplina de Psicologia do Desenvolvimento, na qual se mostrou que singelas construções de formas e figuras (como nas pictografias primitivas) e o modo como a sua complexidade muda ao longo do tempo pareciam seguir uma sequência ordenada no amadurecimento de uma criança (apud Oster & Crone, 1987; Oster & Montgomery, 1996; Oster & Gould, 2004).

Num processo comparável ao de seus ancestrais pré-históricos, crianças pequenas descobrem logo que têm a capacidade de produzir imagens como meio de autoexpressão. Ainda que a princípio elas possam encontrar prazer em criar apenas rabiscos sem sentido, essas atividades logo dão lugar a formas ordenadas e objetos integrados. E, como as pessoas de povos primitivos, as crianças sempre desenham coisas que consideram essenciais e suprimem outras que não são importantes para elas (Hammer, 1967, 1997).

Já aos 3 anos de idade, as crianças parecem adquirir maior domínio de sua coordenação motora fina e de seu controle emocional, bem como obtêm considerável satisfação ao recriarem descrições visuais do que percebem à sua volta. Como Howard Gardner (1982) mencionou em seu livro *Artful scribbles: the significance of children's drawings*, as crianças ficam bem absortas em suas ilustrações. Depois, essas construções passam a ser as suas primeiras tentativas de compreender o mundo ao seu redor, assim como seus pensamentos e sentimentos sobre os acontecimentos que elas percebem.

Ao que parece, as primeiras formas definidas elaboradas por crianças são círculos e figuras ovais, vistas como os padrões mais simples representados na maioria das culturas (cf. Figura 2.1). Durante os estágios iniciais do desenvolvimento humano, tais figuras tornam-se as principais formas para representar cabeças, olhos ou bocas (DiLeo, 1973). Sendo os mais fáceis de desenhar, esses contornos elementares tendem a ser uma função da coordenação básica entre olhos e mãos, que resulta do crescimento e do desenvolvimento do sistema nervoso.

Contudo essas primeiras tentativas exploratórias de criações não verbais parecem ser representações de ideias e não imagens diretas de um objeto em si. Com a experimentação ao produzirem imagens gráficas, as crianças começam a construir visualmente o que elas pensam existir, em lugar do que elas realmente veem. E em todas as nacionalidades, quer com lápis ou giz de cera, ou com pauzinhos na areia, as crianças continuam o processo de revelar graficamente suas percepções do mundo circundante de maneira mais

Figura 2.1

exata (Peterson & Hardin, 1997). Na tentativa de acrescentarem significado a esses desenhos conforme amadurecem, as crianças costumam produzir imagens de conceitos importantes; por exemplo, no início elas tentam elaborar figuras humanas e depois começam a criar desenhos de animais, casas e árvores (cf. Figuras 2.2 e 2.3).

Figura 2.2

Figura 2.3

Sequências de desenvolvimento

Mais de um século atrás, escritores já descreveram suas observações de desenhos infantis e, por meio das expressões artísticas das crianças, revelaram fases evolutivas e níveis relacionados à idade (Cooke, 1885; Ricci, 1887). Uma das descrições mais abrangentes dos desenhos na maturação das crianças foi realizada por Cyril Burt (1921). Com base em observações pessoais e estudos sistemáticos, Burt classificou sequências nas habilidades gráficas das crianças em diversas etapas. Ele mostrou que crianças entre 2 e 3 anos de idade começam a elaborar rabiscos e considerou essas atividades como expressões sem propósito que se tornam mais refinadas e diferenciadas com o tempo.

Para outros pesquisadores do desenvolvimento, como Luquet e Piaget (citados em Thomas & Silk, 1990), os primeiros rabiscos são uma forma de jogo e exercício. Portanto as figuras parecem formar-se ou serem interpretadas com significados básicos atrelados. Aos 4 anos, as crianças começam a substituir seus rabiscos desorganizados por linhas únicas. Por volta dos 5 anos, costuma surgir uma fase de "realismo intelectual" e, em geral, as crianças desenham aquilo que conhecem; logo, observam-se desenhos do tipo de uma casa ou árvore (apud Krampen, 1991). Nos anos seguintes, as crianças começam a esboçar formas rudimentares que são estruturadas e mais complexas.

Assim, quando nos deparamos com uma criança mais velha que só consegue rabiscar quando lhe pedem que elabore uma pessoa ou outras figuras, provavelmente essa criança esteja atrasada em seu desenvolvimento, tenha escasso controle de suas habilidades motoras e expressões emocionais ou tem uma deficiência específica de aprendizagem.

Durante o período de latência, dos 6 aos 10 anos, Burt (1921) classificou as tentativas de desenho das crianças como "concretas e detalhadas" para estabelecer um paralelo com o estágio de "operações concretas" de Piaget (1959). O dimensionamento e os detalhes das imagens ficam mais realistas. Nesses anos, as crianças desenham corpos nem tão de "girinos" e é mais provável que acrescentem uma cabeça, um tronco separado, braços e pernas unidos. Depois, elas agregam mãos, dedos e roupas aos desenhos de figuras humanas (Thomas & Silk, 1990). Também começam a usar de perspectiva e a desenvolver regras para a cor, como marrom para troncos de árvores ou verde para as folhas. Como Malchiodi (1998) assinalou, porém, cores não usuais nessa idade posterior do estágio de latência podem ser mais significativas no amadurecimento da criança do que em anos anteriores.

Burt (1921) também observou que crianças de 11 anos preferiam copiar e traçar as obras de outros a criarem obras de arte originais. Ele acreditava que em muitos casos, desenhos de crianças de 11 a 14 anos apresentam uma acentuada deterioração da qualidade decorrente de avanços em suas habilidades cognitivas, seu melhor uso da linguagem e sua sensibilidade emocional. Essa faixa etária tende a desenhar formas e decorações geométricas em lugar de formas humanas. Burt (1921) notou também que ocorria um novo renascer artístico em meados da adolescência, quando se começa a mostrar mais interesse na cor e na forma (cf. Figura 2.4).

Figura 2.4 – (15 year old = 15 anos de idade)

Pesquisadores posteriores – mais notoriamente Elizabeth Koppitz (1984), que elaborou sistemas de classificação do desenvolvimento para desenhos de crianças – chegaram a conclusões semelhantes, de que desenhos do início da adolescência são piores que aqueles feitos por crianças na idade de latência.

Todavia ela supôs que, ao chegarem à puberdade, as crianças ficam demasiadamente inseguras e críticas em relação aos seus desenhos. Elas começam a desenhar rápido e sem cuidado, fazendo esboços sem muito esforço ou produzindo figuras estereotipadas ou quadrinhos.

Ainda que tenha havido algumas críticas de todas as teorias de estágios do desenvolvimento, a maioria dos investigadores em psicologia infantil reconheceram diferenças discerníveis em desenhos de figuras comuns durante períodos-chave do amadurecimento. Essencialmente, a maioria dos pesquisadores e teóricos aprimorou todas e cada uma das fases de desenvolvimento adotadas por aqueles que haviam trabalhado nessa área. Por exemplo, DiLeo (1973) referiu-se, em sua análise de estudos anteriores no século XIX, à descoberta de estágios ou sequências na expressão gráfica de crianças, que já foram confirmados repetidas vezes pela pesquisa contemporânea.

Esses pesquisadores anteriores sugeriram seis estágios consecutivos do desenvolvimento artístico. O primeiro é o do rabisco, aparentemente relacionado de maneira similar à fala balbuciante de um bebê. O seguinte é o surgimento do estágio do girino, no qual os desenhos lembram uma cabeça redonda com apêndices. Por exemplo, crianças de 3 anos geralmente concebem pessoas com cabeça, braços e pernas unidimensionais (cf. Figura 2.1).

Segue-se uma fase transicional, na qual aparece um tronco (geralmente uma lágrima alongada sob a cabeça) com alguns detalhes de uma figura humana. Nesse caso, é provável que as crianças de 4 anos desistam das cabeças grandes e passem a criar pessoas com braços e pernas presos a uma cabeça menor e similar a um corpo no comprimento (cf. Figura 2.5).

A fase seguinte costuma apresentar o desenho de uma pessoa com o rosto completo, detalhes incluídos (sobrancelhas, orelhas) e partes do corpo mais bem definidas (p. ex., dedos e pés) conforme a criança cresce. Pode-se observar outro passo transicional nesse percurso, com tentativas de desenhar perfis. Depois, finalmente, ocorre uma orientação precisa do perfil, o que se considera uma introdução ao movimento (cf. Figura 2.6).

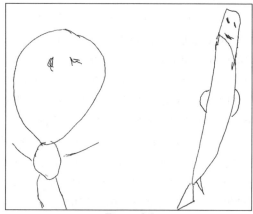

Figura 2.5

Figura 2.6

Posteriormente, Dale Harris (1963) salientou a progressão de desenhos de crianças, incluindo três estágios gerais de desenvolvimento. O período inicial mostrava a criança centrada na experiência de prazer e satisfação obtida ao ganhar controle motor e simplesmente gerar marcas e rabiscos. Ao longo desse período, as criações começam a adquirir caráter e estrutura.

O momento seguinte no desenvolvimento de produções gráficas era principalmente de imitação, no qual as crianças começavam a mostrar detalhes e organização em seus desenhos. Por fim, Harris (1963) sugeriu que a fase final do desenvolvimento era aprendida. Ele observou uso nas regras constantes de concepção e equilíbrio, além de ter sugerido que o desenvolvimento ulterior era definido por satisfação interna e comunicação adicional dentro de um formato estruturado.

Rhoda Kellogg (1969), tendo tentado integrar os campos de desenvolvimento infantil e antropologia, colheu e examinou quase um milhão de desenhos de crianças quando procurava imagens e estruturas comuns. Ela também verificou que os desenhos ganham maturidade de maneira ordenada, a partir de certos rabiscos básicos e rumando para uma constância de formas.

Com seu trabalho vastamente detalhado, ela ressaltou que o rabiscar sem sentido das crianças pequenas transforma-se em formas e símbolos específicos. Ela notou que, aos 2 anos de idade, os desenhos das crianças podem diferenciar-se em 20 tipos de marcas e parecem ser o alicerce da expressão gráfica. Aparentemente, esses pontos, linhas e círculos exibem diversos movimentos musculares sem orientação perceptiva.

Kellog acreditava que todas as crianças eram capazes de fazer essas marcas, enquanto aquelas que não conseguiam fazê-las tinham alguma deficiência. Outros investigadores expuseram sua opinião de que existem reais razões neurobiológicas para o trabalho artístico e essas conexões parecem ter influência nos desenhos de crianças (Morris, 1962; Dissanayake, 1989).

Amadurecimento cognitivo

Estudos pioneiros realizados no século XX também possibilitaram aos profissionais de saúde comportamental uma compreensão extensa e diversificada dos aspectos psicológicos dos desenhos infantis. A princípio, as ilustrações de crianças foram objeto de muita especulação na descrição do desenvolvimento intelectual (Goodenough, 1926). Ao mesmo tempo em que os testes de inteligência padronizados surgiam rapidamente (p. ex., Stanford-Binet, Wechsler Scales), não demorou a se descobrir que os desenhos eram subprodutos úteis de entrevistas clínicas e avaliações diagnósticas que revelavam distúrbios do desenvolvimento e depois foram incluídos em baterias de testes psicológicos mais abrangentes.

Para o psicólogo clínico que se utilizava de desenhos como ferramentas de diagnóstico pelo valor interpretativo, importava reconhecer que o que pareciam ser características anormais desenhadas ou omitidas numa determinada figura bem poderiam ser o padrão para um determinado grupo etário. Esse conceito de normalidade do desenvolvimento foi ressaltado em especial por Elizabeth Koppitz (1984), ao frisar a necessidade de clínicos e pesquisadores de distinguirem cuidadosamente suas populações amostrais em grupamentos etários quando tratam de qualquer fenômeno da infância. Ela descreveu seis passos importantes a se considerar ao interpretar desenhos concluídos de crianças e adolescentes. Na opinião dela, quem estuda desenhos infantis deveria ponderar:

- observar atitudes comportamentais durante o ato do desenhar;
- adquirir uma impressão geral das imagens;
- visualizar os desenhos mediante uma perspectiva de desenvolvimento;
- julgar a qualidade das ilustrações;
- analisar o conteúdo dentro de cada figura;
- avaliar sinais de deficiência da integração visomotora.

Até então, os sistemas de pontuação baseavam-se, sobretudo, no pressuposto de que, conforme as crianças cresciam, seus desenhos refletiam mudanças exatas em seus níveis de amadurecimento cognitivo.

Estudo de caso
Greg B.

Greg B., um garoto de quase 8 anos, apresentou-se para uma triagem inicial feita por um psicólogo numa clínica ambulatorial de saúde comportamental. Seus pais preocupavam-se com as dificuldades do menino na escola, entre as quais a de ser pouco organizado e ter deficiente coordenação motora fina, o que tornava difícil para ele copiar e escrever eficientemente.

Embora fosse descrito como um "menino maravilhoso e bom", Greg era extremamente sensível e tendia a ficar zangado e amuado quando se chateava. Ele era também considerado fácil de se frustrar, temeroso de ser posto em situações novas e necessitado de ajuda adicional para manter o foco e terminar as tarefas. Além disso, havia preocupações manifestas sobre sua ansiedade social, sua tristeza evidente e o fato de ele não ser aceito pelos colegas.

Uma breve avaliação mostrou que Greg era muito brilhante. Extremamente articulado (QI verbal estimado em 134 [faixa Muito Superior]), ele também era capaz de raciocinar com eficácia, mesmo sobre as tarefas não verbais que lhe apresentavam. No entanto certos pontos fracos refletiam-se em áreas ligadas a atenção sustentada, integração visomotora e proficiência ao copiar. Essas vulnerabilidades certamente prejudicavam o resultado de seu trabalho e provocavam muitas frustrações.

Como parte da triagem, pediu-se a Greg que fizesse ilustrações que confirmariam a aparente imaturidade de sua coordenação motora fina. Seus desenhos básicos de uma casa, uma árvore e depois uma família eram bastante elementares e pareciam indicar um atraso de vários anos. Em especial, seus desenhos da figura humana lembravam trabalhos de crianças de 5 anos (cf. Figura 2.7).

Figura 2.7 – (Sister = Irmã / Dad = Papai / Mom = Mamãe / Me = Eu)

Com essas constatações, Greg foi encaminhado para uma avaliação aprofundada com um terapeuta ocupacional especializado nesse tipo de disparidades no desenvolvimento, em especial crianças que enfrentam problemas de motricidade fina. Posteriormente, ele foi incluído num programa especializado em sua escola ("Escrita à mão sem lágrimas"), que lhe oferecia melhores maneiras de segurar um lápis e uma caneta; com isso, ele passou a ser mais eficiente ao copiar e escrever suas tarefas.

Observar como as crianças expressam-se normalmente em diversos estágios por meio de seus desenhos é essencial à compreensão de parte do seu desenvolvimento básico. Uma vez que as crianças parecem seguir mudanças similares e progressivas em seus desenhos, observam-se alterações que são geralmente características de cada grupo etário. Todavia é preciso mais do que diferentes estágios nessas descrições para detalhar integralmente o amadurecimento não verbal de uma criança.

Depois, estudos abrangentes realizados por Gardner (1982) e Golomb (1990) resultaram em conceitos mais amplos e mais exaustivamente pesquisados para compreender desenhos de crianças, ao agregarem suas pesquisas a diversos enfoques das áreas de psicologia do desenvolvimento, arte e antropologia (apud Malchiodi, 1998).

Os mencionados educadores e pesquisadores demonstraram que crianças pequenas de culturas de diferentes lugares do mundo também atravessavam estágios similares de expressão artística, incluindo rabiscos, formas básicas, figuras humanas, representações esquemáticas, realismo, caricaturas pré-adolescentes e habilidade artísticas da adolescência.

Foram esses estudos descritivos de desenhos de crianças que forneceram um novo arcabouço mais elaborado para detalhar estágios de desenvolvimento não verbal, bem como lançaram as bases para o uso de desenhos, da maneira atual, para avaliar a inteligência e, ainda depois, para medir traços de personalidade (Handler & Thomas, 2013).

Indicadores emocionais

Profissionais de saúde em geral e de saúde mental também tentaram entender a experiência estética, explicando o processo envolvido na produção de arte, analisando o gênio de certos artistas e estudando o significado de determinadas criações. Por exemplo, ao longo do último século houve um crescente interesse na interpretação e na utilização de desenhos visando descrever os aspectos emocionais e psicológicos da expressão não verbal de pessoas em tratamento (Betensky, 1995; Hammer, 1997; Leibowitz, 1999). Acreditava-se que essas imagens gráficas refletiam o mundo interior dos clientes, descrevendo seus pensamentos e sentimentos, além de serem veículos de informações a respeito de seu estado psicológico e de suas dificuldades mais profundas, por meio dessas vias alternativas de expressão. Porém foi Ernst Kris (1952), conhecido por seus estudos psicanalíticos de obras visuais e por combinar a psicanálise com observações diretas de crianças pequenas, quem descreveu o processo psicológico do ato de desenhar como um "situar uma experiência interior no mundo exterior (isto é, o mecanismo de projeção)". De maneira similar, Zygmunt Pietrowski, um dos pioneiros clínicos a criarem um sistema de pontuação para o teste das manchas de tinta de Rorschach, observou que as criações artísticas foram um dos primeiros métodos a serem considerados uma técnica "projetiva" de traços de personalidade conscientes e inconscientes (Pietrowski & Abrahamsen, 1952). Desenhos usados nesses formatos em entrevistas diagnósticas e psicoterapia inicial deram uma oportunidade única de: examinar conflitos e preocupações, perceber outras possibilidades de solução de problemas e fazer depoimentos singularmente pessoais que representassem desejos conscientes e inconscientes de um ponto de vista muito distinto (Riley, 1997).

Ademais, dentro da bateria projetiva de testes psicológicos, as solicitações de desenho cumpriam uma função especial ao proporcionarem uma introdução minimamente ameaçante e maximamente atraente aos diversos procedimentos de avaliação (Hammer, 1997). Nesse sentido, segundo Hammer, a "página" fornece uma "tela" introdutória que capta relances de traços e atitudes de personalidade e características comportamentais, além dos pontos fortes e limitações da pessoa.

Estudo de caso
James D.

James D., 8 anos e 4 meses, era aluno da terceira série quando seus pais e a escola o encaminharam para uma avaliação psicológica. Ele tinha sido transferido de uma escola primária para outra a pedido de seus pais devido a uma série de conflitos com professores e colegas. Após três semanas na nova escola, os pais disseram que a mudança tinha sido satisfatória, havendo apenas pequenos problemas de adaptação. Ao discutirem as áreas problemáticas com os pais, eles mencionaram que James era "como duas pessoas diferentes – uma era um menino muito simpático, brilhante e interessante, a outra um garoto muito exigente, contestador e desafiante".

Os pais comentaram, então, as súbitas mudanças de humor do menino e sua necessidade de controlar todos ao seu redor. Eles o consideravam imaturo e incapaz de controlar seus impulsos quando se deparava com situações de pressão emocional. Viam também com preocupação a sua incapacidade de se concentrar e prestar atenção à tarefa escolar. Além disso, eles mencionaram que o estilo de aprendizagem do menino consistia em terminar seu trabalho rápido e depois passar a distrair e perturbar os outros alunos.

Durante a parte de teste na avaliação, James esteve atento e cooperativo. Ele demonstrou excelentes habilidades em uma variedade de medições cognitivas e educacionais. Aliás, obteve uma pontuação geral de 131 num teste de QI, situando-se na faixa Muito Superior. Nesse teste de inteligência, ele mostrou pontuações excepcionais em suas habilidades de fluência verbal, especialmente em áreas de raciocínio abstrato e em seus conhecimentos gerais. Como era de se esperar, seus pontos mais fracos refletiam-se em sua concentração e sua atenção a detalhes. Assim, as queixas quanto à sua impulsividade e reações exageradas pareciam ser consequência dessas últimas limitações.

Apesar dos seus muitos recursos, suas experiências emocionais pareciam bem menos desenvolvidas. Em testes projetivos, suas respostas foram limitadas e contidas, sugerindo que ele facilmente ficaria sobrecarregado ao se deparar com demandas e fatores de estresse – mesmo que insignificantes – que lhe eram desconhecidos. Ele também parecia confiar, sobretudo, em suas emoções para resolver situações difíceis. Esse limitado uso do raciocínio estava fadado a criar grande tensão interior que, claro, ele não conseguia expressar de maneira adequada.

Dentro da bateria de testes, pediu-se a James que elaborasse vários desenhos que ressaltassem seu turbilhão emocional. Um desenho em especial parecia caracterizar a acentuada irritabilidade do menino. Nessa ilustração (cf. Figura 2.8), James parecia exprimir sua raiva e suas frustrações. Ao falar sobre a figura, ele ficou visivelmente alterado e manifestou o quanto queria se vingar de seu anterior ambiente escolar e das pessoas que lhe causaram "tanto sofrimento". Mais do que qualquer outro dos instrumentos psicológicos, esse retrato da sua raiva permitiu-lhe ver na sessão uma experiência positiva (um modo de canalizar a sua agressão e, talvez, de falar sobre ela com uma pessoa de fora da sua família e da escola). A partir dessa sessão, ele solicitou consultas continuadas que o ajudassem a resolver seus antigos rancores.

Figura 2.8 – (I want to get back at them. = Quero vingar-me deles.)

Símbolos de doença mental

Mesmo antes dessas descobertas de desenhos "projetivos", no final do século XIX e início do século XX havia crescente interesse nas obras de arte de pessoas mentalmente enfermas em toda a Europa. Nesse campo, um dos primeiros a reparar no simbolismo em esboços feitos por "loucos" foi Max Simon (1888), que parece ter ficado espantado ante aqueles "desenhos obscenos" e, de fato, ordenou o encerramento dessa atividade.

Apesar dessa interrupção da arte dos pacientes, os anos seguintes trouxeram considerável interesse e intuição quanto às possibilidades que os desenhos poderiam oferecer a avaliadores psicológicos, psicólogos clínicos de admissão ou terapeutas, como via de acesso aos pensamentos íntimos de clientes em crise. Muitos profissionais daquela época entendiam que as expressões artísticas podiam confirmar diagnósticos, especialmente os das formas mais graves de doença mental, como a esquizofrenia. Por exemplo, o *Etude medico-legale sur la folie* (Tardieu, 1872) incluía obras de arte de pacientes como critérios legais para o diagnóstico de transtornos mentais. Também Lombroso (1895) tentou demonstrar que desenhos e pinturas de pessoas mentalmente enfermas podiam oferecer muitos indícios sobre seu estado emocional profundo e seus modos de pensar perturbados (citado por Malchiodi, 1998).

Posteriormente, na década de 1920, o historiador da arte e psiquiatra Hans Prinzhorn conseguiu reunir 5.000 obras de arte criadas por pacientes submetidos a tratamento por doença mental em toda a Europa. Publicado em 1972, seu livro *Artistry of the mentally ill* atraiu muita atenção para as possibilidades que a expressão artística trazia em termos de valor diagnóstico e reabilitação. Mesmo antes dessas observações, Ebenezer Cooke (1885) detalhou mudanças típicas e diferenças normativas nos desenhos relativas ao modo de as crianças elaborarem imagens visuais. Portanto, o foco dos desenhos de pessoas acossadas por desafios cognitivos e perturbações emocionais já havia sido observado e analisado por muitos anos.

Freud e Jung

Muitos dos primeiros usos clínicos de desenhos estavam focados no pensamento psicanalítico. Por sua vez, Sigmund Freud (1933) dedicou grande atenção às obras de arte e seus criadores. Ele supunha que conflitos e neuroses universais do ser humano poderiam motivar os artistas a criarem suas experiências interiores na tela. Começou pelo estudo das obras de artistas famosos, como Michelangelo, e afirmou que havia nas pinturas sinais que demonstravam conflitos interiores e preocupações.

Depois, Freud mencionou o fato de a busca artística ser "catártica" em si mesma e o ato de pintar e os símbolos dentro dele representarem a ansiedade dos artistas. Eram suas ações ao pintarem, esculpirem ou desenharem que ajudavam esses mestres a superarem seus conflitos intrapsíquicos. Tanto no caso dos artistas quanto no dos pacientes, Freud via seus produtos terminados como um jeito singular de refletirem sua confusão pessoal e compreenderem suas vidas.

Freud (1958) também levantou a hipótese de que os símbolos representavam lembranças e provavelmente surgiriam por meio de sonhos ou expressões artísticas. Ele depreendeu que essas representações eram principalmente um disfarce para um conteúdo carregado de ansiedade e protegiam as pessoas em tratamento de se sentirem esmagadas por sua tensão subjacente.

Em seus escritos, ele explicou como as imagens apresentadas em sonhos poderiam ser mostradas com desenhos e que alguns pacientes conseguiriam expressar-se com mais facilidade por esse meio do que tentando descrevê-las em palavras. Com o surgimento e a valorização dos textos de Freud e o decorrente movimento psicanalítico, profissionais capacitados começaram a compreender o simbolismo dos produtos artísticos realizados por seus pacientes emocionalmente perturbados e passaram a ser mais receptivos e capazes de usá-los de imediato em seu trabalho cotidiano (apud Kris, 1952).

Logo depois, Carl Jung (1971) asseverou que os símbolos encarnavam partes de experiências pessoais que a psicanálise poderia realçar. A sua ênfase na criatividade como componente primordial do processo de tratamento conferia especial importância a imagens personalizadas na forma de arquétipos com significados universais.

Se Freud nunca esteve particularmente disposto a pedir aos seus pacientes que desenhassem nas sessões, Jung costumava encorajar seus clientes a criarem imagens em papel. Ele concluiu que esse uso da expressão de fantasias mediante a produção de símbolos era uma maneira altamente eficaz de evoluir e curar (Jung, 1956). Uma vez que essas duas grandes figuras da psicanálise explicaram suas opiniões a respeito de símbolos e expressão artística, o uso clínico de desenhos tornou-se um frequente tema de discussão dentro da área de saúde comportamental.

Graças a essas importantes contribuições, desenhos e outras atividades artísticas ganharam reconhecimento como expressão não verbal que dava acesso a material inconsciente e orientação terapêutica (Case & Dalley, 1992). Devido às investigações de Freud e Jung sobre os processos inconscientes da mente, clínicos que valorizavam as possibilidades interpretativas das ilustrações gráficas estabeleceram uma base para questionários diagnósticos, entrevistas clínicas e intervenções terapêuticas. Essa base acompanhou e incorporou o trabalho em andamento na psicanálise e em outras modalidades de cura.

Buscas criativas em psicoterapia

Os psicoterapeutas que seguiram os pioneiros na psicanálise logo se deram conta, como Jung, de que a linguagem verbal não bastava para revelar as experiências inconscientes na sua totalidade.

Eles também salientaram que o uso ativo de metáforas gráficas nas sessões (bem como de outros meios artísticos) haveria de fornecer uma dimensão adicional de imagens singulares que não seria possível descrever em termos exclusivamente orais. No curso dessa transição, a psicoterapeuta com capacitação analítica Judith Rubin, que foi umas das primeiras proponentes da arteterapia, afirmou que os desenhos poderiam ajudar a estabelecer uma forte relação de trabalho entre o clínico e o cliente. Depois, as obras criadas nessas sessões poderiam estimular e promover interações e espontaneidade, bem como agilizar níveis mais profundos de compartilhamento de percepções dos conflitos que ainda não tiverem sido expressos.

Os clínicos que vislumbraram os benefícios do processo criativo em avaliação e psicoterapia começaram a se utilizar dessas imagens visuais como "pontes para o inconsciente", em vez de dependerem de verbalizações de pensamentos e sentimentos, possivelmente bem defendidas. Além do mais, muitos clientes que estavam sendo atendidos para avaliação ou primeiras sessões de terapia logo descobriram que era muito mais fácil conceber imagens de sonhos perturbadores ou sentimentos conflituosos do que descrevê-los verbalmente por meio de palavras, com suas muitas limitações. O uso clínico de desenhos logo virou um tema em destaque e âmbito de discussão entre os profissionais que procuravam não só canais alternativos para o *insight*, mas também critérios de diagnóstico para diversos tipos de psicopatologia (MacGregor, 1989).

ESTUDO DE CASO
ELIZABETH G.

Elizabeth G. tinha 16 anos quando passou pelo primeiro teste psicológico. As principais preocupações de seus pais constavam de uma lista de verificação comportamental indicando que Elizabeth parecia apática e distraída, sentia-se fracassada e não tinha autoestima.

Ela também apresentava problemas de sono e muitas vezes se sentia cansada durante o dia. Por consequência, suas notas haviam baixado e ela já não tinha uma visão positiva da escola. No passado, ela recebera diagnóstico de transtorno de déficit de atenção (TDA) por ser dispersiva e desorganizada, tendo sido tratada com medicação estimulante, embora só com resultados díspares.

Nesse ponto da sua vida, ela dormia tarde da noite e recusava-se a levantar-se pela manhã para ir à escola. Embora inteligente e criativa, ela tendia a ser "passivamente teimosa". Dizia-se propensa a evitar conflitos, especialmente com seus professores, e recusava-se a entregar seu dever de casa porque não queria receber críticas. Afirmava que podia realizar tarefas quando motivada, mas esses momentos proveitosos eram cada vez mais escassos. Agora, ela não queria mais ocupar-se nem fazer esforço algum quanto à escola.

Depois da reunião junto aos seus pais, Elizabeth foi atendida sozinha no consultório do psicólogo. Ela mostrou-se triste e distante, com pouco motivação para revelar seus problemas pessoais ou submeter-se a uma avaliação prolongada. Com relutância, ela preencheu vários questionários a respeito de seu estado de ânimo e todos eles apontaram para a gravidade de sintomas de depressão com pensamentos de suicídio.

Em vez de convencê-la a dar mais informação, pediu-se que ela elaborasse um conjunto de desenhos que simbolizassem seu estado de ânimo e suas experiências físicas. Imediatamente, ela aceitou com entusiasmo essa abordagem inovadora da autoexpressão. Em vez de resistir, ela mostrou-se mais afetuosa e mais disposta a cooperar.

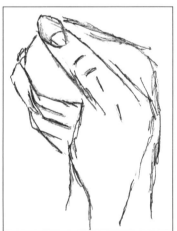

O primeiro desenho de Elizabeth foi de um punho fechado (cf. Figura 2.9). Depois de terminar a imagem, ela disse que a mão apertada representava seu desconforto quando se sentia nervosa ou com raiva. Ela mencionou que essa estratégia de enfrentamento não era uma reação consciente; na verdade, ela observava que fazia isso repetidamente em vez de encarar um problema difícil. Essa ilustração inicial gerou bem mais discussões sobre seus vários temperamentos e mecanismos para lidar com as situações.

Figura 2.9

Quando o diálogo interpessoal prosseguiu, Elizabeth desenhou espontaneamente outro dos desenhos solicitados (cf. Figura 2.10). Nessa ilustração, uma "pessoa na chuva", Elizabeth tentava mostrar que se sentia sobrepujada e sozinha. Ela sugeriu que a pessoa na imagem se sentia triste e impotente para resolver qualquer um de seus problemas. Nesse exemplo, ela parecia perceber seu ambiente como muito duro e ameaçador e tender a generalizar excessivamente a sua falta de recursos emocionais. Com esse desenho e outros questionários, ela começou a desenvolver a sua história. Desvendou as profundezas de seus sintomas de depressão ("eu me sinto triste e preocupada quase o tempo todo") e referiu-se aos seus pensamentos suicidas ("Pensei no que escreveria num bilhete de suicídio"; "Pensei que ninguém se importaria se eu vivesse ou morresse").

Figura 2.10

Respostas a outros aspectos de testes projetivos enfatizaram a incapacidade de Elizabeth de lidar com fatores de estresse, frisando o alto grau de tensão e ansiedade que poderia dar origem a sentimentos de alienação. Com essa informação, uma conversa com Elizabeth e seus pais resultou em intervenções terapêuticas mais ativas, inclusive uma breve hospitalização e consultas de acompanhamento com um psiquiatra e terapeuta ambulatorial.

Ela pareceu aliviada por ter contado todos esses sentimentos a um profissional objetivo e valorizou a abordagem não verbal de revelações espontâneas. Sem dúvida, a inclusão de desenhos criou um espaço mais livre e seguro para Elizabeth mostrar um retrato mais fiel de suas experiências interiores.

A arteterapia como uma disciplina

A arteterapia, como campo de estudo independente, também estava em desenvolvimento nesse empolgante pano de fundo do século XX. Uma das pioneiras originais dessa nova disciplina profissional, Margaret Naumburg (1966) mudou-se da Europa para os Estados Unidos com sua formação psicanalítica. Com esse tipo de bagagem de psicologia profunda, ela dava ênfase ao uso de associações e interpretações livres com trabalho artístico espontâneo em seu método de tratamento.

Mais tarde, Edith Kramer (1971) desenvolveu a ideia de que o processo de criação de obras de arte era, em si, um caminho distinto rumo ao restabelecimento e que sequer precisava de verbalização. Ao longo desses anos, os clínicos que aplicavam esses métodos eram vistos mais como educadores ou artistas do que como profissionais da saúde mental. Já nas décadas de 1960 e 1970, contudo, a arteterapia estava firmando-se como um campo específico de trabalho acadêmico e uma disciplina independente para profissionais que estudavam as possibilidades humanas.

Outra importante influência dessa nova disciplina teórica e profissional, Hanna Kwiatkowska (1978) apresentou a ideia de estender a arteterapia ao âmbito clínico de avaliações e terapias familiares. Em sua carreira no Instituto Nacional de Saúde Mental (NIMH) dos Estados Unidos, focada em famílias de crianças esquizofrênicas, ela desenvolveu uma entrevista semiestruturada para revelar relacionamentos e dinâmicas entre membros da família antes de qualquer tratamento.

Mais ou menos na mesma época, Jane Rhyme (1973) promoveu certos aspectos da arteterapia como parte do movimento humanista – um direcionamento ativo para profissionais da saúde mental durante esse período histórico. Ela enfatizou o uso de atividades artísticas que ensejava aspectos mais amplos da autoexpressão e o aprofundamento das interações grupais.

No atual contexto da saúde comportamental, Cathy Malchiodi (2001, 2006) está na vanguarda da defesa da arteterapia. Hoje, ela procura elucidar o valor dos métodos expressivos no tratamento do sofrimento decorrente de traumas (Malchiodi, 2014). E ela, com a contribuição de muitos outros, estendeu o domínio da arteterapia para as áreas médicas, inclusive o apoio a pacientes acometidos por doenças como câncer, epilepsia, asma e mal de Alzheimer, juntamente à dor que acompanha pacientes e familiares (Malchiodi, 2012).

Além disso, outros arteterapeutas – bem como muitos outros profissionais do tratamento – têm concentrado seus esforços na sobrevivência ao trauma e em seu tratamento. Por exemplo, a arteterapeuta Linda Gantt e seu colaborador psiquiátrico treinaram centenas de clínicos em seus métodos de terapia para trauma (Tinnin & Grantt, 2013). Sua compreensão da memória e da dissociação traumáticas no nível cerebral inspirou o desenvolvimento de diversas técnicas para tratamento rápido e abrangente do transtorno de estresse pós-traumático (TEPT).

Por sua vez, Eliana Gil (psicóloga e arteterapeuta) concentrou suas energias num seleto repertório de enfoques em procedimentos de avaliação e tratamento que foram adaptados de modo a facilitar intervenções bem-sucedidas em crianças traumatizadas (Gil, 2011, 2013). Ela também fundou institutos de formação em recuperação e educação em trauma, assim como para terapia lúdica infantil e familiar.

Ainda mais recentemente, Linda Chapman estendeu seu estilo de arteterapia ao tratamento do trauma relacional agudo e crônico em populações da primeira infância, além de crianças e adolescentes (Chapman, 2014). A sua criação de uma abordagem de arteterapia para o neurodesenvolvimento (NDAT) é considerada uma intervenção em longo prazo para o tratamento de transtornos da infância associados ao persistente impacto negativo do trauma interpessoal precoce e contínuo no desenvolvimento cerebral.

Com seu trabalho incessante e sua persistência, os arteterapeutas atuam agora numa variedade de contextos clínicos fazendo uso de desenhos e outros meios criativos em tratamentos individuais, grupais e familiares, bem como colaborando no processo de avaliação e diagnóstico. Quando cientes de que as palavras podem não bastar para descrever a condição humana em sua totalidade, esses profissionais recorrem a imagens e símbolos a fim de elaborar as "narrativas visuais" de seus clientes. Ao contarem suas histórias por meio da expressão gráfica, os clientes em avaliação e psicoterapia podem achar rotas alternativas para o bem-estar e a transformação.

Interação de arteterapia e psicologia

Os campos de psiquiatria, psicologia e educação constituíram a base para o surgimento da arteterapia como disciplina profissional independente (Junge & Asawa, 1994). Além disso, foram o psicólogo Bernard Levy e a arteterapeuta Elinor Ulman quem idealizaram e contribuíram para o desenvolvimento da primeira revista de arteterapia e do primeiro programa de formação nessa especialidade nos Estados Unidos (apud Junge, 2010).

Uma vez que a aplicação de testes tinha sido uma parte essencial da formação dos psicólogos por quase um século e que o uso de desenhos de seres humanos e objetos era um campo de utilização sistemática e de pesquisa, era lógico que a estrutura de entrevista e avaliação clínica incluída na educação de profissionais da psicologia também fosse considerada um fator crucial dos programas de formação em arteterapia. Ao longo de grande parte do século XX, os psicólogos desenvolveram baterias de avaliação que incorporavam testes de desenho para estimar a inteligência e medir distúrbios cognitivos e, depois, para tirar conclusões quanto a características da personalidade (apud Betts & Groth-Marnat, 2013). Uma das primeiras psicólogas a usarem desenhos como uma possível escala intelectual, Florence Goodenough (1926) descobriu também a importância de distinguir certas características da personalidade com base nessas criações. Outros clínicos da época – como Loretta Bender (1938), que concebeu um breve teste neurológico de formas de enfrentamento para avaliar comprometimento cerebral (Teste Gestáltico de Bender) – também estudaram desenhos de crianças classificadas de "excessivamente sensíveis", "tímidas", "apreensivas" ou "desatentas" por seus professores. E muitos profissionais, como Hanvik (1953), utilizaram-se da construção de figuras humanas para diferenciar crianças emocionalmente perturbadas daquelas sem conflitos significativos.

Posteriormente, Emanuel F. Hammer (1958) observou, em sua obra pioneira *The clinical applications of projective drawings*, que se ignoravam indícios qualitativos mais relevantes detectados em desenhos avaliados com iguais níveis quantitativos de QI. Ele propôs-se a articular as diferenças de traços de personalidade entre as partes de desenhos de figuras humanas (p. ex., braços que poderiam estar desafiadoramente cruzados em comparação àqueles que pendiam passivamente aos lados ou timidamente ocultos às costas).

Da mesma forma, ele documentou diferenças em desenhos humanos que apresentavam amplas variações de expressão facial, tamanho e localização do rosto no papel. Estabelecia-se, assim, uma base considerável para a investigação de indicadores de características emocionais em desenhos, bem como dos critérios que seriam aplicados e pesquisados de modo a fornecer pistas de traços de personalidade para além de breves estimativas de inteligência.

Outros inovadores de técnicas de desenhos conceberam suas próprias modificações, com base na tentativa de Goodenough de um teste de QI com desenho nesse florescente campo de observação e avaliação de constructos emocionais. Esses métodos incluíram a técnica de desenho da figura humana de Machover (1952) e a versão de Casa-Árvore-Pessoa de Buck (1948), na qual objetos comumente desenhados foram agregados ao desenho de uma pessoa.

À época foram extraídos dados interpretativos desses métodos de desenho por meio de diversas fontes. Essas evidências cumulativas tinham origem na história pregressa de clientes, associações livres com as ilustrações deles, símbolos comuns derivados de escritos históricos e analíticos, comparações entre resultados de desenhos e correlações entre indicadores e outros testes de personalidade (como o TAT e o Rorschach).

Por exemplo, demonstrou-se que problemas de organização espacial, dificuldades para formar ângulos e omissão de partes normais eram observados com mais facilidade em imagens de árvores e casas do que com instrumentos de avaliação que solicitavam apenas a cópia de determinadas formas, como o Bender Gestalt (apud Hammer, 1997). Percebeu-se, ainda, que as diferenças entre esquizofrênicos e pessoas com lesão e disfunção cerebral poderiam ser mais bem exemplificadas por seus respectivos desempenhos ao desenharem (Wolman, 1978).

Um estudo descrito por Wolman no qual se comparavam pacientes afetados por grave doença mental com pessoas de capacidade reduzida revelou que os esquizofrênicos tendiam a construir casas com óbvias qualidades antropomórficas, como portas de boca larga, janelas localizadas como olhos e chaminés como cabelos encaracolados, e até enfeitadas com laços, como gravatas, que mais pareciam um rosto ou uma "clássica" árvore dividida (isto é, árvores lado a lado, talvez a refletirem a desintegração do eu). Já as pessoas com deficiências intelectuais ou traumatismos cerebrais específicos não apresentavam esses sinais em suas ilustrações.

Estudo de caso
Lakandra E.

Lakandra era uma jovem de 17 anos que morava num centro de tratamento residencial. Apresentando grave perturbação emocional desde os 8 anos de idade, seu estado funcional decaíra até o ponto de ela não poder viver satisfatoriamente em sua comunidade local. Precisou ser internada várias vezes devido a indicadores de tipo psicótico e comportamentos agressivos. Entre os sintomas havia pensamentos fugidios, dificuldades para controlar preocupações generalizadas e bruscas mudanças de humor. Como consequência desses fatores problemáticos, a autoestima de Lakandra era muito baixa e sua impulsividade dominava seus atos. Também foram documentados indícios de hipervigilância, pesadelos frequentes, pensamentos e imagens intrusivos e comportamento evitativo.

Figura 2.11

Por ocasião de uma avaliação de atualização, a casa idealizada por Lakandra continha qualidades antropomórficas que corroboravam seu histórico de psicose (cf. Figura 2.11). Esse desenho – como outros muito incomuns de uma árvore e uma pessoa – parecia ressaltar a intensidade de seus sintomas. Também, as medições de comportamento social e adaptável refletiram graves deficiências, assim como suas operações executivas (capacidade de regular a atenção e a conduta).

Além disso, ela era descrita como extremamente ansiosa, impulsiva e emocionalmente imatura em aspectos de testes projetivos. Chegou-se à conclusão de que ela ainda precisava da segurança de um ambiente altamente estruturado para impulsionar seu crescimento na adolescência e no início da vida adulta.

* * *

Posto que as questões referentes a inaptidões intelectuais são muitas vezes de importância para o encaminhamento a psicólogos, passou a ser útil mostrar exemplos de desenhos que exibem os problemas que uma pessoa pode estar enfrentando devido a déficits ou danos perceptivos causados por um determinado traumatismo na cabeça.

De modo geral, determinou-se que, em muitos casos, pessoas com capacidade reduzida desenhavam com excessiva pressão sobre o lápis ou levavam mais tempo do que outras da mesma idade para realizar uma determinada tarefa. Essas pessoas distinguiam-se frequentemente por exibir sentimentos de inadequação ao não serem capazes de melhorar um desenho apagando-o e refazendo-o. Além disso, as ilustrações delas pareciam tender a omitir partes importantes de uma casa ou pessoa, ou davam indícios de perseveração (incapacidade de parar de marcar depois de começar). Outros fatores observados em desenhos de pessoas intelectualmente deficientes foram figuras unidimensionais excessivamente simplificadas ou representações de árvores nuas, esqueléticas (Wolman, 1978).

Estudo de caso
Charlotte P.

A história de Charlotte P., 19 anos, caracterizava-se por deficiências cognitivas, comportamentos agressivos e sintomas aparentemente psicóticos. Suas dificuldades educacionais, emocionais e comportamentais levaram-na a frequentar muitos estabelecimentos de educação especial mesmo antes de entrar para a primeira série. À época, ela teve diagnosticado um transtorno de desenvolvimento pervasivo, isto é, um quadro de profundas imaturidades em todas as esferas do amadurecimento. Depois, ela começou a apresentar surtos agudos em casa, o que tornou necessária a sua internação aos 9 anos. No momento de sua avaliação, ela já tinha sido hospitalizada umas 20 vezes em razão de instabilidade e agressões constantes.

Charlotte demonstrou acentuados déficits quando submetida a um teste de inteligência indicada por seu terapeuta. Todas as pontuações ficaram abaixo da média, sugerindo um diagnóstico de deficiência intelectual (QI = 48-55). Ela mostrou consideráveis impedimentos em atenção continuada, acompanhamento perceptivo, eficiência de cópia e capacidade para trabalhar dentro de um tempo limitado. Ela também tinha pouca capacidade de raciocínio abstrato e de expressão oral. Seus desenhos evidenciavam, ainda, claros atrasos de desenvolvimento.

A falta de maturidade cognitiva foi especialmente visível em seus desenhos de casa e árvore (cf. Figuras 2.12 e 2.13). Sua casa era muito simples e infantil. Sua concepção de uma árvore também mostrava sinais de inadequação pessoal e defesas agressivas e ineficazes, além de confusão e tensão internas que a fariam suscetível a sucumbir facilmente mesmo diante de ligeiros fatores de estresse.

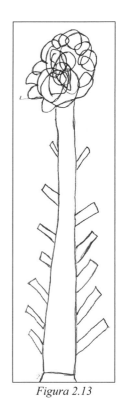

Figura 2.12   Figura 2.13

* * *

Controvérsias na interpretação de desenhos

Também no último século surgiu uma controvérsia quanto à utilidade do uso de desenhos em avaliações, até mesmo para aferir problemas emocionais e o desenvolvimento intelectual (Anastasi & Urbina, 1997; Bandeira, Costa & Arteche, 2008). Um número considerável de pesquisas começou a revelar que a confiabilidade e a validade de possíveis sinais existentes em desenhos eram bastante variáveis entre estudos (Lilienfeld, Wood & Garb, 2000). Por outro lado, havia escassa evidência de concordâncias aceitáveis entre avaliadores no caso das interpretações dos clínicos sobre as características de desenhos de figuras (Thomas & Jolley, 1998).

Essas ressalvas quanto à validade e à confiabilidade continuaram a pairar entre muitos clínicos e pesquisadores experientes (Laak, De Goede, Aleva & Van Rijswijk, 2005). Ponderava-se, principalmente, que métodos de pontuação globais, como o desenvolvido por Elizabeth Koppitz, eram mais capazes de distinguir pessoas com psicopatologias em grupos de pessoas normais do que as relações individuais entre indicadores isolados de um desenho e determinados traços de caráter (Tharinger & Stark, 1990).

Enquanto muitas dessas críticas centravam-se no uso e no valor interpretativo dos desenhos em avaliação psicológica, Klopfer e Taulbee (1976) concluíram corretamente que os desenhos seguiriam sendo usados para avaliar o desenvolvimento geral e estimar a inteligência, além de sua aplicação como instrumento projetivo, desde que a psicologia profunda continuasse a ser objeto de interesse.

A sua utilização em baterias de avaliação continua a ensejar pesquisa substancial em publicações de ciência comportamental e tem resultado em grande número de apresentações ante convenções anuais de psicologia e arteterapia. Em que pese esse debate em curso, resultados de levantamentos evidenciam que esses procedimentos ainda estão entre os mais aplicados por muitos psicólogos e outros clínicos envolvidos no processo de avaliação e entrevista (Bekhit, Thomas & Jolley, 2005), com índices de uso variando entre um terço e metade de todos os incluídos no levantamento.

Uma vez que a literatura anterior teve por foco principal os testes de desenho de figuras, como o Casa-Árvore-Pessoa (Buck, 1947) e o Desenhe-uma-pessoa de Goodenough-Harris (Harris, 1963), esses artigos de pesquisa foram examinados em profundidade por estudantes de pós-graduação e profissionais clínicos interessados na introdução de atividades de desenho no trabalho diagnóstico com crianças (Yedidia & Lipschitz-Elchawi, 2012), adolescentes (Koppitz & Casullo, 1983) e adultos (Hammer, 1997). E com tanta atenção voltada para essa área de expressão gráfica, alunos de psicologia e arteterapia mergulharam na florescente literatura que combinava ambas as disciplinas. Como os primeiros pesquisadores eram em sua maioria psicólogos e tinham desenvolvido muitos desses métodos de inteligência e projeção baseados em desenhos, os arteterapeutas puderam incorporar essas técnicas à sua disciplina e criar ferramentas ampliadas em seus estilos peculiares de avaliação e entrevista.

Da psicologia às avaliações por arteterapia

Naturalmente, os fundamentos dos procedimentos psicológicos influenciaram os inícios das avaliações por arteterapia. Assim, coube à pioneira da arteterapia Margaret Naumburg, com seu capítulo no livro *Clinical application of projective drawings*, de Hammer (1967), o crédito por fornecer um vínculo entre as avaliações de terapia com base psicológica e aquelas com base artística. Desde então, surgiu uma infinidade de avaliações por arteterapia desenvolvidas ao longo da história da área. Alguns arteterapeutas utilizaram-se de elementos de procedimentos padronizados anteriormente, outros inventaram seus próprios métodos e alguns ficaram num meio-termo.

Levantamento realizado pela Associação Americana de Arteterapia (Mills & Goodwin, 1991) revelou que muitos arteterapeutas modificaram procedimentos existentes ou criaram outros, raramente recorrendo a ferramentas publicadas. Alguns arteterapeutas desenvolveram suas avaliações por meios artísticos com base em suas próprias experiências – o que eles sentiram forneceu-lhe informações valiosas sobre seus clientes. Algumas dessas avaliações por arteterapia foram aplicadas de maneira informal, enquanto outras eram muito estruturadas. Ainda, algumas focaram em determinadas populações e, outras, tinham uma aplicação mais geral (o website de Donna Betts, www.arttherapy.us/assessment.htm e *Tools of the trade*, de Brooke [2004], oferecem um panorama abrangente de avaliações por arteterapia).

Dois dos enfoques mais conhecidos de avaliação por arteterapia, o Teste de Desenho de Silver de Cognição e Emoção (Silver, 1996, 2002) e o procedimento Desenhe-uma-história (DAS) (Silver, 1990, 2002) proporcionaram técnicas semiestruturadas ao examinador e tornaram-se um procedimento de referência para arteterapeutas. Além disso, a Série de Desenhos de Diagnóstico de Barry Cohen (1990) foi um dos melhores sistemas para demonstrar a boa confiabilidade da pesquisa no diagnóstico da psicose. Outra instrução de desenho em arteterapia, 'Pessoa pegando uma Maçã de uma Árvore' (Gantt & Tabone, 1998) gerou grande quantidade de dados sobre validade e confiabilidade com diversas populações (cf. Buciarelli, 2007).

Como referência histórica, Myra Levick et al. (1989-1999), cujo The Levick Emotional and Cognitive Art Therapy Assessment (Lecata) fez parte da avaliação de crianças de alto risco no sistema escolar do condado Miami-Dade, na Flórida. Uma série de cinco tarefas de desenho recebia pontuação conforme critérios específicos para mecanismos de defesa intelectuais (Piaget) e do desenvolvimento (Freud). O método baseava-se no texto de Levick *They could not talk and so they drew* [Eles não podem falar e então desenham] (1983).

Testes de Desenho de Silver

Por meio de seu trabalho junto a crianças surdas em terapia nos anos de 1960 e depois com pessoas com dificuldades de aprendizagem e adultos vítimas de AVC, a arteterapeuta e educadora Rawley Silver desenvolveu tarefas estruturadas para avaliar as habilidades cognitivas e as necessidades emocionais de seus clientes.

Na compilação de suas obras (Silver, 1990, 1991, 1996), ela mostrou como se valer de métodos estruturados de desenhos instigadores para motivar respostas que resolvessem problemas ou representassem conceitos e suscitassem narrações com relação ao estado de ânimo. As tarefas artísticas que ela propôs mostravam como os desenhos poderiam medir o desenvolvimento cognitivo relacionado à altura, largura e profundidade, aspecto que técnicas anteriores de desenho não tinham abordado. Em estudos posteriores, ela também utilizou modificações desses procedimentos para investigar a depressão na infância, bem como diferenças transculturais e de gênero (Silver, 2002, 2003).

Silver considerava a arte uma linguagem que se equivalia à palavra falada ou escrita e, portanto, podia ajudar a avaliar habilidades cognitivas e descobrir recursos emocionais. Ao apresentar essas técnicas, ela visava: a) contornar a linguagem na avaliação de habilidades para resolver problemas conceituais; b) fornecer avaliações mais exatas dos recursos pessoais, frequentemente ignorados pelas medições verbais; c) facilitar a identificação precoce de problemas emocionais como a depressão; d) fornecer um instrumento de avaliação pré e pós-intervenção para aferir o progresso individual ou a efetividade de intervenções educacionais ou terapêuticas. A sua hipótese inicial foi que, em muitos casos, crianças com escassas habilidades de linguagem têm resultados restritos em testes tradicionais de inteligência. Ela observou que desenhos e outras atividades artísticas poderiam produzir um retrato mais exato dos recursos cognitivos de uma criança.

Os Testes de Desenho de Silver (SDT) consistem em três tarefas ou subtestes que medem a capacidade de um cliente para resolver graficamente problemas conceituais. Essas tarefas incluem um desenho preditivo ou sequencial, um desenho a partir da observação e um desenho a partir da imaginação.

Ao elaborar essas medidas, Silver produziu atividades mais amplas do que outros testes de desenho, como o DFH, e incluiu uma série de tarefas atraentes com as quais os clientes podiam adaptar diversas imagens aos seus desenhos. Não existe limite de tempo, mas a maioria dos examinados leva de 3 a 5 minutos para concluir as duas primeiras tarefas, que constituem protocolos estruturados, e de 5 a 10 minutos para terminar o último subteste (desenhar com base na imaginação, escolhendo uma série de imagens e combinando-as num desenho que tem um título e uma história relacionados). Os testes podem ser ministrados individualmente ou em grupos. Muito estruturados e bem ilustrados, os manuais Silver proporcionam aos profissionais de saúde em geral e de saúde mental métodos claros para seus propósitos.

Silver (1996) também fez extensa pesquisa sobre o DAS no estudo de imagens feitas por crianças e ligadas à depressão, bem como ao investigar habilidades cognitivas e criativas. Ela desenvolveu um protocolo de desenho do DAS para detectar a depressão usando um conjunto de desenhos de linha simples que estimulavam as crianças a desenvolverem histórias sobre seus desenhos. Ela escolheu ilustrações gráficas que pareciam inspirar fantasias negativas e pediu que as crianças escolhessem duas das imagens para combinar num desenho. A sua pesquisa via a depressão como um contínuo, da tristeza moderada ao pensamento suicida e autodestrutivo, e ela sugeriu que os desenhos e as histórias revelariam esses estados de afeto deprimido.

Série de Desenhos de Diagnóstico

A Série de Desenhos de Diagnóstico (DDS) é uma entrevista efetuada por meio de desenhos, desenvolvida por arteterapeutas para proporcionar uma ferramenta de avaliação confiável e válida que estivesse originalmente vinculada à nomenclatura de diagnóstico no *Diagnostic and statistical manuals* (Johnson, 1988). Criou-se essa tarefa de desenho em razão da imprecisão clínica de outros procedimentos de avaliação artística e da necessidade de se estabelecer uma base de dados para fins clínicos e de pesquisa. O protocolo para o teste de três desenhos inclui instruções para tarefas não estruturadas, estruturadas e semiestruturadas (Cohen, 1990).

Normas foram desenvolvidas para grupos de controle e vários grupos de diagnóstico, como amostras de indivíduos com depressão grave, distimia e esquizofrenia. Também houve a inclusão de grupos não psiquiátricos em estudos posteriores de crianças vítimas de abuso sexual e pessoas com lesões na cabeça. A principal vantagem percebida do uso de DDS em lugar de outras técnicas artísticas foi a sua facilidade de aplicação em combinação com meios que encorajam a autoexpressão (Mills, Cohen & Menses, 1993).

O manual preparado para aferição da DDS lista 23 categorias com 183 decisões a serem tomadas pelo avaliador. Em que pese a aparente complexidade, a concordância entre avaliadores parecia ser extremamente alta. Portanto a série de desenhos oferecia a pesquisadores e clínicos algo que faltava em muitas das técnicas supramencionadas: a confiança em utilizar uma ferramenta fidedigna e válida para fins de avaliação.

A Pessoa que pega uma Maçã da Árvore

Instrumento de avaliação por arteterapia à base de desenhos, A Pessoa que pega uma Maçã de uma Árvore (PPAT) (Gantt, 1990, 2000, 2004) permite determinar a correlação entre sintomas de saúde mental e variáveis específicas em desenhos de clientes.

Os participantes são instruídos a usar os materiais padronizados – um jogo de 12 marcadores perfumados Mr. Sketch™ e uma folha de papel de 12" x 18" – e a "desenhar uma pessoa pegando uma maçã de uma árvore". O desenho é avaliado conforme 14 escalas de medida em intervalos igualmente espaçados no Manual de classificação de elementos formais de arteterapia (Feats) (Gantt & Tabone, 1998). Os elementos formais – ou variáveis globais – foram vinculados a sintomas de distúrbios mentais específicos do Eixo 1 do DSM-IV TR (*Manual diagnóstico e estatístico de transtornos mentais*, 4ª versão) e serão integrados na revisão mais recente do DSM (DSM-5).

A PPAT e seu correspondente sistema de classificação (Feats) têm sido amplamente pesquisados com diversas coortes de pacientes com melhoras refletidas na validade e na confiabilidade do PPAT (p. ex., Gussak, 2009). Estando os resultados atuais à disposição em uma base de dados contínua, fica facilitado o acesso amplo e adequado à informação para ajudar arteterapeutas e outros clínicos interessados no processo de avaliação, planejamento do tratamento, terapia e pesquisa. A base de dados será acrescida de dados normativos, de modo a servir como referência com a qual será possível comparar registros posteriores de coortes normativos e de pacientes (Buciarelli, 2007).

Nessa técnica de avaliação, pede-se ao/à cliente que desenhe uma pessoa pegando uma maçã de uma árvore, como ele ou ela quiser, usando forma, linha e cor (o cliente recebe um meio para desenhar – canetas hidrográficas, giz pastel ou lápis de cor). Assim, o desenho poderá ser avaliado em aspectos como preponderância e escolha de cores, nível de desenvolvimento, qualidade do traço, realismo, lógica, detalhe e solução de problemas. Por exemplo, alguém com depressão pode ter baixo destaque de cores e detalhes, e talvez mostre alguma dificuldade em solução de problemas para escolher a maçã.

Segundo Gantt e Tabone (2003), a importância da avaliação reside em como o cliente desenha os componentes da imagem (os elementos formais), e não no que o cliente desenha (o conteúdo). Uma vez concluído o desenho, são avaliados os elementos formais na imagem com o *Manual de classificação da Feats*.

O que também veio à tona foi a importância dos *elementos formais* do desenho, isto é, *como* o desenho foi feito, não o conteúdo simbólico. Em poucas palavras, a qualidade de traços tremidos ou incompletos pode indicar ansiedade; um traço denso e pressionado talvez indique frustração ou agressão; linhas desenhadas sem força podem indicar perda de energia.

Ainda, o espaço usado na página pode ser significativo. Quanto menor a imagem e maior o espaço deixado na página, mais provável é a pessoa estar deprimida, triste ou desanimada. A inclusão de cores somou uma nova dimensão: embora alguns atribuam importância simbólica às cores, o mais relevante é o número de cores usadas (preponderância da cor) e o uso da cor para obter uma representação acurada (ajuste da cor).

Concretamente, a avaliação da PPAT propõe-se a ajudar no diagnóstico de clientes com depressão grave, distúrbio bipolar e esquizofrenia, bem como demência, amnésia e outros transtornos cognitivos. Originalmente desenvolvida para diagnóstico, planejamento terapêutico e avaliação da mudança sintomática ao longo do tempo em pacientes psiquiátricos (Gantt & Tabone, 1998), a PPAT também tem sido utilizada como ferramenta para indicar mudanças na resposta à medicação ou ao tratamento, graus de depressão e abuso persistente de substâncias tóxicas em clientes (Rockwell & Dunham, 2006).

Melhoras na avaliação

Dado que muitos aspectos da abordagem por arteterapia diferem da abordagem projetiva psicológica, o método baseado em arte é promissor e inovador. Por exemplo, a PPAT é boa para determinar as características emocionais do cliente, em lugar das de personalidade, de modo tal que é uma avaliação fácil de ser aplicada diversas vezes, além de ser breve o tempo necessário à sua aplicação.

Assim, a PPAT tem vantagens sobre outras avaliações em que a aplicação e codificação levam mais tempo. Quando seus dados são correlacionados com outra avaliação mais prolongada, a PPAT passa a ser um atalho muito útil com pequena perda de informação. Logo, a PPAT é especialmente prática para monitorar a terapia e garantir o progresso do tratamento.

Enquanto os avanços nessas ferramentas clínicas prosseguem entre acadêmicos e profissionais, o foco tem sido centrado em descobrir a singularidade de diversos instrumentos clínicos dentro de cada uma das duas disciplinas, isto é, psicologia e arteterapia (Neale & Rosal, 1993).

Embora os arteterapeutas tenham se beneficiado da literatura psicológica, agora eles entendem que sua perspectiva inovadora e seu amplo conhecimento de materiais artísticos podem dar uma grande contribuição para a pesquisa em saúde mental (apud Betts & Groth-Marnat, 2013). Além disso, eles tentaram confirmar, com sua jornada acadêmica e clínica, a utilidade do desenho na prática clínica como meio de acesso a áreas tão díspares como a dos conflitos maritais (Groth-Marnot & Roberts, 1998), além da demonstração de indicadores diagnósticos de TDAH (Safran, 2002), cefaleia (Stafstrom, Rostasy & Minster, 2002) e distúrbios alimentares (Thomaz, Getz, Smith & Rivas, 2013).

Relatos que alertam

Ainda que a ênfase principal dos dois primeiros capítulos tenha apontado aos benefícios decorrentes da introdução de desenhos no processo de avaliação e entrevista clínica, em muitos casos há exceções que devem ser levadas em consideração.

Por exemplo, talvez alguns clientes fiquem excessivamente receosos ou desconfiados da impressão que seus desenhos causarão ou de quem a eles terá acesso. Outros indivíduos podem simplesmente ficar ansiosos demais quanto a revelações pessoais e relutar em colocar seus pensamentos e sentimentos no papel, até mesmo de falar sobre eles com sinceridade. De mais a mais, pessoas que podem ser especialmente vulneráveis à tensão quando se defrontam com exigências incomuns, por menores que sejam, talvez se sintam assoberbadas e resistam à ideia de realizar um trabalho artístico ou falar sobre ele.

Embora inócuos em geral, os pedidos para elaborar desenhos podem ser vistos por pessoas psicóticas ou indefesas, por exemplo, como afrontas à sua integridade pessoal, podendo causar grande intranquilidade interior e exterior e serem, portanto, prejudiciais à coleta de informação (apud Oster & Crone, 2004).

Além disso, por meio do processo de entrevista e avaliação, torna-se especialmente essencial para os clínicos ouvirem dos clientes as explicações sobre os desenhos antes de apresentarem interpretações ou outros significados. As ilustrações realizadas não são apenas um indicador estático de uma psicopatologia; pelo contrário, as imagens podem se transformar num rico cenário de ideias, associações e experiências do passado, significados individuais e sentimentos expressos. Uma atitude isenta no curso das atividades de desenho fornece uma base sólida a sustentar as iniciativas dos próprios clientes visando a uma experiência positiva com a percepção obtida e enseja a aceitação da ajuda profissional. Ao longo desse processo dinâmico é preciso colocar ênfase nos pontos fortes do cliente, e, dessa forma, o uso de desenhos faz as vezes de trampolim para reforçar a participação até o fim da avaliação.

É claro que até mesmo o simples pedido de um desenho pode exacerbar uma situação já difícil. Os clientes podem hesitar diante das instruções, ficar muito contrariados ou partir para uma insensata disputa de poder. Em tais casos, é prudente não insistir nas solicitações de desenho e apresentá-las de novo mais tarde, se houver oportunidade.

É melhor transmitir ao cliente claras expectativas de que a criação de desenhos é importante para a compreensão aprofundada de seu eu interior e, às vezes, é até conveniente solicitar desenhos sem esperanças de observação ou conversação. Esse enfoque sem exigências gera um ambiente mais descontraído, capaz de reforçar as sensações de privacidade e espontaneidade.

Entretanto, mesmo esse enfoque descontraído pode ser ameaçante demais para alguns clientes. Talvez eles não queiram agir em situações novas e reveladoras como essas. Outros instrumentos diagnósticos podem substituir as solicitações de desenhos, mas serão perdidas oportunidades de ver esse lado não verbal e criativo dos conflitos internos dos clientes. Essa pode ser realmente uma parte importante e esclarecedora do processo interativo.

Comentários finais

Este capítulo estabeleceu as bases para a introdução de imagens gráficas no meio terapêutico. Com descrições de sequências de desenvolvimento, estimativas de inteligência e indicadores emocionais, apresentamos a trajetória histórica dos muitos usos de atividades de desenho e outras técnicas não verbais no processo de entrevista e avaliação.

Uma longa história de tratamento de saúde comportamental tem demonstrado que clientes em dificuldades necessitam de meios alternativos para "falar" sobre suas experiências interiores. Como os desenhos proporcionam flexibilidade, imaginação e uma nova experiência ao encontro inicial, foram incorporados com facilidade à "caixa de ferramentas" do psicólogo clínico como uma maneira de criar conforto e confiança entre clientes de todas as tendências.

Ao solicitarem ilustrações ou metáforas visuais para expressar conflitos passados ou esperanças para o futuro, os clínicos passaram, com os anos, a apreciar seu valor excepcional para gerar empatia, bem como para ganhar percepção e aprimorar a "aliança terapêutica".

O rápido crescimento do uso clínico de desenhos tem ampliado o âmbito de psicólogos e outros profissionais de saúde comportamental tanto em avaliação quanto em terapia, bem como permitiu à disciplina de arteterapia fortalecer a sua posição entre os profissionais de saúde comportamental. Por meio de seus enfoques inovadores de avaliações e intervenções terapêuticas, o acréscimo de instruções de desenho estabeleceu marcadores tangíveis que revelam traumas ocultos, examinam problemas e preocupações prementes e aperfeiçoam a orientação das metas do tratamento. Conflitos e dificuldades importantes podem ser observados dentro das ilustrações e discutidos por intermédio das imagens visuais construídas no curso dessas sessões iniciais.

Da ligação histórica da expressão artística aos nichos descobertos no contexto de pesquisa e tratamento de saúde comportamental, o valor de se oferecer à pessoa a chance de "desenhar" seus problemas e soluções tornou o mundo interpessoal do cliente e do clínico muito mais enriquecedor e empolgante.

O restante do livro dará as instruções básicas de desenho que têm sido utilizadas em avaliações de admissão, além de seu uso em entrevistas clínicas e testes psicológicos. Apresentaremos instruções-padrão para o desenho, além de possíveis interpretações. Ademais, haverá variações dessas instruções tradicionais a serem oferecidas no intuito de ampliar o escopo do clínico e formular novas vias para os clientes exporem suas "vozes ocultas". Na continuação, muitos exemplos de casos darão destaque a essas introduções à ampla gama de desenhos solicitados.

Por meio de tais imagens e estudos de casos, os clínicos ganharão uma compreensão da profundidade da condição humana. Os capítulos finais sobre entrevistas clínicas e testagem psicológica fundamentarão a valiosa inclusão de imagens gráficas no processo de avaliação. No final, os psicólogos clínicos terão tido a oportunidade de enxergar as muitas possibilidades que os desenhos podem oferecer ao processo geral de entrevista e avaliação.

Acrescentar a expressão gráfica às interações verbais amplia a compreensão da experiência avaliativa de clientes e clínicos. A captura dessas metáforas visuais em papel torna possível um mundo vivaz de exploração que é tão necessário nessas primeiras sessões.

Referências

Anastasi, A., & Urbina, S. (1997). *Psychological testing* (7. ed.). Pearson.

Bandeira, D. R., Costa, A., & Arteche, A. (2008). The draw-a-person test as a valid measure of children's cognitive development. *Psicologia: Reflexão e Crítica, 21*(2), 332-337.

Bekhit, N. S., Thomas, G. V., & Jolley, R. P. (2005). The use of drawing for psychological assessment in Britain: Survey findings. *Psychology and Psychotherapy: Theory, Research and Practice, 78*(2), 205-217.

Bender, L. (1938). A *visual motor gestalt test and its clinical use.* The American Orthopsychiatric Association.

Betensky, M. G. (1995). *What do you see? Phenomenology of therapeutic art expression.* Jessica Kingsley.

Betts, D., & Groth-Marnat, G. (2013). The intersection of art therapy and psychological assessment. In L. Handlere A. D. Thomas (2013). *Drawings in assessment and psychotherapy: Research and application.* Routledge.

Brooke, S. L. (2004). *A therapist's guide to art therapy assessments: Tools of the trade.* (2. ed.). Charles C. Thomas.

Bucciarelli, M. (2007). How the construction of mental models improves learning. *Mind & Society, 6*(1), 67-89.

Buck, J. N. (1948). The HTP test. *Journal of Clinical Psychology, 4*, 151-159.

Burt, C. (1921). *Mental and scholastic tests.* P. S. King & Son.

Case, C., & Dalley, T. (1992). *The handbook of art therapy.* Tavistock/Routledge.

Chapman, L. (2014). *Neurobiologically informed trauma therapy with children and adolescents: Understanding mechanisms of change.* W. W. Norton.

Cohen, B. M. (Ed.). (1986). *The diagnostic drawing series handbook.* (Disponível em Barry M. Cohen, PO Box 9853, Alexandria, VA 22304.)

Cohen, B. M. (1990). Diagnostic drawing series. In I. Jakab (Ed.). *Stress management through art: Proceedings of the internal congress of psychopathology of expression.* Aspe.

Cooke, E. (1885). *Art teaching and child nature.* Houghton Mifflin.

DiLeo, J. H. (1973). *Children's drawings as diagnostic Aids.* Brunner/Mazel.

DiLeo, J. H. (1983). *Interpreting children's drawings.* Brunner/Mazel.

Dissanayake, E. (1989). *What is art for?* University of Washington Press.

Freud, S. (1933). *New introductory lectures on psychoanalysis.* W. W. Norton.

Freud, S. (1958) [1900]. *The interpretation of dreams.* Basic Books.

Gantt, L. (1990). A validity study of the Formal Elements Art Therapy Scale (Feats) for diagnostic information in patients' drawings. [Tese de Doutorado, Universidade de Pittsburgh], Pittsburgh, PA.

Gantt, L. (2000). Assessments in the creative arts therapies: Learning from each other. *Music Therapy Perspectives, 18*(1), 41-46.

Gantt, L. (2004). The case for formal art therapy assessments. *Art Therapy*, *21*(1), 18-29.

Gantt, L., & Tabone, C. (1998). *Formal arts therapy scale. The rating manual.* Gargoyle Press.

Gantt, L., & Tabone, C. (2003). The Formal Elements Art Therapy Scale and "draw a person picking an apple from a tree." *Handbook of Art Therapy*, 420-427.

Gardner, H. (1982). *Artful scribbles.* Basic Books.

Gil, E. (2011). *Helping abused and traumatized children: Integrating directives and nondirectives.* Guilford Press.

Gil, E. (Ed.). (2013). *Working with children to heal interpersonal trauma. The power of play.* Guilford Press.

Golomb, C. (1990). *The child's creation of a pictorial world.* University of California Press.

Goodenough, F. L. (1926). *Measurement of intelligence by drawings.* Harcourt, Brace & World.

Grother-Marnat, G., & Roberts, L. (1998). Human figure drawings and house tree person drawings as indicators of self-esteem. A quantitative approach. *Journal of Clinical Psychology*, *54*(2), 219-222.

Gussak, D. (2009). Comparing the effectiveness of art therapy on depression and locus of control of male and female inmates. *The Arts in Psychotherapy*, *36*(4), 202-207.

Hammer, E. F. (Ed.). (1958). *The clinical applications of projective drawings.* Charles C. Thomas.

Hammer, E. F. (Ed.). (1967). *Clinical applications of projective drawings* (2. ed.). Charles C. Thomas.

Hammer, E. F. (1997). *Advances in projective drawing interpretation.* Charles C. Thomas.

Handler, L., & Thomas, A. D. (2013). *Drawings in assessment and psychotherapy: Research and application.* Routledge.

Hanvik, L. J. (1953). The Goodenough Test as a measure of intelligence in child psychiatric patients. *Journal of Clinical Psychology*, *9*, 71-72.

Harris, D. B. (1963). *Children's drawings as measures of intellectual maturity*. Harcourt, Brace, & World.

Janson, H. W. (1991). *History of art* (4. ed., Vol. 1) [ampliado por Anthony F. Jason, Harry Abrams, Inc.]. Prentice Hall.

Johnson, D. R. (Ed.). (1988). Assessment in the creative arts therapies (Edição especial). *The Arts in Psychotherapy, 15*(1).

Joiner, T. E., & Schmidt, K. L. (1997). Drawing conclusions – or not – from drawings. *Journal of Personality Assessment, 69*, 476-481.

Jung, C. G. (1956). *The collected works of C. G. Jung, volume 5: Symbols of transformation* (G. Adlere e R. F. C. Hull, Eds. e Trads.). Princeton University Press.

Jung, C. G. (1965). *Memories, dreams, reflections* (A. Jaffe, E. R. Winstone e C. Winston, Trads.). Random House.

Jung, C. G. (1971). *The portable Jung* (J. Campbell, Ed., R. F. C. Hull Trad.). Viking Press.

Junge, M. B. (2010). *The modern history of art therapy in the United States*. Charles C. Thomas.

Junge, M. B., & Asawa, P. P. (1994). *A history of art therapy in the United States*. American Art Therapy Association.

Kellogg, R. (1969). *Analyzing children's art*. Mayfield.

Klopfer, W. G., & Taulbee, E. S. (1976). Projective tests. *Annual Review of Psychology, 27*(1), 543-567.

Koppitz, E. M. (1984). *Psychological evaluation of human figure drawings by middle school pupils*. Grune & Stratton.

Koppitz, E. M., & Casullo, M. M. (1983). Exploring cultural influences on human figure drawings of young adolescents. *Perceptual and Motor Skills, 57*(2), 479-483.

Kramer, E. (1971). *Art as therapy with children*. Schocken.

Krampen, G. (1991). *Fragebogen zu Kompetenz-und Kontrollüberzeugungen: (FKK)*. Verlag für Psychologie.

Kris, E. (1952). *Psychoanalytic exploration in art*. International Universities Press.

Kwiatkowska, H. Y. (1978). *Family therapy and evaluation through art.* Charles C. Thomas.

Laak, J. T., De Goede, M., Aleva, A., & Rijswijk, P. V. (2005). The Draw-A--Person Test: Na indicator of children's cognitive and socioemotional adaptation? *The Journal of Genetic Psychology*, *166* (1), 77-93.

Leibowitz, M. (1999). *Interpreting projective drawings: A self psychological approach.* Brunner/Mazel.

Levick, M. et al. (1989-1999). "The Levick Emotional and Cognitive Art Therapy Assessment" com J. Bush (Miami-Dade Art Therapy Program). In M. Levick [1983]. *They could not talk so they drew.* Charles C. Thomas.

Lilienfeld, S. O., Wood, J. M., & Garb, H. N. (2000). The scientific status of projective techniques. *American Psychological Society*, *1*, 2.

Lombroso, C. (1895). *The man of genius.* Scott.

MacGregor, J. (1989). *The discovery of the art of the insane.* Princeton University Press.

Machover, K. (1952). *Personality projection in the drawing of the human figure.* Charles C. Thomas.

Malchiodi, C. A. (1998). *Understanding children's drawings.* Guilford Press.

Malchiodi, C. A. (2006). *Art therapy sourcebook.* (2. ed.). McGraw-Hill.

Malchiodi, C. A. (Ed.). (2011). *Handbook of art therapy.* (2. ed.). Guilford Press.

Malchiodi, C. A. (Ed.). (2012). *Art therapy and health care.* Guilford Press.

Malchiodi, C. A. (2014). *Creative interventions with traumatized children.* (2. ed.). Guilford Press.

Meyer, M. (1985). *Apprentissage de la lange maternaelle ecrite.* Unesco.

Mills, A., Cohen, B. M., & Menses, J. Z. (1993). Reliability and validity tests of the Diagnostic Drawing Series. *The Arts in Psychotherapy*, *20*, 83-88.

Mills, A., & Goodwin, R. (1991). An informal survey of assessment use in child art therapy. *Art Therapy*, *8*(2), 10-13.

Morris, D. (1962). *The biology of art.* Methuen.

Naumburg, M. (1966). *Dynamically oriented art therapy: Its principles and practice, Illustrated with three case studies.* Grune & Stratton.

Neale, E. L., & Rosal, M. L. (1993). What can art therapists learn from the research on projective drawing techniques for children? A review of the literature. *The Arts in Psychotherapy, 20*, 37-49.

Oster, G. D., & Crone, P. (2004). *Using drawings in assessment and therapy.* (2. ed). Taylor & Francis.

Oster, G. D., & Gould, P. (1987). *Using drawings in assessment and therapy.* Brunner/Mazel.

Oster, G. D., & Montgomery, S. S. (1996). *Clinical uses of drawings.* Jason Aronson.

Peterson, L. W., & Hardin, M. E. (1997). *Children in distress: A guide for screening children's art.* W. W. Norton.

Piaget, J. (1959). *Judgment and reasoning in the child.* Littlefield, Adams.

Pietrowski, Z. A., & Abrahamsen, D. (1952). Sexual crime, alcohol, and the Rorschach Test. *Psychiatry Quarterly (supplement), 26*, 248-260.

Prinzhorn, H. (1972). *Artistry of the mentally ill.* Springer.

Rhyne, J. (1973). *The gestalt art experience.* Brooks/Cole.

Ricci, C. (1887). *The art of children.* Pedagogical Seminary. Bolonha, Itália.

Riethmiller, R. J., & Handler, L. (1997). The great figure drawing controversy: The integration of research and clinical practice. *Journal of Personality Assessment, 69*, 488-496.

Riley, S. (1997). Children's art and narratives: An opportunity to enhance therapy and a supervisory challenge. *The Supervision Bulletin, 9*(3), 2-3.

Rockwell, P., & Dunham, M. (2006). The utility of the Formal Elements Art Therapy Scale in assessment for substance use disorder. *Art therapy, 23*(3), 104-111.

Rubin, J. A. (2005). *Child art therapy (25th Anniversary Edition edition).* Wiley.

Safran, D. S. (2002). *Art therapy and AD/HD: Diagnostic and therapeutic approaches.* Kingsley.

Silver, R. A. (1990). *Silver drawing test of cognitive skills and adjustment.* Ablin Press.

Silver, R. A. (1991). *Stimulus drawings and techniques.* Ablin Press.

Silver, R. A. (1996). *Silver drawing test of cognition and emotion.* Ablin Press.

Silver, R. A. (2002). *Three art assessments: The silver drawing test, draw a story, and stimulus drawings & techniques.* Brunner-Routledge.

Silver, R. A. (2003). The silver drawing test of cognition and emotion. In C. Malchiodi. *Handbook of art therapy.* (pp. 410- 419). The Guilford Press.

Simon, D. P. M. (1888). *Les Écrits et les dessins des aliénés, par le Dr P.-Max Simon,* . . . G. Steinheil.

Stafstrom, C. E., Rostasy, K., & Minster, A. (2002). The usefulness of children's drawings in the diagnosis of headache. *Pediatrics, 109*(3), 460-472.

Tardieu, L. (1872). *Etude medico-legale sur la folie.* Baillière.

Tharinger, D. J., & Stark, K. (1990). A qualitative versus quantitative approach to evaluating the draw-a-person and kinetic family drawing: A study of mood- and anxiety-disorder children. *Psychological Assessment: A Journal of Consulting and Clinical Psychology, 2*(4), 365-375.

Thomas, A. D., Getz, J. W., Smith, J. D., & Rivas, E. (2013). Anorexic house-tree-person drawings: Profile and reliability. In L. Handlere A. D. Thomas. *Drawings in assessment and psychotherapy: Research and application.* Routledge.

Thomas, G. V., & Jolley, R. P. (1998). Drawing conclusions: A re-examination of empirical and conceptual bases for psychological evaluation of children from their drawings. *British Journal of Clinical Psychology, 37*(2), 127-139.

Thomas, G. V., & Silk, A. M. J. (1990). *An introduction to children's drawings.* New York University Press.

Tinnin, L., & Gantt, L. (2013). *The instinctual trauma response and dual-brain dynamics: A guide for trauma therapy.* Linda Gantt.

Wolman, B. B. (1978). *Handbook of treatment of mental disorders in childhood and adolescence.* Prentice-Hall.

Yedidia, T., & Lipschitz-Elchawi, R. (2012). Examining social perceptions between Arab and Jewish children through Human Figure Drawings. *Art Therapy, 29*(3), 104-112.

3
Casa-Árvore-Pessoa e variações

Figuras humanas e objetos do dia a dia

O método de desenho Casa-Árvore-Pessoa (HTP) e suas variações em entrevistas clínicas e avaliações de saúde comportamental têm sido usados para investigar diferentes aspectos do funcionamento cognitivo e da personalidade, além de terem sido integrados ao tratamento de transtornos mentais desde o início do século XX (Milne, Greenway & Best, 2005).

O HTP em si tem sido utilizado habitualmente para mensurar disfunções cerebrais e indicadores emocionais de conflitos e traumas passados. Também foram elaboradas diversas variações com o intuito de valorizar esses tipos de desenho como ferramenta clínica e aumentar a sua previsibilidade entre outras medidas de personalidade de uma avaliação abrangente (Lichtenberg, 2013).

Essas técnicas não verbais têm auxiliado psicólogos e outros profissionais clínicos, bem como educadores e empregadores, a diferenciarem diversas populações de modo a intervir de maneira eficaz com adequadas adaptações. De modo geral, a aplicação do HTP e de suas variações dá-se dentro de uma entrevista ou bateria de testes mais ampla que enseja uma integração de múltiplas respostas em diversos instrumentos cognitivos e projetivos. Assim, o examinador tem oportunidade de avaliar capacidades mentais e ver o mundo interior dos clientes e suas perspectivas interpessoais por meio da construção de figuras humanas comuns e objetos do dia a dia percebidos no mundo deles.

Este capítulo propõe-se a dar aos clínicos que utilizam desenhos em avaliações e entrevistas uma oportunidade de examinar as instruções históricas e padronizadas de tipos de desenho, além de fornecer outras instruções que ampliem o escopo de coleta de informação. O uso clínico de desenhos oferece um ponto de entrada ao mundo pessoal de clientes, para além de sua apresentação verbal. Quando se utilizam esboços a lápis em papel para melhorar o diagnóstico e as sessões iniciais de terapia, possibilitam-se métodos não intrusivos e minimamente ameaçadores de compartilhamento e de coleta de experiências subjetivas do cliente que, talvez por desconforto ou relutância, não as teria revelado com a mesma facilidade. Com esse arcabouço de avaliação, um simples pedido de desenho pode proporcionar uma introdução extremamente envolvente e singular à situação de entrevista ou teste.

O processo de solicitação de desenhos serve também como ponte mais confortável para o exame total e dá ao cliente tempo para se habituar ao novo ambiente e à pessoa ao outro lado da mesa. Ao colocarem uma imagem sobre uma folha de papel, os clientes têm a oportunidade de exprimir como veem a si próprios, seu meio circundante e os lugares onde residem. Para os clínicos que interpretarão esses desenhos ou os clientes que expressam oralmente suas próprias percepções das construções, essas interações iniciam um importante processo de comunicação que oferece a oportunidade de investigar conflitos, preocupações e ansiedades que fizeram essas experiências acontecer.

Desde os anos de 1920 (Goodenough, 1926), desenhos projetivos – sobretudo da figura humana, mas depois também de outros objetos conhecidos dos clientes – têm sido usados para avaliar formalmente o funcionamento intelectual e traços de personalidade. Essas expressões gráficas acabaram por ser integradas a baterias abrangentes de avaliação psicológica, bem como a sessões de entrevistas clínicas, para estabelecer o relacionamento e gerar hipóteses visando a impressões diagnósticas.

Embora Machover (1949) tenha começado uma monografia inicial no intuito de estender características de personalidade a desenhos de "pessoas", tanto em significado simbólico quanto em fatores estruturais, foi Buck (1948) quem estendeu esses indicadores emocionais às ilustrações de uma casa e uma árvore. Estabelecida essa base de interpretação de desenhos, outros pesquisadores começaram a expandir esse simbolismo dentro da pesquisa diagnóstica e terapêutica (Hammer, 1958, 1997). E mesmo depois, o HTP gerou muitos usos distintos em práticas clínicas e em pesquisa para determinar seu valor como uma rica fonte de discussão interpretativa e teórica (Handler & Thomas, 2013).

A série de desenhos do HTP é um dos métodos mais usados para reunir dados a respeito do grau de maturidade cognitiva, integração de personalidade e conexão interpessoal de uma pessoa. Seu uso é especialmente valioso quando sinais individuais não são utilizados fora de contexto ou medidos pela habilidade artística (Riethmiller & Handler, 1997).

Casa-árvore-pessoa

Esses três objetos – uma casa, uma árvore e uma pessoa – foram escolhidos porque são do conhecimento comum das crianças muito pequenas, são aceitos por pessoas de todas as idades e conseguem estimular um conjunto enriquecido de associações livres.

Além de seu uso em avaliação psicológica e entrevista clínica, desenhos dessas coisas provaram-se úteis como: a) um instrumento de triagem para detectar desajustamentos; b) um auxílio à avaliação de crianças que ingressam à escola; c) um instrumento de avaliação na seleção de candidatos a emprego; d) um meio de pesquisa para situar fatores comuns num determinado grupo de pessoas (apud Oster & Gould, 1987; Oster & Montgomery, 1996; Oster & Crone, 2004). Outra evidência interpretativa decorrente da construção dessas figuras incentivou a pesquisa na área dos distúrbios alimentares (Thomaz, Getz, Smith & Revas, 2013) e do abuso sexual infantil (Thomas & Engram, 2013).

As instruções para esse teste de desenho especificam que o examinado desenhe uma casa, uma árvore e depois uma pessoa em distintas folhas de papel, sem comentários adicionais sobre o tipo, o tamanho ou a condição (ainda neste capítulo trataremos de uma variação dessa instrução, pela qual os três objetos situam-se na mesma folha de papel). Espera-se que os clientes desenhem essas três formas de qualquer maneira entre as muitas que já experienciaram pessoalmente. Eles também são encorajados a se esmerarem nas figuras tanto quanto possível (p. ex., para a casa e a árvore, as instruções podem incluir "Quero que desenhe a melhor casa (ou árvore) que você puder", "Pode desenhar o tipo de casa (ou árvore) que você quiser", "Fica totalmente ao seu critério". Para a pessoa, incentiva-se o cliente a desenhar "uma pessoa completa, não apenas um boneco palito".

Sempre se pede que os desenhos sejam feitos na ordem casa-árvore-pessoa (HTP). Essa sequência é considerada de dificuldade psicológica crescente, sendo aparentemente mais provável que o desenho da árvore e a figura humana gerem respostas pessoais (Hammer, 1958, 1997). Por outro lado, não basta traduzir indicadores emocionais inferidos dos desenhos; cabe ao examinador fazer perguntas a respeito das ilustrações (p. ex., "Que tipos de atividades têm lugar na casa?", "Quais são as partes mais fracas e mais fortes da árvore?"), para ter mais conhecimento da percepção do cliente (Buck, 1992; Handler, 1996). É também premente para o examinador ou entrevistador levar em consideração o nível de desenvolvimento do cliente, sua bagagem artística e os elementos interpretativos comuns (Malchiodi, Kim & Choi, 2003).

Desenhos de casas

Entende-se que o desenho de uma casa suscita associações referentes à vida da pessoa no lar e à dinâmica interpessoal vivenciada dentro do ambiente familiar. Já se teorizou que a casa simboliza o principal lugar no qual se procura afeto e segurança. Os desenhos de uma casa parecem representar fontes de estímulo e apoio, assim como de conflito e tensão. Assim, a casa reflete o drama familiar, abarcando as interações entre os membros importantes (Leibowitz, 1999).

Após a construção da casa, as características relevantes parecem ser:
- a porta e a calçada de entrada – sinais de acessibilidade;
- a chaminé e a fumaça – se ela significa calidez dentro do lar;
- janelas e sombras – indicadores de abertura ou desconfiança;
- a base e as redondezas – mostras de segurança emocional ou possível ansiedade (Buck, 1992; Handler, 1996).

A avaliação dessas variáveis envolve o aspecto central da interpretação e a coleta de informação muito necessária sobre características de personalidade, defesas emocionais e conflitos interpessoais com base em sua presença, ausência ou ênfase, que apresentam diferentes significados. A impressão geral do desenho da casa pode habitualmente determinar um senso de riqueza ou vazio emocional, crescimento cognitivo ou imaturidade e/ou questões relativas à ligação interpessoal.

Ilustrações da casa podem incluir ainda figuras relevantes vinculadas à residência (membros da família, mais provavelmente), no que diz respeito a acessibilidade, disponibilidade e estabilidade (Leibowitz, 1999). Os ocupantes permitem ao examinador um vislumbre da percepção do cliente sobre o conforto e os significados interpessoais que podem resultar da moradia compartilhada.

Imagens de casas também oferecem sugestões de um tipo de desenho ambiental, em que há uma oportunidade de observar o que se passa fora da casa (Malchiodi, 1998). Essa visão ampliada convida relatos sobre o bairro e sua localização ou sobre apoios sociais fora do sistema familiar.

Algumas interpretações de desenhos de casas também envolvem certos detalhes relacionados a conflitos sexuais. Por exemplo, quando há excessiva ênfase na chaminé, talvez haja conflitos em torno de questões fálicas de poder e domínio (Hammer, 1958, 1997). Além disso, certas elaborações das características da janela sugerem preocupações com problemas orais de dependência, ao passo que a ênfase em cortinas costuma sugerir uma suspeita geral quanto ao ambiente. E se a omissão da porta pode evocar resistência a deixar outros entrarem ou isolamento do eu, caminhos de entrada comuns costumam conotar acessibilidade (Leibowitz, 1999).

Além disso, diferenças e progressos no desenvolvimento podem ser expressos mediante desenhos de casas. Do ponto de vista do amadurecimento, crianças de menos de 8 anos costumam desenhar a chaminé perpendicular à inclinação do telhado (ficando em ângulo de 45°), ao passo que uma chaminé vertical indica que elas já transpuseram uma barreira cognitiva importante no seu desenvolvimento (DiLeo, 1983). Portanto crianças mais velhas que ainda desenham chaminés inclinadas geralmente estão atrasadas em seu amadurecimento perceptivo.

Estudo de caso
Kelli R.

Kelli R., uma jovem de 18 anos, foi encaminhada por seu terapeuta para uma avaliação psicológica exaustiva num centro de tratamento residencial a fim de confirmar impressões diagnósticas e ajudar no tratamento e no planejamento da assistência posterior.

À época da avaliação, Kelli já havia participado de psicoterapias individuais e de grupo visando melhorar suas habilidades sociais e de enfrentamento. Com essas intervenções, ela tentara processar seus sentimentos a respeito de traumas e experiências de abuso sexual no passado. No aspecto educacional, ela recebera atendimento de educação especial por muitos anos, mas tinha perdido grande parte dos processos educacional e cultural devido a conflitos e condutas de dramatização em sua família. Testes anteriores indicavam funcionamento intelectual na faixa limítrofe (QI de escala total 70 a 79).

Figura 3.1

Como parte da avaliação, Kelli foi instada a elaborar um HTP, além de outras instruções de desenho. A casa criada por ela foi significativa em muitos aspectos. Primeiro, a chaminé inclinada sinalizava imaturidade cognitiva (cf. Figura 3.1). A chaminé também expressava conotações sexuais que pareciam pertinentes ao seu trauma anterior, acontecido dentro da sua família, bem como seus comportamentos excessivamente sexualizados, relatados em internações anteriores.

Outros indicadores emocionais contidos no desenho da "casa" ressaltavam a hachura cruzada no telhado (tensão interior confirmada depois ao abordar seus medos intensos), o desenho básico em si (sinais de expressões interpessoais bruscas e impulsivas) e o uso da base da folha de papel como linha de solo (outro exemplo de imaturidade cognitiva). Esses últimos sinais de atraso no desenvolvimento eram evidentes em outras ilustrações e foram sublinhados nos diagnósticos de Kelli que incluíam deficiências concretas de aprendizagem.

* * *

Segundo DiLeo (1983), um indicador emocional que pode aparecer no desenho de uma casa é uma chaminé emitindo fumaça moderadamente, o que, com frequência, associa-se a sentimentos de aconchego e afeto. Já uma ênfase excessiva na fumaça poderia aludir a um nível mais elevado de tensão familiar.

Na maioria das vezes, quando se solicita desenhar uma casa, o resultado observado é uma estrutura similar a uma casa, mas que mostra apenas o exterior. Mesmo com esse tipo de desenho, muito se pode depreender quanto à acessibilidade emocional, necessidade de estrutura externa, impulsividade e atitude defensiva, para mencionar apenas alguns sinais da composição da personalidade.

Para obter um desenho mais completo que inclua o interior, o examinador tem de fazer um pedido direto. Por exemplo, pode fazer as seguintes perguntas para aumentar o fluxo de comunicação. Indagações como "Quem mora aqui?", "O que costuma acontecer dentro da casa?", "Vem gente de visita aqui?" ou "Qual é o sentimento geral dentro de casa?" podem suscitar uma miríade de relatos e mais visões sobre as percepções de uma determinada ilustração de uma casa.

Mais uma vez, o objetivo de introduzir desenhos em entrevistas clínicas ou testes psicológicos é intensificar as trocas interpessoais e desvendar importantes facetas das pessoas avaliadas e do mundo em que elas vivem. Talvez as respostas delas não fossem tão fáceis de conseguir sem o acréscimo dessa singular abordagem não verbal para a coleta de informação.

Os seguintes indicadores ou sinais emocionais em desenhos de casas fornecem uma orientação interpretativa limitada para as muitas variações possíveis (adaptado de Jolles, 1971; Burns, 1987). Só caberia fazer interpretações específicas no contexto de todos os fatores presentes no HTP combinado, além da confirmação recebida do histórico clínico, dos problemas atuais e outros dados da avaliação. Novamente, uma vez que esses desenhos são solicitados, geralmente na fase inicial de uma entrevista ou avaliação psicológica, eles criam condições para gerar hipóteses visando à seleção final de testes e possibilidades diagnósticas (adaptado de Oster & Crone, 2004).

1. **Detalhes**

• *essenciais* (ao menos uma porta, uma janela, uma parede, teto, chaminé*);

• *irrelevantes*, como arbustos, flores, calçada de entrada (necessidade de estruturar o ambiente de maneira mais completa, ligada a sensações de insegurança ou necessidade de exercer controle sobre o entorno).

2. **Chaminé** (símbolo de relações íntimas, afetuosas; frequentemente associada a um símbolo de domínio)

• *ausência* (falta de afeto psicológico, conflitos com figuras masculinas importantes, passividade**);

• *grande demais* (excessiva ênfase em questões sexuais e de domínio, possíveis tendências exibicionistas);

• *excesso de fumaça* (tensão interior, raiva).

3. **Porta**

• *sobre o chão, sem degraus* (inacessibilidade interpessoal);

• *ausência de porta* (extrema dificuldade em conceder acessibilidade a outrem);

• *muito pequena* (timidez ou acessibilidade relutante);

• *aberta* (forte necessidade de receber afeto do mundo externo);

• *muito grande* (excessivamente dependente de outros);

• *com fechadura ou dobradiças* (atitude defensiva).

4. **Cerca ao redor da casa** (necessidade de proteção emocional).

5. **Calhas** (suspeição).

6. **Perspectiva**.

• *de baixo* (sentimentos de desejar uma vida familiar inatingível);

• *de cima* (rejeição da situação familiar, sentimentos de alienação).

---

* O autor considera a experiência comum no contexto norte-americano e europeu onde grande parte das casas têm chaminés. A presença de chaminé no contexto brasileiro é frequente, porém não é essencial [nota da revisora].

** Conforme nota anterior, estas interpretações devem ser relativizadas no contexto brasileiro [nota da revisora].

7. **Telhado**

• *Unidimensional* – *única linha a ligar duas paredes* (sem imaginação ou emocionalmente limitado);

• *Grande demais* (procura satisfação na fantasia);

• *Considerável* hachura cruzada (fortes sentimentos de consciência e culpa).

8. **Venezianas**

• *Fechadas* (atitude defensiva e introversão extremas);

• *Abertas* (capacidade de fazer um ajuste sensível interpessoal).

9. **Calçada de entrada**

• *Muito longa* (acessibilidade reduzida);

• *Estreita* na casa, larga no início (superficialmente amigável).

10. **Adequação das paredes** (diretamente ligada ao grau de vigor do ego)

• *Paredes fortes* (autoconceito robusto);

• *Paredes finas* (senso de ego fraco ou vulnerável).

11. **Janela(s)**

• *Ausência de janelas* (hostilidade ou retraimento);

• *Muitas* (abertura indiscriminada, desejo de contato com o exterior);

• *Presentes no térreo*, ausentes no andar de cima (brecha entre realidade e fantasia);

• *Com cortinas* (reserva, controle);

• *Escancaradas* (comportamento geralmente brusco e direto).

Estudo de caso
Karl C.

Com 12 anos e iniciando a sétima série, Karl C. chegou pontualmente para uma entrevista de triagem inicial num consultório ambulatorial.

Naquele momento do ciclo da vida familiar, Karl ficara fora do controle de seus pais. Eles o viam mal-humorado, irritadiço e expressando muita raiva. Mencionaram também que ele parecia estar se tornando mais apático e faltava autoestima para tentar quaisquer novas atividades. A lista de checagem comportamental preenchida pelos pais também apresentava Karl como "altamente" impulsivo e conflitivo. Do ponto de vista deles, o filho era imprevisível em seu estado de ânimo ("às vezes feliz, às vezes triste"), mostrava uma atitude "ruim", carecia de limites interpessoais e tornara-se cada vez mais agressivo (especialmente para com seu irmão).

Como Karl relutava em falar, o examinador pediu uma série de desenhos para encorajá-lo a cooperar e conferir um enfoque diferente à entrevista. Em seu desenho de uma casa, Karl evidenciou quanta raiva e frustração estava experimentando (Figura 3.2). A "casa" dele estava partida e em chamas!

Com a aplicação dessa técnica simples e facilitadora, Karl pôde compartilhar alguns de seus mais sensíveis pensamentos e sentimentos. Ele acreditava que ninguém o compreendia realmente e não tinha certeza quanto às expectativas dos pais. Ele também mencionou a necessidade de mais "liberdade" e que se sentia muito frustrado pelas restrições da família; ademais, ele disse que não mais falava com seus familiares.

Figura 3.2

A introdução de desenhos pareceu diminuir a resistência de Karl ao processo de avaliação. Ele mostrou-se mais disposto a cooperar com outras fontes de análise (questionários computadorizados). Suas respostas pareciam francas e caracterizavam-no como muito deprimido, introvertido e isolado. Uma reunião posterior com a família inteira ajudou Karl a aceitar auxílio no tratamento, sendo, então, encaminhado a um clínico com experiência em terapia da adolescência inicial e da família.

* * *

A árvore

Talvez o símbolo mais universal para descrever o desenvolvimento humano seja a árvore. Usada como metáfora na maioria das religiões, em mitos, rituais, arte e poesia (Burns, 1987), ela veio para simbolizar a vida e o crescimento (Hammer, 1958). A árvore também parece refletir sentimentos duradouros e inconscientes com relação ao eu, isto é, à autoimagem. Essas emoções tendem a residir num nível de funcionamento mais primitivo e são personificadas pelas diversas partes da árvore. Por exemplo, uma grande árvore pode representar uma personalidade exteriorizada ou talvez alguém que compensa excessivamente a sua ansiedade interior, ao passo que uma arvorezinha talvez evoque um senso de passividade ou inibição (Leibowitz, 1999).

Dos três desenhos HTP, a árvore parece o mais fácil para projetarmos as nossas autopercepções – basta pensar em ficar de pé e visualizar o peito, os braços e a cabeça –, ou seja, nesse caso o corpo é uma metáfora da árvore.

Segundo Hammer (1997), a árvore é o único desenho do HTP a transmitir uma imagem "emocional" da pessoa ou quem ela é e a incolumidade de sua personalidade. Sentimentos positivos ou negativos acerca do eu projetam-se mais facilmente na ilustração de uma árvore, por tratar-se de um objeto menos ligado à vida do lar ou à visualização direta da própria pessoa.

Buck (1992) afirmou que o tronco significa a potência (ou a força do ego) básica da pessoa. Às vezes, o tronco é grande para ressaltar preocupações com o corpo ou uma apresentação física comparada ao seu entorno (força do ego, quer inflado ou inadequado demais). Os traços grossos ou o sombreado para representar o tronco são vistos como formas de ansiedade ou tensão interna. Quando o tronco está curvado, inclinado ou torto, tem-se a impressão de um autoconceito abalado, pois a pessoa parece estar sobrecarregada (Leibowitz, 1999).

Em raras ocasiões, a árvore pode estar rachada ao meio, como se atingida por um raio, ou representada por duas partes separadas (significando um ego muito frágil ou até grave doença mental). Por exemplo, em nosso livro Clinical uses of drawings *(Oster & Montgomery, 1996) há um exemplo de desenho de árvore descrito numa ilustração por uma garota de 17 anos que fora admitida no setor de crises de um hospital após um episódio psicótico provocado por uma combinação de excesso de álcool e reação adversa a uma medicação antidepressiva.*

No estudo de caso, essa jovem concebeu duas partes de uma árvore, sendo uma delas um toco com um machado que a cortara (a conotar a sua falta de integração) e outra que, embora aparentemente mais completa, aludia ao trauma recente; ambas pareciam expor sua intensa ansiedade e seu senso de si-mesma extremamente frágil e vulnerável. Pelo processo de elaborar e compartilhar seu desenho da árvore, ela conseguiu revelar mais facilmente seus segredos relacionados a abandono e decepção.

Outras partes da árvore, como os ramos, parecem representar conexões com o mundo, sendo que ramos separados ou pequenos podem aludir a problemas para procurar assistência, galhos grandes podem sugerir uma personalidade prepotente, e galhos em forma de bastão ou muito pontudos talvez revelem defesas duras e rígidas e agressão subjacente.

As raízes da árvore podem fazer referência a testes de ancoragem e realidade (p. ex., raízes finas podem evocar sensações de dificuldade de conexão), enquanto o aparecimento de frutos costuma indicar uma necessidade de acolhimento. Quando houver nós ocos na madeira, talvez eles revelem um trauma do passado, com a altura a representar quanto tempo atrás ele pode ter acontecido. Além disso, costuma-se considerar que o reforço dentro do nó oco indica quanta cura transpareceu.

Estudo de caso
Sakura R.

Sakura R., 15 anos, tinha um longo histórico de dificuldades comportamentais e emocionais identificadas desde seus 2 anos de idade. Desde então, ela passara por diversas hospitalizações psiquiátricas e internações em residências.

Quando atendida pela primeira vez para uma avaliação psicológica abrangente, ela apresentava intensa ansiedade marcada por baixa autoestima, fraco autoconceito e inadequações sociais. Ela também mostrava incoerências em suas estratégias de enfrentamento, o que resultara em atos impulsivos e inadequados. Além disso, ela tinha escasso bom-senso, era desatenta e sentia-se incapaz de superar suas dificuldades.

Como início do processo de avaliação, pediu-se a Sakura que fizesse um desenho de árvore que pudesse refletir a sua autoimagem. Como se vê na Figura 3.3, a imagem de Sakura mostrava bastante fragilidade. Sem raízes e com um tronco estreito, a árvore parecia fácil de cair. Mais parecia uma planta melancólica do que o desenho de uma árvore concreta. E, com a copa rabiscada, ela certamente aludia à ansiedade subjacente, à impulsividade quando se sentia estressada e à incerteza em sua vida.

Figura 3.3

* * *

Em geral, considera-se que os desenhos de árvore têm relação com o papel na vida da pessoa e sua capacidade de receber um reforço percebido do ambiente. O desenho de uma árvore tem sido considerado especialmente fecundo em fornecer perspectivas do conteúdo da vida. Interpretações desses desenhos descrevem situações biográficas precisas, bem como exprimem características pessoais do cliente. Por exemplo, os galhos podem representar "a sensação de obter satisfação do ambiente" (Leibowitz, 1999), ao passo que a superabundância de raízes sobre o solo pode alertar o examinador sobre possíveis distorções no teste de realidade (Hammer, 1958).

Se estudos sobre a validade do HTP sugeriram que a técnica era, quando muito, uma "medida aproximada e inespecífica de psicopatologia" (Handler, Campbell & Martin, 2004), o teste da árvore sozinho conseguiu diferenciar pacientes psiquiátricos dos integrantes do grupo de controle e já se mostrou capaz de distinguir diversos estados psicopatológicos (apud Corff, Tivendell & LeBlanc, 2013). Na opinião desses pesquisadores, acredita-se que a árvore reflete melhor a história emocional do cliente e sonda um nível mais profundo da personalidade do que os sinais inferidos num desenho de pessoa.

Houve também estudos sugerindo que existem relações entre traumas relatados e o número de marcas, nós e galhos quebrados do desenho de uma árvore (Torem, Gilbertson & Light, 2006). Os pesquisadores provaram que esses indicadores estavam correlacionados com a duração do abuso físico tanto em indivíduos psiquiátricos como em não psiquiátricos. Logo, acrescentar perguntas após um desenho de árvore pode ser pertinente à coleta de conhecimento adicional sobre a percepção do cliente sobre si mesmo e seu entorno. Indagações como "A árvore é sadia?", "Quem rega a árvore?" ou "Alguém já tentou cortá-la?" podem chegar a evidências necessárias para sua autoimagem. Essas perguntas também podem fortalecer o início do relacionamento e vencer a resistência inicial.

Além das descrições e elucidações de desenhos de árvores de Buck (1948) em seu manual de HTP, outros dois sistemas foram desenvolvidos exclusivamente sobre a árvore como entidade de diagnóstico independente. Abundantemente ilustrados, esses livros trazem descrições extensas e detalhes a respeito do valor explanatório da árvore (Koch, 1952; Bolander, 1977). Os clínicos deveriam consultar esses livros elaborados para terem uma compreensão mais ampla do uso de desenhos de árvore como instrumentos projetivos.

Os seguintes sinais ou traços que podem aparecer no desenho de uma árvore são apenas uma pequena fração das possíveis interpretações. Contudo eles, de fato, proporcionam a terapeutas e diagnosticadores um guia inicial para analisarem características de personalidade referentes aos seus clientes (adaptado de Oster & Gould, 1987; Oster & Crone, 2004). A identificação desses marcadores de personalidade no desenho de árvore ajuda o psicólogo clínico a explorar questões talvez negligenciadas em entrevistas iniciais ou, posteriormente, em testes psicológicos mais tradicionais.

1. **Árvore excessivamente grande** (tendências agressivas).

2. **Árvore pequena** (expressões de inferioridade e insignificância).

3. **Traços fracos** (sentimentos de inadequação, indecisão).

4. **Duas linhas no tronco e copa em forma de laço** (impulsivo, variável).

5. **Exagerada ênfase no tronco** (imaturidade emocional).

6. **Copa exagerada** (inibido, analítico).

7. **Ênfase nas raízes** (emocionalmente superficial, raciocínio limitado).

8. **Sem linha do solo** (vulnerável ao estresse).

9. **Linha do solo presente, sem raízes** (emoções reprimidas).

10. **Traços finos, descontínuos** (ansiedade ostensiva).

11. **Sombreado** (escuro ou reforçado) (defesas hostis, agressividade).

12. **Cicatriz, nó oco, galho quebrado** (relacionado com trauma – p. ex., acidente, doença, estupro).

13. **Buracos em nós**.

- *contorno reforçado* (maior impacto do choque);
- *interior preto* (vergonha associada a experiência);
- *círculos no interior* (experiência no passado e cura);
- *em relação ao tronco* (mais alto, mais recente);
- *grande* (preocupado com a procriação);
- *animal pequeno no interior* (ambivalência quanto à gravidez).

Estudo de caso
Sierra A.

Sierra A. tinha 14 anos quando foi internada num centro de tratamento, apresentando um longo histórico de graves abusos físico e sexual, além de abandono parental, que resultara em sua remoção do lar de seus pais biológicos quando ela era uma menina.

Já tinha sido submetida a muitas intervenções terapêuticas decorrentes das preocupações dos pais adotivos, mas seu comportamento continuava a estar "fora de controle". Já havia fugido de casa e apresentara muitas condutas antissociais com subsequentes prisões e hospitalizações.

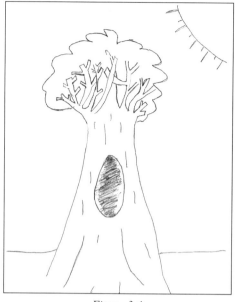
Figura 3.4

Seu desenho de uma árvore pareceu desvendar muitas de suas questões de fundo (Figura 3.4). O tronco largo e a copa menor pareciam representar sua impulsividade e sua imaturidade emocional, pois ela tendia a expor suas insatisfações fisicamente, em vez de falar sobre seus conflitos e preocupações. A ênfase no buraco do tronco provavelmente representava seu significativo histórico de traumas, e o sombreado interno parecia revelar tanto a sua vergonha relacionada ao abuso quanto as suas tentativas de cura mediante intervenções terapêuticas em torno de seus problemas não resolvidos.

Figuras humanas

Existe amplo consenso de que desenhos da figura humana são, sobretudo, uma manifestação de percepções de clientes sobre si mesmos ou quem eles desejam ser (Wenck, 1986). Aparentemente, o desenho de uma pessoa estimula a conscientização da imagem corporal e do autoconceito, tanto física como psicologicamente. Por exemplo, uma pessoa representada por desenhos pequenos ou braços pendentes pode sugerir íntimas experiências de inadequação. Ao contrário, o desenho de uma pessoa grande demais talvez suscite emoções acerca de um eu ideal.

Desenhos da figura humana foram as primeiras ilustrações concebidas a serem levadas em consideração para o trabalho clínico e posterior pesquisa. O Teste de Goodenough-Harris (Harris, 1963) foi usado por profissionais principalmente como dispositivo de triagem para avaliar e estimar com rapidez a capacidade cognitiva de uma criança em idade escolar. Esses primeiros usos do desenho de uma pessoa (Desenhe-uma-pessoa) investigaram o desenvolvimento normativo da infância à adolescência e relacionaram esse amadurecimento visomotor ao crescimento intelectual.

De todas as técnicas de triagem intelectual criadas ao longo dos anos, essa ainda é a mais breve e mais fácil de usar. Sistemas de pontuação foram associados com capacidades de desenvolvimento e intelectuais evidenciadas em grandes amostras de desenhos infantis. Além de seu uso geral para estimar a inteligência, esse teste de desenho foi utilizado para avaliar crianças com deficiências auditivas, falhas neurológicas presumíveis, problemas de adaptação e defeitos de caráter (apud Oster & Crone, 2004).

Essa técnica de desenho baseou-se nas conjecturas originais de Florence Goodenough, que sugeriam ser possível especificar estimativas razoavelmente precisas do amadurecimento intelectual de uma criança em idade escolar observando suas tentativas de desenhar um homem (Goodenough, 1926). Seu sistema de pontuação ganhou popularidade entre psicólogos de crianças e escolas, bem como pediatras, tendo sido aplicado sem modificações com relação à sua padronização original até a revisão de Dale Harris, em 1963, quando houve a inclusão de desenhos de uma mulher e um autorretrato nas instruções.

Os métodos de pesquisa e pontuação de Goodenough e Harris criaram uma base consolidada para muitos dos procedimentos bem-sucedidos em metodologia e interpretação de desenhos. O funcionamento cognitivo – por exemplo, quocientes intelectuais (pontuações de QI) – era estimado observando-se a inclusão de certas características na figura humana, como determinadas partes do corpo, detalhes de vestimenta, proporção e perspectiva. O manual do teste incluía 73 fatores avaliados com base na diferenciação etária, relação com a pontuação total no teste e relação com pontuações de inteligência do grupo (Harris, 1963).

Uma vez definida, essa técnica de pontuação correspondeu relativamente bem aos testes de inteligência padronizados originais que estavam sendo criados à época, como os testes de Stanford-Binet, e até mais estreitamente às escalas Wechsler para crianças. Com o tempo, porém, estudos de pesquisa descobriram que os QIs estimados com base nos desenhos eram geralmente mais baixos do que os QIs totais baseados nessas baterias de inteligência mais abrangentes (Palmer, 1983).

Por consequência, não se deveria usar a ilustração de uma pessoa em substituição a escalas de inteligência mais completas, nem ela (ou qualquer outra instrução de desenho) deveria ser a única base para se determinar o posicionamento educacional ou social. Os resultados dessa medida de triagem só deveriam ser usados para decidir quais crianças podem necessitar de avaliações mais abrangentes.

Desenhos feitos por crianças mais novas costumam ser muito elementares, consistentes em uma cabeça com poucas características faciais, com braços e pernas saindo da cabeça. Como vimos no Capítulo 2, as crianças mais novas concebem a cabeça e o corpo juntos como uma forma circular. Se a figura de uma criança não faz sentido ou se assemelha a rabiscos descontrolados, a pontuação resultante recebe crédito zero, equivalente a 3 anos, nesse sistema de pontuação. Todo desenho que pareça ter sentido é pontuado com um crédito e é equivalente a 3 anos e 3 meses. Cada crédito subsequente acrescenta um intervalo de 3 meses. Com o desenvolvimento continuado, a criança normal produz desenhos cada vez mais heterogêneos e mais precisos.

O retrato geral desse método de pontuação dá créditos conforme se a) partes do corpo, como cabeça, tronco, braços e pernas, estão incluídas; b) braços e pernas estão corretamente apostos; c) há olhos, nariz, boca e cabelo; d) há detalhes de dedos; e) as proporções das características são corretas. O manual do teste contém tabelas de conversão de pontuações brutas em pontuações-padrão (equivalentes de QI) e ordens percentis (Harris, 1963).

Estudo de caso
Joseph S.

Joseph S. tinha apenas 6 anos e estava no jardim de infância quando seus pais e seu pediatra o encaminharam para uma avaliação psicológica. Nascido prematuro, Joseph ainda apresentava sinais de retardos no desenvolvimento e atrasos na aprendizagem. Tendo já diagnóstico de TDAH e dislexia, ele tinha problemas na escola.

Relatórios de professores indicavam que ele tinha dificuldade em "lembrar-se das coisas", como as letras do alfabeto, levar coisas à escola, palavras para uma rima. Ele também achava difícil escutar atentamente.

Entre outras preocupações, a mãe de Joseph mencionou que ele era irrequieto e nervoso, perturbava nas aulas e precisava de instrução adicional. Apesar dessas vulnerabilidades, ele era descrito como "agradável e disposto a aprender".

Joseph apresentava-se como um garoto interessante, que focava com facilidade em atividades estruturadas. Submeteu-se a uma avaliação intelectual sem muito problema, obtendo pontuações na faixa média (90 a 109). Entretanto seus desenhos eram visivelmente imaturos. Essa dificuldade na coordenação motora fina e no desenvolvimento perceptivo mostrou-se especialmente acentuada enquanto ele desenhava uma pessoa (Figura 3.5). A figura era desproporcional e correspondia a uma idade cronológica de aproximadamente 4 anos e meio. Seus desenhos de casa e uma árvore evidenciavam o mesmo atraso.

Figura 3.5

Diante dessa informação crucial, além de outras facetas dos testes a assinalarem déficits de atenção que prejudicavam seu potencial, a escola e o pediatra de Joseph compreenderam melhor suas qualidades específicas e relativas deficiências. Assim, conseguiram compor um Plano Educacional Individual (PEI) que ofereceu a Joseph os serviços especializados que lhe eram necessários para melhor adaptar-se às demandas educacionais esperadas.

Assim como outros clínicos, Goodenough logo se deu conta de que o teste "Desenhe-um-homem" também fornecia possíveis indicadores de dinâmicas da personalidade, além de aptidão intelectual. Com esse novo ponto de vista, Karen Machover (1952) adaptou o teste DFH para a descrição e a interpretação da personalidade.

Ela levantou a hipótese de certas expressões gráficas refletirem características específicas da personalidade. Acreditava-se que esses traços inferidos do teste DFH refletiam o autoconceito da pessoa, apresentando projeções inconscientes de conflitos e preocupações. Por exemplo, ela entendia que a concepção de partes do corpo (como a cabeça) continha sugestões de equilíbrio social e controle de impulsos corporais, ao passo que braços e pernas eram percebidos como símbolos de adaptação social.

Pesquisas posteriores da figura humana afirmaram que emoções intensas (p. ex., hostilidade) pareciam projetar-se comumente nos desenhos pela criação de olhos brilhantes, dentes à mostra, lábios sarcásticos ou até pondo armas nas mãos da pessoa desenhada (Hammer, 1967, 1997). Também era possível avaliar o teste de realidade deficiente nos desenhos mediante a) manifestações de feições faciais bizarras (p. ex., caras de animais em figuras humanas); b) personagens não humanos, semelhantes a robôs; c) símbolos religiosos ou misteriosos nos desenhos; d) expressões faciais vazias, despersonalizadas.

Desenhos da figura humana também costumam incluir aspectos da personalidade como a) agressividade, como se vê no uso de mãos como garras; b) preocupações com a identificação sexual; c) retratos de pessoas dominantes e inferiores; d) impulsos para rebeldia e sedução.

Estudo de caso
Melissa B.

Melissa B., 16 anos, foi encaminhada para uma avaliação ampla em razão de insucesso escolar e no intuito de promover metas mais realistas para as equipes incumbidas de seu tratamento e sua educação. Avaliações anteriores haviam mostrado um funcionamento inconstante, com habilidades consolidadas demonstradas em tarefas simples, mas pouca capacidade para resolver problemas de raciocínio abstrato. Melissa também tinha um histórico considerável de saúde comportamental, incluindo índices de TDA, sintomas de descontrole emocional, distúrbios alimentares, piromania e episódios de autolesão. Havia, ainda, suspeitas de abuso sexual que não teria sido documentado.

Durante uma série de desenhos, Melissa criou uma pessoa que, embora adequada em termos de desenvolvimentos, parecia exagerada em sua sexualidade (Figura 3.6). Havia também indicadores emocionais de desconfiança e impulsividade refletidos na figura humana. Tais características corroboraram outras descobertas em uma bateria de testes, foram discutidas no relatório e apresentadas aos diversos profissionais envolvidos no atendimento à garota.

Figura 3.6

* * *

Dos três desenhos de HTP, a pessoa é o mais difícil de fazer e com maior probabilidade de ser recusado por indivíduos sensíveis às próprias deficiências ou que temem fracassar. Portanto, um pedido para realizar esse desenho (mais do que uma figura-palito) costuma demandar máximo encorajamento da parte do examinador. Enquanto o cliente desenha, os psicólogos clínicos devem observar a sequência na qual são desenhadas as diferentes partes do corpo, além de outros detalhes importantes do procedimento, para já começarem a gerar hipóteses clínicas sobre as dimensões da personalidade da pessoa examinada.

Às vezes, é útil para o clínico instruir o cliente a inventar uma história sobre cada figura desenhada para obter características específicas, como idade ou sentimentos pessoais. Perguntas como "Quem é a pessoa?", "Qual a idade dela/dele?", "Quem cuida dela/dele?" e "O que ela/ele está pensando (e sentindo)?" resultam num diálogo mais fácil entre clientes e examinadores.

A maioria dos proponentes do teste do desenho da figura humana concorda que nem sempre há uma relação unívoca entre um sinal ou indicador emocional específico e uma determinada personalidade ou característica (Machover, 1952; Hammer, 1967, 1997; Koppitz, 1968). Todavia estudos de pesquisa sobre essas variáveis mostraram que, com frequência, sinais e símbolos nos desenhos é que comunicam ansiedades, conflitos ou atitudes, que variam dependendo do cliente e do tempo. Na melhor das hipóteses, pode haver diversas características indicando problemas emocionais sistematicamente (Malchiodi, 1998). Logo, não se pode nem se deve fazer diagnósticos concretos com base num único sinal; em vez disso, é preciso incluir sempre o desenho como um todo, bem como combinações de outros indicadores, quando se fizer a análise do desenho.

Ademais, devemos interpretar os desenhos com base na idade cronológica, na maturidade do desenvolvimento, na situação emocional, nos contextos social e cultural e em outros aspectos pertinentes do histórico do indivíduo. Por exemplo, até agora os traços incompletos têm sido vistos como um indicador emocional de ansiedade. No entanto essa imperfeição parece aumentar com a idade e é normal na maioria dos adolescentes, que tendem a demonstrar algum grau de ansiedade quando desenham figuras (Koppitz, 1968).

A fim de superar essas dificuldades no apoio aos estudos originais, era preciso aprimorar as regras de pontuação e aumentar a objetividade. Nesse sentido, Naglieri, McNeish e Bardos (1991) estabeleceram uma metodologia mais recente. O sistema deles, Desenhe-uma-pessoa: Procedimento de Triagem para Transtornos Emocionais (DFH: Sped) parece ser agora o padrão para protocolos de registro.

Eles sugeriram que é o número de elementos presentes e não a presença de um determinado elemento (o sinal) que diferencia mais eficazmente as imagens normais das desajustadas. Observaram também que a interpretação do desenho deveria basear-se nesses aspectos gerais, usados, sobretudo, como técnicas de triagem global, e não como indicadores específicos de certo conflito ou diagnóstico.

Contudo continuou a haver renovação nos exames do uso de desenhos em entrevistas clínicas e por seu valor diagnóstico. Diversos estudos e o uso clínico do teste DFH têm apontado valiosos sinais informativos que, dentro da figura humana desenhada, diferenciam populações de maneira sistemática. Por exemplo, não desenhar ombros no homem ou na mulher pode expressar um sentido de evitação da responsabilidade com implicações de sentimentos inadequados (Leibowitz, 1999).

A seguinte lista desses indicadores emocionais oferece um guia para a observação de indicadores específicos dentro da imagem gráfica. Principalmente teóricos e pesquisadores na área da análise de desenhos concordaram com a interpretação de cada sinal (adaptado de Jolles, 1971; Mitchell, Trent & McArthur, 1993).

1. **Escassa integração das partes do corpo** (impulsividade/baixa tolerância à frustração).

2. **Sombreado** (ansiedade – sombreado excessivo, maior o grau de ansiedade).

- *rosto sombreado* (grave perturbação, autoconceito abalado);
- *braços sombreados* (impulsos agressivos).

3. **Qualidade do traço:**
- *incompleto* (insegurança, incerteza);
- *leve* (baixa autoestima);
- *reforçado* (raiva, defesas emocionais vulneráveis).

4. **Figura inclinada mais de 15 graus** (instabilidade, desequilíbrio mental).

5. **Pequeno tamanho** (inseguro, retraído, deprimido, sentimentos de inadequação).

6. **Grande tamanho** (expansividade, ânimo positivo).

7. **Transparências** (ver através da roupa – imaturidade).

8. **Cabeça**
- *grande* (preocupação com vida de fantasia, foco na vida mental);
- *pequena* (obsessivo-compulsivo, inadequação intelectual);
- *de costas para o observador* (tendências paranoicas ou esquizoides).

9. **Boca**
- *excessivamente ressaltada* (imaturidade, agressividade oral);
- *muito grande* (oralmente erótico);
- *dentes exagerados* (oralmente agressivo, sarcástico).

10. Ombros

- *desiguais* (emocionalmente instável);
- *grandes* (preocupado com a perceptível necessidade de força);
- *quadrados* (excessivamente defensivo, hostil a outros).

11. Braços

- *dobrados sobre o peito* (hostil ou desconfiado);
- *mantidos atrás das costas* (querendo controlar a raiva, relutância interpessoal);
- *omitidos* (inadequação, impotência);
- *curtos* (introversão, inibindo impulsos);
- *longos* (ambicioso, aproxima-se dos outros).

12. Mãos

- *grandes* (representam comportamentos);
- *separadas* (sentimentos de inadequação).

13. Dedos

- *traços longos e pontudos* (agressivo, hostil);
- *rodeados por um único laço* (desejo de suprimir impulsos agressivos).

14. Pernas

- *ausentes* (limitado, possível ansiedade de castração);
- *diferentes tamanhos* (sentimentos mistos quanto à independência);
- *compridas* (almejando autonomia);
- *curtas* (imobilidade emocional).

15. Pés

- *compridos* (em busca de segurança ou virilidade);
- *pequenos* (dependência, sentimentos abafados);
- *omitidos* (falta de independência).

16. **Perfil de pessoa** (evasivo, excessivamente retraído, possivelmente paranoico).

17. **Cabelo desgrenhado** (possíveis preocupações sexuais, confusão subjacente).

18. **Cinto detalhado, ênfase na área da cintura** (conflitos sexuais, tensão).

Estudo de caso
Monique W.

Monique era uma menina de 8 anos, estava na segunda série e, segundo seus pais, era desatenta e de desempenho inconstante na aprendizagem. Em razão do atraso na compreensão, ela já recebera tratamento de fala e linguagem.

Adotada de um país sul-americano aos 3 anos de idade por uma mãe solteira, ela parecia estar progredindo em muitas atividades físicas (ciclismo, patinação, pular corda), mas o trabalho na escola era um problema. Ela tinha dificuldade em cumprir tarefas, falava demais e estava aquém de seus colegas na compreensão de conceitos matemáticos.

Durante uma avaliação para a escola, Monique demonstrou, em geral, capacidades adequadas à sua série. Seus testes educacionais estavam no nível da série – embora no limite inferior – e seu funcionamento intelectual foi considerado dentro da faixa média baixa (pontuações entre 76 e 92 refletiam disparidades significativas entre áreas de habilidade específicas). Ela apresentava dificuldades, sobretudo, relacionadas à coordenação motora fina, integração visual e solução de quebra-cabeças.

Essas limitações nas habilidades de aprendizagem não verbal também foram observadas nos desenhos da menina, especialmente com o pedido "Desenhe uma pessoa". Nessa ilustração (Figura 3.7), a figura de Monique foi um tanto imatura. Os indicadores de atraso refletiam-se em transparências, diferenças entre os braços

Figura 3.7

131

e pernas-palito. Emocionalmente, a figura era exata em sua apresentação como uma criança "despreocupada".

A avaliação focou suas recomendações na necessidade de Monique receber intervenções terapêuticas ocupacionais visando às suas deficiências de integração visomotora.

* * *

Casa-árvore-pessoa cinética

Robert Burns (1987) estendeu o uso do HTP supondo que desenhos com ação refletiriam o bem-estar subjacente do cliente de maneira mais aprofundada do que as ilustrações estáticas. Ao acrescentar uma instrução ligeiramente diferente, "Desenhe neste papel uma casa, uma árvore e uma pessoa com algum tipo de ação" (K-HTP), ele forneceu novas e variadas percepções até então não obtidas a partir de desenhos individuais.

Ações, estilos e símbolos resultantes dessa orientação inovadora pareciam ter maior valor interpretativo do que as instruções de desenho habituais. Apesar de ser um proponente ativo do HTP original, Burns entendia que essa variação num tema demonstrava que a instrução específica de somar ação às imagens comuns gerava uma experiência inovadora entre examinador e examinado.

Mediante sua pesquisa, Burns (1987) mostrou que a dinâmica de personalidade descoberta com o K-HTP foi aprimorada com a incorporação de todas as três figuras a uma só folha de papel. Ele também revelou – com esse desenho mais voltado para a ação – que os clínicos podiam gerar hipóteses relevantes relacionadas com a) sentimentos ou impressões envolvendo a imagem como um todo; b) o carinho ou a hostilidade percebidos na casa; c) o nível de atividade da pessoa desenhada; d) a fortaleza da árvore; e) a relação entre árvore e casa (p. ex., quão próximos estão os dois objetos ou quão acolhedora ou protetora é a árvore).

Burns determinou que deixar os clientes falarem sobre as interações também poderia ressaltar as noções do examinador sobre as figuras no desenho, além de fornecer uma plataforma mais segura para discutir o mundo deles. Novamente, essas instruções adicionais estimulam conversas e interações em avaliações e entrevistas e dão aos clínicos mais possibilidades para desvendar conflitos e preocupações num tempo mais breve.

Além do mais, Burns (1987) salientou as vantagens de desenhos de ação (em lugar de imagens estáticas) como um meio para proporcionar significância complementar a dimensões da personalidade em muitas situações clínicas difíceis. Ele sugeriu que esse novo enfoque de desenho realmente ensejava o início do processo terapêutico de cura.

Com numerosas ilustrações (combinadas com a sólida visão clínica alcançada em muitos anos de coleta e análise de desenhos), o livro de Burns sobre essa perspectiva de ação no HTP proporcionou uma compreensão mais rica desse enfoque unificado mais recente, compreensão que nem sempre era evidente durante a elaboração e a análise de desenhos separados.

Estudo de caso
Mandy S.

Mandy S. (16 anos) foi levada por sua mãe solteira a uma clínica ambulatorial para uma avaliação ampliada. Ela passara por problemas de adaptação ao seu novo bairro durante vários anos e seu desempenho educacional havia sido prejudicado. Também apresentava dificuldades comportamentais, como ser desrespeitosa com professores, pichar uma parede e ser maldosa com uma colega de turma.

Em uma lista de verificação comportamental, a mãe descreveu Mandy como defensiva, fácil de constranger, carente de boa autoestima e sentindo-se um fracasso. Mandy concordou que se sentia "estúpida e tola". Outros sintomas reconhecidos eram as sensações de depressão, o isolamento social e distúrbios alimentares e do sono.

Mandy já participara de sessões frequentes com o conselheiro escolar e tentara diversas consultas individuais com um terapeuta externo, com pouco sucesso. Além disso, o médico da família dela receitara-lhe um antidepressivo. Nenhuma das intervenções tivera grande efeito e Mandy e a mãe estavam preocupadas com sua constante melancolia e suas inconsistências diárias.

A título de exemplo, Mandy descreveu uma semana em que faltara na escola um dia, dormira o dia seguinte inteiro, havia sido reprovada numa prova de inglês, acreditava estar sempre atrasada no seu curso e tinha relacionamentos voláteis com colegas. Numa escala de 1 a 10 (sendo 10 o melhor), a maioria dos dias ficava abaixo de 4. Nesse ponto, na 11ª série, a nota média de Mandy era 1,5 e havia planos em discussão visando ao ingresso dela num programa técnico alternativo.

Apesar de suas vulnerabilidades e suas oportunidades educacionais perdidas, Mandy parecia bastante brilhante e articulada. Na medição intelectual, a pontuação dela ficava dentro da faixa superior (QI a plena escala = 125). Suas únicas pontuações abaixo da média davam-se em áreas funcionais de atenção constante e velocidade de cópia, indicando a possibilidade de sintomas de TDA que poderiam afetar seu funcionamento no dia a dia. Com efeito, um formulário de triagem de TDA que ela preencheu apontava muitos sintomas ligados a esse transtorno. Além disso, ela parecia sugerir que se zangava com facilidade, mostrava-se pouco tolerante à frustração, devaneava constantemente e era bastante mal-humorada. Ela também comentou a sua dificuldade em organizar suas tarefas e realizá-las.

No aspecto emocional, Mandy não se via imersa numa angústia significativa. Ela mencionou problemas de raiva e hostilidade. Achava a vida injusta, estava aborrecida com "tudo" e pensava que seus colegas não gostavam dela. Concentrava-se em grande parte em sensações de frustração e impotência, mas negava importantes sinais de tristeza, e boa parte da sua apresentação parecia um tanto ingênua e sem qualidade interpessoal.

A despeito de todos os seus problemas, ela tentava apresentar uma luz positiva. Essa postura era visível, sobretudo, em seus desenhos, que exibiam temas felizes, pacíficos e otimistas. Em um desses desenhos, uma K-HTP pareceu refletir essa atitude despreocupada (Figura 3.8). Seu comentário sobre a ilustração foi "só curtindo o dia". Com esse desenho e outros esboços, ela parecia indicar que curtia a atenção e que seu ânimo estava "bom para uma mudança".

Figura 3.8

Desenhe uma pessoa na chuva

Ao longo de muitos anos, grande número de clínicos e pesquisadores desenvolveu diferentes instruções de desenho que ajudam a reconhecer características de personalidade e recursos emocionais quando se realizam avaliações psicológicas e entrevistas clínicas.

Uma modificação especialmente interessante da instrução original do DFH consistiu em estender uma dimensão adicional (isto é, chuva) à instrução comum. Os criadores desse conceito conceberam um procedimento que tentava suscitar uma impressão de vulnerabilidade emocional nos clientes quando situados dentro de um símbolo de um pequeno fator de estresse ambiental (ou seja, a chuva) (apud Verinis, Lichtenberg & Henrich, 1974; Lichtenberg, 2013).

A fundamentação do Desenhe uma Pessoa na Chuva (DFH-R) residia na necessidade dos examinadores de terem um método eficiente para determinar se as pessoas eram altamente vulneráveis a circunstâncias estressantes e descobrir em que medida elas lidavam bem com a situação. Com essa instrução inovadora, os clínicos também podem abordar a adequada orientação do tratamento, inclusive o nível de risco de suicídio.

Nesse contexto, a quantidade e a intensidade da chuva no desenho (p. ex., nuvens escuras, chuva pesada e raios) pareciam representar o grau de tensão externa experimentado pelo indivíduo. Por sua vez, a proteção do indivíduo (isto é, capa de chuva, botas e guarda-chuva) significava a sua estrutura defensiva para lidar com um fato percebido como estressante. Por exemplo, uma pessoa muito ansiosa supostamente faria um desenho com uma chuva intensa, mas estar usando algum tipo de proteção externa. Já alguém que se sente vulnerável e sobrepujado por seu ambiente, mais provavelmente desenharia uma figura sem sombrinha nem capa de chuva, várias vezes parecendo triste e incapaz de superar as circunstâncias.

Essa instrução extraordinária tem apresentado resultados extremamente impressionantes e muitas vezes se correlaciona com outras técnicas da bateria de avaliação (como o Rorschach), que poderiam refletir capacidades emocionais ineficazes (cf. exemplos em Oster & Gould, 1987; Oster & Montgomery, 1996; Oster & Crone, 2004).

Estudo de caso
Toni N.

Toni N., uma garota de 15 anos, foi encaminhada ao acolhimento familiar quando a mãe a abandonou, aos 6 anos de idade. Desde então Toni se tornara agressiva e autodestrutiva, com ideações homicida e suicida, que culminaram em várias hospitalizações. Em certo momento, ela ligou um fogão a gás e voltou ao seu quarto esperando que sua mãe adotiva acendesse um fósforo ou um cigarro e explodisse a casa, o que causaria a morte das duas.

Apesar de seu habitual jeito provocativo, Toni cooperou muito no andamento de uma avaliação indicada pelo psiquiatra responsável. Ela pareceu desafiada pelas medições cognitivas e seu quociente intelectual de 92 (média inferior) indicou tanto notáveis pontos fortes quanto importantes deficiências. Embora apresentasse considerável talento na área de habilidade de linguagem e raciocínio abstrato, ela parecia ter limitações em sua bagagem de conhecimento, pois perdera muitas oportunidades educativas ao longo dos anos, e sua capacidade de retenção e processamento de informação mostrava-se restrita em operações com múltiplas tarefas. Essa última vulnerabilidade parecia ser um subproduto da ansiedade agravada em face de novas situações de aprendizagem.

Seu desenho de uma pessoa na chuva foi bastante surpreendente em diversos níveis. Em desenhos anteriores de pessoas, ela havia elaborado imagens de moças confiantes e desafiadoras (Figura 3.9), porém, quando a orientação a colocou no contexto de um fator de estresse aparentemente insignificante (a chuva), ela pareceu sufocada, triste e indefesa (Figura 3.10).

Figura 3.9 – (Obey me you'll be happier! = Obedeça-me, você será mais feliz!)

Figura 3.10 – (Rain rain go away = Chuva, chuva, vá embora)

Outros testes apontavam para conclusões similares, isto é, ela tinha traços de um estilo de enfrentamento por evitação que a tornava aparentemente imatura e agressiva, embora ela fosse tímida, retraída e frágil. Com essa percepção adicional, foi fácil dar uma opinião mais precisa ao psiquiatra para que fossem elaboradas intervenções médicas e terapêuticas adequadas.

* * *

Clínicos que fazem avaliações e entrevistas aplicam essa técnica (o DFH-R) para avaliar a quantidade de tensão interior experimentada pelas pessoas, bem como ameaças percebidas dentro de seus ambientes (isto é, verem seu mundo como anormalmente difícil) e até que ponto sua capaci-

Figura 3.11

dade de enfrentamento persiste quando enfrentam pressões adicionais. Quando não exibem outras peças de roupa para proteção, os clientes parecem retratar a sua incapacidade para lidar sequer com uma pequena tensão, com posteriores expressões de sentimento de impotência e regressão interior.

Assim, um indivíduo extremamente passivo com escassos recursos emocionais tenderia a elaborar uma figura que parecesse indefesa. Por outro lado, indivíduos que se valem da negação como principal mecanismo de defesa mais provavelmente desenharão pessoas que não parecem perturbadas e talvez até curtem o confronto estressante (p. ex., um sorriso no rosto; cf. Figura 3.11).

Essa técnica de desenho oferece informação útil ao diagnosticador ou examinador quando a pessoa responsável pelo encaminhamento manifesta preocupação quanto à vulnerabilidade do cliente diante de pressões externas. Perguntas de encaminhamento como: a) O quanto essa pessoa reage bem a circunstâncias estressantes?, b) Que tipo de recursos emocionais esse indivíduo dispõe para lidar com ambiente geradores de ansiedade?, c) Seria essa pessoa capaz de se planejar eficazmente em situações que possam ser consideradas geradoras de ansiedade? e d) Que tipos de mecanismos de defesa (p. ex., negação, evitação) emprega essa pessoa quando se depara com situações desagradáveis?, podem ser respondidas quando se utiliza esse procedimento juntamente a outra informação disponível de testes cognitivos e de personalidade que avaliam concepções similares.

Indivíduos emocionalmente imaturos a quem se der essa instrução em avaliações geralmente projetam em seus desenhos seu desamparo, por eles mesmos percebidos, de serem criticados, ilustrando uma pessoa desgrenhada, sem qualquer proteção ou segurando um guarda-chuva quebrado. Esses desenhos parecem representar baixa autoestima, incapacidade de lidar com fatores estressantes do dia a dia e problemas de dependência não resolvidos. Já se verificou que pessoas que elaboram esse tipo de desenho não têm a motivação para abandonar as circunstâncias indesejáveis nem estão preparadas para enfrentar os desafios e se protegerem sequer de pequenas tensões quando isso depender de sua própria iniciativa.

Em geral, pessoas que não se sentem sobrepujadas com facilidade diante de uma tensão acrescentam roupas ou objetos de proteção e têm rostos alegres em seus desenhos. Elas demonstram, ao menos, que suas defesas emocionais básicas estão intactas, mesmo se a negação seja seu principal mecanismo para evitar pensamentos e sentimentos desagradáveis. Já as pessoas que reagem de maneira desfavorável ao mais leve grau de tensão provavelmente desenharão a si próprias apavoradas e sem terem como fugir.

É melhor o clínico fazer comparações entre essa instrução de desenho isolada e outros desenhos da figura humana feitos durante uma avaliação abrangente, além de outros instrumentos de avaliação incluídos na bateria de testes. Por exemplo, sugestões de um desenho D-A-P-R que reflete tendências à introversão talvez coincidam com respostas similares de personalidade ao teste de manchas de Rorschach ou ao Teste de Apercepção Temática (TAT), podendo confirmar um estilo passivo de funcionamento interpessoal.

Além disso, é possível que outros desenhos da série de D-A-P pareçam bastante normais. Só quando se solicita a inclusão de um símbolo estressante (isto é, a chuva) é que surge uma ilustração mais exata e diretamente relacionada a conflitos subjacentes. Nesse caso, é só diante de circunstâncias potencialmente angustiantes que as capacidades compensatórias da pessoa fraquejam, revelando fracos recursos emocionais e vulnerabilidades (p. ex., uma fronha sobre o rosto, um guarda-chuva quebrado, estar numa poça d'água).

Ao proporcionarem essa variação do DFH junto a outras diretrizes de desenho, os psicólogos clínicos conseguem vislumbrar a pessoa examinada tanto em condições normais como em situações angustiantes. Muitas vezes, a predisposição de uma pessoa a reações anormais não se faz visível com instruções comuns de desenho. Somente quando se faz uma solicitação incomum no curso de uma série de desenhos é que se descobre a existência de sinais patológicos, o que é o propósito principal da aplicação de técnicas projetivas.

Procedimentos de desenho da família

Desenhe-uma-família

Outro aprimoramento do uso de desenhos da figura humana como indicadores projetivos de personalidade é o Desenhe-uma-Família ou técnica de desenho da família. Essa técnica informativa foi proposta primeiramente por Appel (1931), tendo sido ampliada depois por Wolff (1942). Provavelmente, a sua imensa popularidade entre os procedimentos de desenho equiparou-se à ênfase terapêutica na compreensão da estrutura familiar e na implementação de intervenções na família nas décadas de 1970 e 1980. A enorme abundância de informação que se obtém ao ampliar o foco para cobrir a constelação familiar desenvolve o conjunto de desenhos das ferramentas clínicas utilizadas por profissionais de saúde comportamental.

Com essa instrução, os clínicos conseguem visualizar e ampliar a sua compreensão do contexto dos clientes dentro dos sintomas que eles manifestam. Quando utilizada durante a fase avaliativa ou inicial do tratamento, ela alarga o escopo de percepção em conflitos interpessoais e ajuda a pintar um quadro mais claro do mundo do cliente. O conhecimento acrescentado é de valor inestimável quando se discutem planos de futura intervenção. É também fundamental quando descobre as inter-relações entre famílias mistas, pois os clientes podem indicar claramente num desenho os diversos subgrupos (díades e tríades) em que estão envolvidos.

As instruções para esse procedimento de desenho são muito sucintas. O examinador fornece lápis e papel aos clientes e pede-lhes simplesmente: "Desenhe uma imagem de toda a sua família" (Harris, 1963). Se eles não derem espontaneamente os nomes de seus familiares, pede-se que os identifiquem depois a fim de suscitar associações complementares.

Uma vez pronto, o desenho da família tende a revelar atitudes com relação a parentes e percepções de papéis familiares. Tais relações interpessoais são expressas, em muitos casos, pelo tamanho e pela localização relativa das figuras e por substituições e exageros de distintos membros da família. Por exemplo, pode ocorrer de os clientes omitirem a si próprios dos desenhos de família, o que sugere um sentimento de rejeição, em especial durante separação ou divórcio. Essa reação subjacente perante a desaprovação, às vezes aparece em desenhos de família feitos for filhos adotados, sobretudo na adolescência, quando as questões de identidade ficam em primeiro plano (DiLeo, 1983).

Estudo de caso
Marla B.

Marla B. estava em dificuldades. Sua mãe solteira estava num novo relacionamento e ela não tinha certeza quanto a essa pessoa nova em sua vida. O irmão dela saíra de casa para estudar e o fato de ele estar longe, na faculdade, tinha lhe deixado um vazio e pusera maior pressão sobre ela. No entanto ela não mais aceitava essa nova responsabilidade e estava se manifestando mediante faltas e fracassos na escola. Certamente, ela estava pedindo ajuda.

Quando a mãe a levou para uma avaliação recomendada por um médico, Marla relutou em participar da conversação ou preencher os levantamentos e questionários requeridos. Todavia a mãe indicou numa lista de verificação que Marla zangava-se com facilidade, ficava na defensiva, sentia-se um fracasso, estava socialmente retraída e carecia de autoestima. A postura inicial de Marla com certeza corroborava essas características.

Nesse momento, foi-lhe pedido para que ela elaborasse uma série de desenhos, na esperança de que Marla respondesse de forma mais positiva a esse método mais avançado. E, de fato, ela foi mais receptiva a essa ideia e esboçou o desenho da sua família (Figura 3.12). Com esse retrato, Marla pareceu à vontade para discutir o que tinha acontecido ao longo do ano anterior. Comentou sobre seus sentimentos ambíguos com relação ao namorado da mãe e a proximidade que costumava experimentar com ela. Mencionou que se sentia sozinha com a ausência da mãe, que estava saindo com frequência. Marla também reconheceu a sua angústia e o jeito inadequado com que vinha lidando com seus sentimentos.

Quando Marla apresentou o desenho à mãe, ao terminar a sessão, e falou sobre sua dor, a mãe surpreendeu-se, mas entendeu. Ela sugeriu que

Figura 3.12 – (Mom = Mamãe)

era necessária uma sessão adicional para abordar essas questões antes de marcar uma avaliação mais abrangente. Marla concordou com essa ideia com entusiasmo e prometeu cooperar no futuro.

* * *

Desenho cinético da família

Uma alternativa particularmente útil ao desenho de família comum é abordada no Desenho Cinético da Família (KFD) (Burns & Kaufman, 1970), que incorpora a instrução de "fazer algo (uma atividade) juntos". Essa alteração do Desenhe uma Família original também pedia diretamente às pessoas que se incluíssem na imagem. Costuma-se introduzi-la após o primeiro desenho da família, para não influenciar a possibilidade de os clientes omitirem a si mesmos ou a outros familiares.

A contribuição especial do KFD reside no princípio de que é possível que o cliente veja a si mesmo em seu sistema familiar diferentemente de como se vê fora do lar. Assim, essa modificação fornece outras perspectivas de percepções interpessoais para avaliações em andamento no início e no curso da terapia individual e familiar. Ela pode ser utilizada para questões práticas como tomada de decisão em litígios sobre guarda, determinar se uma criança deve ser retirada do lar de um dos pais ou demonstrar aos pais que suas crises e desavenças podem estar afetando seus filhos (Hammer, 1997).

Por meio desse método, os clínicos também observaram clientes tentarem representar limites dentro de seus desenhos como habilidades de enfretamento protetor, quando há insinuações de comportamentos inadequados (p. ex., abuso físico ou sexual) ocorridos em suas famílias (Malchiodi, 1998).

Além disso, a técnica de desenho adaptável às vezes produz uma reação forte como "Nós não fazemos nada juntos" (uma revelação crucial para hipóteses iniciais referentes à interação familiar). Embora essa instrução seja bastante pertinente quando aplicada com crianças, ela estimula lembranças da infância quando empregada com adultos, e pode gerar recordações de experiências ou inter-relações familiares positivas ou negativas do passado, frutíferas em relacionar acontecimentos anteriores a sintomas e história atuais.

Com base no desenho de uma família em ação, é comum observar clientes desenhando suas famílias em atitude passiva (p. ex., assistindo à televisão ou a um filme), o que talvez sugira uma falta de comunicação direta ou, após exame mais aprofundado, o desfrute de simplesmente estarem juntos.

Outra resposta comum quando se utilizam desenhos cinéticos da família é uma imagem que reflete cenas na mesa de jantar. Nessas representações, o cliente pode colocar os pais nos extremos opostos de uma mesa comprida (refletindo a distância emocional entre eles) ou situar a si mesmo num dos extremos (atestando a competição que ele possa estar experimentando). O fato de a mesa de jantar estar repleta de comida ou vazia pode fazer referência às preocupações da pessoa examinada por viver num ambiente em que falta estímulo ampliado ou sobre a quantidade de apoio emocional existente (Oster & Crone, 2004).

Entre outros aspectos descobertos com base em desenhos da família estão as poderosas dinâmicas interpessoais entre pais e filhos ou entre irmãos. Por exemplo, resultados contundentes podem refletir o pânico de uma criança nas interações com um pai alcoólatra, as sensações de isolamento em uma família com padrasto ou madrasta e o retraimento diante de ameaças percebidas numa família desestruturada (Hammer, 1997).

Indícios desses traços de personalidade podem considerar se a) os clientes desenham-se na proximidade dos pais (demonstrando um *status* superior ao dos irmãos ou expressar sentimentos de aceitação ou rejeição);

b) eles omitem irmãos, como gesto simbólico de eliminação da concorrência; c) eles incluem-se no desenho (refletindo sentimentos pessoais de não pertencimento); d) a família é desenhada com proporções corretas (fazer uma criança ou um adulto muito mais alto demonstra dominância ou ineficácia percebidas).

Os clínicos também podem observar as expressões faciais dos pais nos desenhos em busca de indícios valiosos para desvendar pensamentos e sentimentos ocultos. Aspectos como o fato de o cliente perceber que um pai é rude ou gentil ou mais solidário são questões cruciais a se buscar em posteriores entrevistas e testes, pois elas podem orientar mais claramente no planejamento e na intervenção da terapia.

Estudo de caso
Arlene G.

Arlene G., 17 anos, aluna da 12ª série, foi encaminhada para uma avaliação abrangente por seus pais e seu médico para esclarecer se falhas na atenção, atrasos no estilo de aprendizagem ou fatores emocionais poderiam estar prejudicando seu potencial educacional e seu amadurecimento interpessoal.

Segundo sua mãe, que a levou às sessões, Arlene tendia a ser desatenta e desorganizada em seus hábitos de trabalho. Além disso, apresentava sintomas de ansiedade e pânico, bem como mostrava dificuldades no controle de impulsos. Ela já recebera tratamento por TDAH e variabilidade do humor.

Em uma escala de comportamento relacionada ao funcionamento na escola, a mãe mencionou que "com muita frequência" Arlene tinha dificuldade em organizar tarefas e atividades. Ela também percebia que Arlene "muitas vezes" não prestava atenção a detalhes, cometia erros por descuido, tinha problema para se manter atenta durante tarefas mais demoradas, era esquecida nas atividades diárias e tendia a se culpar excessivamente por seus problemas.

Arlene havia perdido muitas aulas no ano anterior devido a diversas doenças. Além disso, tinha ido à escola poucos dias no ano seguinte devido a uma terceira cirurgia num joelho para tratar outra ruptura de menisco.

A mãe descreveu a situação de Arlene dizendo que ela estava ansiosa, na defensiva e irritável. Observou também que Arlene parecia triste e mostrava cansaço e baixa concentração decorrentes de problemas para dormir. Ademais, mencionou que Arlene parecia ter perdido o interesse em muitas atividades, carecia de autoestima e sentia-se decepcionada em seu trabalho.

No passado, Arlene tinha sido muito social e ativa. Ao que parecia, ela era uma excelente jogadora de softbol antes das lesões e havia sido capitã de uma equipe de debate. Também participara em atividades de jornalismo, na equipe de corrida de pista da escola e diversos clubes de serviço.

Arlene apresentou-se alerta e orientada para a avaliação de dois dias, mas pareceu muito cansada durante a primeira sessão, além de um tanto reservada e na defensiva. Seu afeto era restrito e ela não mostrava muita espontaneidade no falar nem maneirismos. Como era preciso realizar essa extensa avaliação em tempo hábil, entendeu-se que oferecer a Arlene a oportunidade de desenhar seu histórico e seus problemas daria melhor resultado e geraria um ambiente mais seguro para ela envolver-se em testes mais exigentes.

Arlene aceitou esse método imediatamente. Quando lhe pediram que se retratasse com sua família fazendo alguma coisa juntos, ela desenhou todos os quatro numa pista de boliche. Disse que a família procurava reunir-se semanalmente, alternando as preferências, de modo que cada um pudesse escolher a atividade. Esse "tempo de estar juntos" era uma tentativa de dar uma saída para Arlene estender-se para fora do lar e começar a assimilar-se novamente em sua comunidade.

Após essa técnica, ela pareceu relaxar e estar mais disposta a abordar a sua situação, os problemas que estavam ocorrendo e a necessidade de uma avaliação que lhe proporcionasse uma base para adaptações quando ela ingressasse na universidade. Embora bastante inócuo, o desenho (Figura 3.13) ofereceu a Arlene a oportunidade de relaxar e aceitar a indicação de testes continuados.

O desenho era interessante, porém, como Arlene parecia estar um passo à frente da família, possivelmente no intuito de mostrar a sua primeira tentativa de independência. Como ela considerou positiva a possibilidade de desenhar em vez de conversar no início da avaliação, foi mais fácil

Figura 3.13 – (Me & My Family = Eu e minha família / Dad = Papai / Mom = Mamãe / Francine = Francine / Me = Eu / Bowling = Boliche)

estabelecer a relação e ela ficou mais disposta a começar a série de testes de inteligência e de personalidade que eram necessários.

* * *

Desenho de círculo centrado na família

Outra variação dos desenhos de família desenvolvida por Robert Burns (1990) é um procedimento conhecido como Desenho de Círculo Centrado na Família (FCCD). Esse desenho ajuda as pessoas a perceberem mais claramente as relações entre elas e seus pais. Burns sugeriu que ao fazerem uma série de desenhos da família dentro de um círculo estruturado e centrarem as figuras, os clientes têm acesso facilitado ao material inconsciente e podem revelar mais das suas versões internas de seus pais.

As instruções para essa técnica são relativamente simples. Usa-se papel comum com um círculo de 19 a 23 centímetros de diâmetro já desenhado (também se pode pedir que o examinado desenhe um círculo grande no papel). As instruções para se obter um FCCD são: "Desenhe sua mãe no centro do círculo. Associe-a livremente a símbolos desenhados ao redor do contorno do círculo. Tente desenhar uma pessoa inteira, não uma figura tipo palito ou de quadrinhos". Com clientes menos esclarecidos, pode-se dizer "Faça símbolos ou imagens que representem seu pai (ou sua mãe) e, ao redor dele (dela), desenhe imagens que façam você pensar em (ou que descrevam) seu pai (ou sua mãe)". Depois as instruções são repetidas, substituindo duas vezes o pai e a pessoa que faz o desenho pela figura original da mãe. Em seguida, faz-se outro desenho dos pais com o cliente num desenho centrado no círculo.

Uma vez concluídos os desenhos, são feitas as observações a respeito de a) que tipos de símbolos são utilizados; b) quais possíveis barreiras à comunicação são desenhadas; c) qual o grau de proximidade entre os pais e o indivíduo; d) se há afeição expressa entre os membros da família. Como em todas as instruções de desenho mencionadas neste livro, cabe ao psicólogo clínico estar ciente de outras possibilidades de diagnóstico dentro das imagens.

Aspectos dos desenhos, como o tamanho relativo das figuras, partes do corpo omitidas ou excessivamente ressaltadas, expressões faciais e os tipos de símbolos (quer de amor ou de ódio, expressões de ira, positivas ou negativas) são fatores essenciais para elaborar hipóteses iniciais sobre critérios de diagnóstico e, depois, para orientar o tratamento.

Em seu livro, Burns (1990) descreveu diversas características a serem examinadas nos desenhos finais. Tratavam-se das seguintes observações:

1. Que símbolos estão diretamente acima ou abaixo de cada figura? São eles positivos ou negativos?

2. Tamanhos relativos dos desenhos. O cliente é menor ou maior?

3. Quem está no centro (talvez o membro dominante da família)?

4. Há alianças claras dentro da estrutura familiar?

Com essas técnicas, a obra de Burns (1990) é um ponto culminativo de suas tentativas de combinar filosofias orientais – como o uso de mandalas –

com técnicas ocidentais, como o Rorschach (Rorschach, 1942). Seu livro *Desenhos de círculo centrado na família* traz muitos exemplos com extensas interpretações clínicas para descrever seus métodos e constituir uma base para futuras pesquisas e utilização clínica.

Ao pedir aos clientes que situem a família e os membros isolados no centro de um círculo rodeado por símbolos visuais livremente associados, Burns realmente expôs um modelo instigante para a obtenção de material expressivo visando promover percepções e discussões clínicas.

Estudo de caso
Eddie C.

Eddie C. era um jovem de 18 anos e ingressava na faculdade após um longo histórico de TDAH e instabilidade de humor que afetara gravemente seu desempenho escolar. Ultimamente, no último ano do ensino médio, ele passou a maior parte de seu tempo brincando de videogames e negligenciou seus estudos e a preparação para a faculdade. Segundo o pai de Eddie, que compareceu à primeira sessão de avaliação, o comportamento do filho havia piorado nos dois últimos anos e suas notas e seus esforços mostravam-se inconstantes.

Ele descreveu a situação de Eddie naquele momento mencionando que o filho se zangava com facilidade, ficava na defensiva, era irritadiço e tendia a antagonizar e a desafiar. Ele também observou que Eddie não tinha autoestima, sentia-se um fracasso, mostrava escassa concentração e parecia ter perdido o interesse na maioria das atividades. Estava especialmente preocupado ao ver que Eddie ficara "viciado em videogames", o que o levava a isolar-se socialmente e evitar desafios educacionais.

A despeito de seus problemas na escola, Eddie parecia brilhante e era otimista a respeito de seu futuro (queria fazer Engenharia). Ele havia conseguido boas notas quando contou com adaptações providenciadas em sala de aula e obtivera alta pontuação no SAT (cerca de 2000) e no ACT. Mesmo reconhecendo que passava muito tempo conectado e praticando videogames, ele disse que também ensinava tênis num clube de campo e ajudava pessoas idosas no uso de computadores e celulares. Além disso, disse que curtia "sair por aí" com amigos e gostava de pescar.

Embora o desempenho de Eddie fosse irregular em várias partes da avaliação (pontuações de QI entre médias baixas e muito altas, como similares faixas de testes educacionais), ele negou muitos de seus graves problemas emocionais e tentou apresentar-se de maneira positiva. Eddie se considerava tímido e evasivo. Preferia estar sozinho a socializar e relutava em iniciar conversas. Parecia experimentar desconforto interpessoal e provavelmente estava afastando-se de contatos sociais. Acreditava que a vida "tratava-o injustamente" e que ninguém se importava com ele nem o compreendia. Ele também tinha dificuldade em falar de si mesmo e dizia sentir-se desajeitado quando falava num grupo.

Apesar de sua dificuldade em falar de si mesmo, Eddie reconhecia problemas em seu ambiente familiar quanto a características da personalidade. Nessa área, ele queixava-se da limitada comunicação, das explosões de fúria, de discordâncias e de incompreensão. Achava que era punido injustificadamente e tratado como se fosse mais novo do que sua idade cronológica, e ansiava pelo dia em que sairia de casa. Para ele, os pais não eram solidários diante de suas dificuldades e bloqueavam tentativas que visavam ao seu sucesso.

Como Eddie havia falado um pouco de problemas da família, entendeu-se que a inclusão de desenhos proporcionaria a ele uma plataforma mais segura para falar abertamente por meio de imagens. Uma instrução desse tipo – um desenho centrado na família focado em seu pai – serviu para abrir esse caminho rumo à comunicação ampliada (Figura 3.14).

Nessa ilustração, Eddie elaborou uma imagem do pai com diversos símbolos a circundá-lo e que representavam a percepção de Eddie a respeito dele. Apesar dos conflitos, Eddie parecia orgulhar-se de copiar seu pai, que era um profissional ativo, que tinha "começado do nada, trabalhado muito e providenciado uma casa grande e confortável" à família (isso foi simbolizado por uma pá que virou uma casa). No desenho, Eddie indicou também que seu pai era "espiritual e bom" (os pais eram membros ativos da igreja). Os outros esboços simbolizavam características como a de ser forte, ser sociável e nunca desistir (desenho do touro no lado esquerdo).

Figura 3.14 – (Nice = Bom / Book of Mormon = Livro de Mórmon)

* * *

Com esse exercício de desenho e outros que lhe foram apresentados, Eddie ficou menos na defensiva e expôs algumas das suas vulnerabilidades. Ele reconheceu a sua ansiedade, a sua insatisfação com as suas inconstâncias educacionais e seus métodos ineficazes de solução de problemas. Ele também pareceu mais disposto a admitir que necessitava de mais ajuda, especialmente com alguém que o escutasse e "estivesse no seu lado". Uma vez concluída a avaliação, ele se dispôs a planejar posteriores consultas para tratamento.

* * *

Mãe e filho

Outra variação das instruções para expressão gráfica centra-se na dinâmica da família, em particular a relação diádica entre mãe e filho. Essa instrução de desenho baseia-se na Teoria da Relação de Objetos e supõe que os desenhos de mãe e filho produzem retratos excepcionais do eu interpessoal, nem sempre revelados em desenhos de pessoas estáticas. A ilustração de um dos pais e um filho encoraja os clientes a mostrarem como veem seus relacionamentos mais importantes, especialmente um tão fundamental como entre mãe e filho.

Jacqueline Gillespie (1994, 1997) desenvolveu a técnica e via nessa imagem visual não apenas um indicador do eu social. Ela acreditava que a imagem representava um laço emocional interior entre uma mãe e o filho nos primeiros dias e meses de suas vidas combinadas. A Teoria da Relação de Objetos define essas primeiras interações como a fonte de autopercepções que, dentro de relações interpessoais, tornam-se segmentos primordiais da personalidade em amadurecimento.

Gillespie (1994, 1997) entendia que os desenhos são completamente individualizados. Para ela, cada criação é similar a uma impressão digital, bem como pessoal, quase como um sonho. No entender dela, desenhos como um retrato de mãe e filho oferecem personificações do eu, portando tanto imagens conscientes e discerníveis quanto reflexos não imediatamente acessíveis pela compreensão cotidiana. Esse método não produz indicadores confiáveis de patologia, mas ajuda os clínicos a adquirirem maior percepção do que os clientes sentem sobre seus pais ou outros cuidadores e de como relacionam-se com eles (Malchiodi, 1998).

A instrução para esse método de desenho é simplesmente "Desenhe uma mãe com o filho". Embora a tarefa não peça especificamente que o cliente desenhe a sua própria mãe, isto é geralmente subentendido como indicador de questões do desenvolvimento, tal como os índices de separação e individuação.

Partindo dessa instrução, as pessoas podem identificar-se com a mãe (ou o pai) ou a criança, pois ambas as figuras desenhadas podem virar o sujeito ou o objeto, dependendo das circunstâncias. Como em outros casos, essa modificação dos desenhos da figura humana visou encorajar projeções da vida interior e identificar características da personalidade do eu que apresentam componentes extraordinariamente fortes de percepções e conflitos inconscientes.

Num de meus livros anteriores, *Clinical uses of drawings*, havia uma ilustração de símbolos de mãe e filho, como árvores separadas com pássaros e ninhos em cima, para denotar a distância emocional que caracterizava as sensações de afastamento da cliente de 34 anos com relação a sua mãe (Oster & Montgomery, 1996).

Nesse exemplo de caso, a instrução quebrou muitas barreiras iniciais ao descrever as lembranças da infância da cliente, de abandono percebido, e a ajudou a focar mais nas razões para retomar a terapia. Com essa simples solicitação durante a primeira sessão, a cliente experimentou esses conflitos não resolvidos com maior coragem e as sessões posteriores foram focadas em metas mais específicas visando superar esses bloqueios.

Outra demonstração dos benefícios trazidos pelo desenho de "mãe e filho" deu-se na segunda edição de *Using drawings in assessment and therapy* (Oster & Crone, 2004). Uma moça de 18 anos fez um desenho de mãe e filho como parte de uma avaliação psicológica, depois de ser admitida numa unidade psiquiátrica para doentes agudos em razão de condutas descontroladas em casa, entre as quais graves brigas verbais e físicas com a irmã mais velha. Depois de receber a instrução, essa jovem retratou-se graficamente como uma criancinha dentro de uma mão grande, que representava a mãe.

Ela sugeriu que a imagem refletia sua necessidade de segurança e seus sentimentos ambíguos quanto à sua independência iminente, consistente em sair de casa para a faculdade. Ela também observou que a mão grande representava uma mãe autoritária e dominante, com seus próprios sentimentos de inadequação emergindo da pequenice da criança. Ao descrever suas razões para exprimir sua aflição, a jovem aludiu à sua frágil autoestima, à ansiedade e à frustração que não conseguia expressar eficazmente. Por meio da ilustração e de outras opiniões, ela deu-se conta da necessidade de ajuda e assistência nessa importante transição em sua vida.

No exemplo de caso de outra pessoa necessitada de ajuda, Alan W. também se beneficiou desse tipo de intervenção gráfica. A descrição a seguir corroborou que uma simples solicitação de desenho pode melhorar uma avaliação.

Estudo de caso
Alan W.

Alan tinha 18 anos quando a mãe o levou a uma sala de emergência após ele fazer ameaças de suicídio. A mãe não conseguia controlar os humores e as subsequentes reações comportamentais de Alan quando ele a visitava, vindo do apartamento em que residia pelo programa para deficiência da universidade. Ao ser atendido na sala de emergência, Alan estava perturbado e choroso e sugeriu planos de suicídio (p. ex., cortar os pulsos, eletrocutar-se). Segundo se soube, no dia anterior à sua admissão o garoto ameaçara cortar-se com uma navalha, mas o pai tinha conseguido impedi-lo conversando com ele por telefone.

Alan tinha um longo histórico de TDAH, TOC e síndrome de Tourette, além de surtos de depressão. Os seguintes sintomas já tinham sido apresentados: tristeza, irritabilidade, pensamentos negativos, fadiga, sono abreviado, escassa concentração, indecisão e sentimentos de impotência, desesperança e inutilidade.

Aparentemente, sinais maníacos de angústia também tinham sido motivo de preocupação, tais como agitação, falar alto e rápido, pensamentos dispersos, sono irregular e surtos físicos. Havia também relatos de ameaças e ataques dele a pessoas, em especial quando não conseguia o que queria. Já tinha tomado diversos medicamentos, receitados durante muitos anos, bem como se submetera a terapia ambulatorial.

Alan formara-se no ensino médio, mas aparentemente com notas baixas apesar do apoio educacional e de muitas adaptações no ensino. Desde a pré-escola, ele participara de programas educacionais especiais. Embora parecesse brilhante, ele tinha dificuldades no planejamento e na organização, bem como em iniciar o trabalho concreto. Quando da entrevista com o orientador de admissão, ele começava a tomar aulas de programação de computadores e queria desenvolver videogames.

Alan era um jovem corpulento de média estatura. Disse ter apenas uns poucos amigos, embora muito próximos, e que passava boa parte de seu tempo brincando com videogames. Afirmou que costumava ficar acordado até tarde e dormir durante o dia. Disse que se irritava com frequência, mas só de vez em quando ficava excessivamente perturbado. Era nessas ocasiões que ele sentia a necessidade de atenção e expressava uma grande variedade de estados de ânimo, inclusive pensamentos de autolesão. Alan comentou também que os meses do verão eram mais difíceis para ele (um período sem estrutura).

Alan era bastante fluente e se expressava num amplo vocabulário, mas parecia não ter percepção de seu comportamento. Ele também se mostrava bastante limitado em seus interesses e imaturo na compreensão de relações sociais. Ademais, não conseguia expressar seus sentimentos com a profundidade que era de se esperar dada a sua aparentemente elevada inteligência (relatórios anteriores haviam indicado funcionamento excepcional). Suas respostas em questionários indicavam que ele tendia a culpar outros por seus problemas e sentia pena de si mesmo. Seu autoconceito parecia muito frágil. Ele também parecia abrigar um considerável nível de tensão e raiva, não sendo capaz de expressá-las eficazmente.

Numa breve avaliação, ele fez uma série de desenhos focados em sua família e em suas amizades. Uma dessas instruções solicitava um desenho de "mãe e filho" (Figura 3.15). Esse esboço evidenciou quão dependente e inadequado ele ainda se sentia na presença dela, apesar de suas aparentes tentativas de independência. Ele pareceu constrangido ao reparar que, no desenho, o menino era muito pequeno e novo em comparação com a mãe. Ele admitiu ter muitos sentimentos ambíguos quanto a ficar mais velho e estar receoso de seu futuro.

Figura 3.15

Ciente disso, ele estava disposto a falar mais sobre os problemas que tivera desde sua saída de casa. Dominado por seus temores, ele precisava realmente de alguém para conversar sobre essas sensações desagradáveis. Concordou em ser atendido com maior frequência em terapia ambulatorial e participar de um grupo de habilidades sociais com gente da sua faixa etária.

Referências

Appel, K. E. (1931). Drawings by children as Aids in personality studies. *American Journal of Orthopsychiatry*, *1*, 129-144.

Bolander, K. (1977). *Assessing personality through tree drawings*. Basic Books.

Buck, J. N. (1948). The HTP technique: A qualitative and quantitative scoring manual. *Journal of Clinical Psychology*, *4*(4), 317-317.

Buck, J. N. (1992). *House-Tree-Person projective drawing technique: Manual and interpretive guide*. Revised by W. W. Warran. Western Psychological Services.

Burns, R. C. (1987). *Kinetic-house-tree-person drawings (K-HTP): An interpretative manual*. Brunner/Mazel.

Burns, R. C. (1990). *A guide to family-centered-circle-drawings (F-C-C-D) with symbol probes and visual free association*. Brunner/Mazel.

Burns, R. C., & Kaufman, S. H. (1970). *Kinetic family drawings (K-F-D): An introduction to understanding children through kinetic drawings*. Bruner/Mazel.

Corff, Y., Tivendell, J., & LeBlanc, C. (2013). A parsimonious projective drawing technique. In L. Handler e A. D. Thomas. *Drawings in assessment and psychotherapy: Research and application*. Routledge.

DiLeo, J. H. (1983). *Interpreting children's drawings*. Brunner/Mazel.

Gillespie, J. (1994). *The projective use of mother-and-child drawings: A manual for clinicians*. Brunner/Mazel.

Gillespie, J. (1997). Projective mother-and-child drawings. In E. Hammer (Ed.). *Advances in projective drawings interpretation*. (pp. 137-151). Charles C. Thomas.

Goodenough, F. L. (1926). *Measurement of intelligence by drawings*. Harcourt, Brace, & World.

Hammer, E. F. (Ed.). (1958). *Clinical applications of projective drawings*. Charles C. Thomas.

Hammer, E. F. (Ed.). (1967). *Clinical applications of projective drawings* (2. ed.). Charles C. Thomas.

Hammer, E. F. (1997). *Advances in projective drawing interpretation*. Charles C. Thomas.

Handler, L. (1996). The clinical use of drawings. *Major Psychological Assessment Instruments*, 2, 206-293.

Handler, L., Campbell, A., & Martin, B. (2004). Use of graphic techniques in personality assessment: Reliability, validity, and clinical utility. *Comprehensive Handbook of Psychological Assessment*, 2, 387-404.

Handler, L., & Thomas, A. D. (2013). *Drawings in assessment and psychotherapy: Research and application.* Routledge.

Harris, D. B. (1963). *Children's drawings as measures of intellectual* maturity. Harcourt, Brace, & World.

Jolles, I. (1971). *A catalog for the qualitative interpretation of the House-Tree-Person (HTP).* Western Psychological Services.

Koch, K. (1952). *The tree test: The Tree Drawing Test as an aid in psychodiagnosis.* Hans Huber.

Koppitz, E. M. (1968). *Psychological evaluation of children's human figure drawings.* Grune and Stratton.

Koppitz, E. M. (1984). *Psychological evaluation of human figure drawings by middle school pupils.* Grune & Stratton.

Koppitz, E. M., & Casullo, M. M. (1983). Exploring cultural influences on human figure drawings of young adolescents. *Perceptual and Motor Skills*, 57(2), 479-483.

Leibowitz, M. (1999). *Interpreting projective drawings: A self psychological approach.* Brunner/Mazel.

Lichtenberg, E. F. (2013). Draw-a-person-in-the-rain test. In L. Handler e A. D. Thomas. *Drawings in assessment and psychotherapy: Research and application.* Routledge.

Machover, K. (1949). *Personality projection in the drawing of the human figure.* Charles C. Thomas.

Machover, K. (1952). *Personality projection in the drawing of the human figure.* Charles C. Thomas.

Malchiodi, C. A. (1998). *Understanding children's drawings.* Guilford Press.

Malchiodi, C. A., Kim, D. Y., & Choi, W. S. (2003). Developmental art therapy. In C. Malchiodi (Ed.). *Handbook of art therapy.* (pp. 93-105). Nova York: Guilford Press.

Milne, L. C., Greenway, P., & Best, F. (2005). Children's behaviour and their graphic representation of parents and self. *The Arts in Psychotherapy*, 32(2), 107-119.

Mitchell, J., Trent, R., McArthur, R. (1993). *Human figure drawing test: An illustrated handbook for interpretation and standardized assessment of cognitive impairment.* Western Psychological Services.

Naglieri, J. A., MacNeish, T. J., & Bardos, A. (1991). *Draw a Person: Screening procedure for emotional disturbance; DAP: SPED.* Pro-Ed.

Oster, G. D., & Crone, P. (2004). *Using drawings in assessment and therapy* (2. ed.). Taylor & Francis.

Oster, G. D., & e Gould, P. (1987). *Using drawings in assessment and therapy.* Brunner/Mazel.

Oster, G. D., & Montgomery, S. S. (1996). *Clinical uses of drawings.* Jason Aronson.

Palmer, J. O. (1983). *Psychological assessment of children.* Wiley.

Riethmiller, R. J., & Handler, L. (1997). The great figure drawing controversy: The integration of research and clinical practice. *Journal of Personality Assessment, 69,* 488-496.

Rorschach, H. (1942). *Psychodiagnostics.* Verlag Hans Huber.

Thomas, A. D., & Engram, D. (2013). Sexually and physically abused children. In L. Handler e A. D. Thomas. *Drawings in assessment and psychotherapy: Research and application.* Routledge.

Thomas, A. D., Getz, J. W., Smith, J. D., & Rivas, E. (2013). Anorexic house-tree-person drawings: Profile and reliability. In L. Handler e A. D. Thomas. *Drawings in assessment and psychotherapy: Research and application.* Routledge.

Torem, M. S., Gilbertson, A., & Light, V. (1990). Indications of physical, sexual, and verbal victimization in projective tree drawings. *Journal of clinical psychology, 46*(6), 900-906.

Verinis, J. S., Lictenberg, E. F., & Henrich. L. (1974). The Draw-A-Person-In-The-Rain technique: Its relationship to diagnostic category and other personality indicators. *Journal of Clinical Psychology, 30,* 407-414.

Wenck, L. S. (1986). *House-Tree-Person drawings: An illustrated diagnostic handbook.* Western Psychological Services.

Wolff, W. (1942). Projective methods for personality analysis of expressive behavior in preschool children. *Character & Personality, 10,* 309-330.

4
Diferentes instruções de desenho

Ampliação do encontro interpessoal

Muitas técnicas não verbais (como linhas de tempo, genogramas e desenhos projetivos) mostraram-se valiosas como complementos construtivos em entrevistas clínicas e como elementos fundamentais de baterias de testes psicológicos habituais. Os psicólogos clínicos que trabalham com crianças e adolescentes, em especial, costumam usar desenhos em suas perguntas de avaliação. Como se descreve e exemplifica em todo este livro, imagens gráficas – ou falar por meio delas – podem ser igualmente eficazes quando se apresentam diversas instruções de desenho a adultos e famílias com o propósito de alargar a sua percepção e gerar experiências interativas diferentes e inéditas.

Em entrevistas clínicas, geralmente se utilizam desenhos e outras intervenções não verbais de uma destas duas maneiras: como ferramenta projetiva, em que certos aspectos dos desenhos são interpretados como sinalizações de traços de personalidade (ou de sofrimento psicológico importante), ou como ferramenta de comunicação, quando as imagens reforçam trocas interpessoais e incrementam o diálogo verbal entre clientes e clínicos.

Ainda que permaneça a controvérsia a respeito do uso clínico do desenho como ferramenta projetiva, há cada vez mais evidência a respaldar a sua introdução como ferramenta para facilitar a comunicação (Wesson & Salmon, 2001; Haynes, 2012). Nesses estudos demonstrou-se que indivíduos em conflito têm maior probabilidade de revelar uma gama mais ampla de suas experiências interiores e exprimem seus sentimentos num leque mais abrangente com a apresentação desses tipos de métodos não verbais.

Como se disse em muitos livros anteriores, as ilustrações gráficas têm a oportunidade de fornecer revelações ricamente informativas que raramente são obtidas com testes psicológicos comuns ou os com costumeiros métodos de entrevista (Oster & Gould, 1987; Oster & Montgomery, 1996; Oster & Crone, 2004). Quando empregadas para impressões diagnósticas dentro do contexto de outro histórico clínico coadjuvante, essas imagens visuais (ou articuladas) passam a ser uma ferramenta clínica inestimável e uma fonte frutífera de informações esclarecedoras às fontes de consulta, bem como aos clientes.

Tais técnicas não verbais também reforçam o envolvimento geral do cliente e tornam o processo de avaliação mais agradável e fácil de consumir. De mais a mais, com o auxílio de uma plataforma tangível para a pessoa expressar seus pensamentos e sentimentos, fica mais fácil passar a informação para membros da equipe de tratamento para possibilitar intervenções pertinentes e um planejamento.

Na prática clínica rotineira, desenhos e outros procedimentos não verbais conquistaram um lugar de especial importância nesse processo de coleta de informação. São fáceis de introduzir, não interferem no fluxo de trocas interpessoais e contribuem enormemente para estabelecer o relacionamento e aumentar as trocas no diálogo. Eles também podem conferir estrutura a sessões de terapia introdutória (quando sessões de terapia continuada topam com uma barreira) e ampliam consideravelmente as revelações de interesses e conflitos intrapsíquicos do cliente.

Ao incluírem muitas intervenções gráficas em seu repertório, os clínicos podem realmente confiar na possibilidade de vencer diversos tipos de resistências. As técnicas não verbais trazem para a sessão de entrevista ou teste psicológico uma novidade que estimula relatos enriquecidos e revela percepções úteis sobre conflitos antigos e preocupações atuais. Quer peçam ao cliente que "Elabore uma linha de tempo ou genograma", "Desenhe seu mundo", "Desenhe seu estado de espírito" ou "Desenhe um problema e uma solução para o problema", os clínicos que realizam entrevistas ou avaliações têm a oportunidade de conseguir aspectos característicos nas sessões e propor um jeito inovador de relatar e revelar mais.

Em sua maioria, os clientes aceitam de imediato essa nova via para a compreensão de seu turbilhão interior e apreciam a visão mais ampla e não verbal de si mesmos. As ilustrações visuais resultantes passam a ser um recurso útil e importante que enseja liberdade, criatividade e percepção. Além disso, em muitos casos elas orientam o foco da sessão para áreas de problemas centrais que podem ser imediatamente abordados e estudados em maior profundidade.

Este capítulo extrai informação das instruções de desenho habituais já analisadas na literatura, bem como da prática clínica, que parecem contribuir exponencialmente para uma entrevista de admissão ou sessão de teste. Bastam poucos segundos para apresentar esses métodos, que o cliente aceita de imediato e que, geralmente, pode realizar em um ou dois minutos.

Com tamanha rapidez e potencial para tanto valor, é fácil ver que o fato de se dispor de uma variedade de técnicas não verbais pode reforçar qualquer sessão de avaliação. E em qualquer momento da entrevista ou sessão de teste é possível inferir as instruções utilizadas – basta ter papel e lápis à mão.

Linhas de tempo

Uma linha de tempo é um método de exibição de uma lista de eventos em ordem cronológica. A maioria das linhas de tempo emprega uma escala *linear* na qual uma unidade de distância é igual a uma determinada quantidade de tempo transcorrido (Grafton & Rosenberg, 2010). Quando recolhem históricos durante reuniões de avaliação inicial ou primeiras sessões de terapia, os psicólogos clínicos raramente têm uma linha de tempo detalhada e precisa dos eventos ocorridos na vida do cliente. Caso dediquem uns minutos a elaborar uma representação gráfica de eventos ao longo de uma simples linha num pedaço de papel, eles podem colher e incorporar muitos dados novos e interessantes ao restante da avaliação.

Pode-se organizar linhas de tempo por datas ou eventos, e com esse método básico e direto os usuários podem criar um rótulo de suas experiências de vida com textos descritivos breves ou longos. E o acréscimo de uma imagem a cada rótulo torna a linha de tempo mais atraente no aspecto visual. Mesmo que os clínicos tenham acesso a relatórios ou registros médicos anteriores, boa parte do histórico pode ser inexato ou continuar um mistério, e esse singelo método permite obter e documentar outras informações importantes.

Não há melhor maneira de coletar esse conhecimento possivelmente novo do que pedir aos clientes que escrevam (ou representem por símbolos) suas recordações, começando pelas lembranças mais antigas. Nesse formato, traça-se uma linha horizontal em uma folha de papel e a instrução aos clientes passa a ser escreverem ou desenharem suas lembranças mais antigas (primeiras férias, primeiro dia na escola ou na pré-escola, primeira amizade), no início de um lado. Feita essa parte do exercício, acrescente uma marca para cada ano (p. ex., primeira série, segunda série e assim por diante), sente-se e veja o que o cliente faz com a estrutura.

Essa breve intervenção visual costuma suscitar muitas recordações, sobretudo em pessoas que relutam em revelar acontecimentos do passado nas primeiras sessões. Esse método simples não é intrusivo, é divertido e costuma fornecer abundante material que depois pode ser desenvolvido no decorrer da avaliação.

A linha horizontal proporciona organização suficiente para se iniciar um processo de recordação consecutiva de fatos passados que talvez não tenha parecido relevante revelar para um estranho. Por exemplo, um acidente de carro pode ter sido muito traumático em seu momento, mas não foi levado ao conhecimento de outros quando se levantou um histórico de antecedentes em data anterior. Quando apresentado no início da sessão, é possível explorar muitas vias a partir do conhecimento histórico revelado. Esse processo também sugere que o resto da avaliação talvez não seja tão ameaçador (ou chato) como pareceu a princípio.

Estudo de caso
Lauren F.

Lauren (9 anos) apresentou-se ao examinador com muita hesitação. Encaminhada por seu orientador educacional, Lauren duvidava em revelar demais sobre as razões pelas quais estava sendo atendida nessa entrevista inicial ou o que dizer sobre a sua situação familiar. A julgar pela escassa informação disponível sobre seus antecedentes, o histórico médico de Lauren destacava-se pela exposição pré-natal a narcóticos, álcool e fumaça de cigarro em excesso. Havia também documentação de uma avaliação muito anterior que dava conta de graves atrasos na linguagem receptiva e expressiva.

Lauren não frequentou a pré-escola e sua entrada no jardim de infância foi marcada por muitas dificuldades de adaptação. As habilidades que ela de fato adquirira da primeira à terceira série eram rudimentares, e relatórios indicavam falta de progresso na maioria das áreas de amadurecimento educacional básico.

Devido a muitas frustrações na aprendizagem, ela começou a "encenar" a sua angústia e envolveu-se em muitos desentendimentos com professores e colegas. Posteriormente, ela já estava começando a encarar a escola em termos muito negativos e começara a queixar-se de moléstias somáticas para faltar às aulas.

Mesmo se mostrando simpática e envolvente, Lauren tinha dificuldade em manter a concentração e responder perguntas. Distraía-se facilmente e não conseguia dar atenção às atividades que lhe apresentavam. Também relutava em dar informação pessoal. Em lugar de prosseguir com a entrevista no estilo habitual, ofereceram a Lauren a oportunidade de examinar a sua vida por meio de uma linha de tempo. Achando interessante essa estrutura adicional, ela logo concordou com a estratégia. Nesse caso, foi o examinador quem traçou a linha e escreveu para Lauren (Figura 4.1).

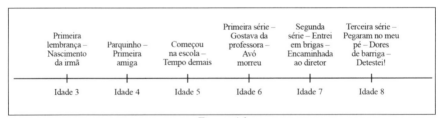

Figura 4.1

O método pareceu-lhe muito acessível e conseguiu convencê-la a compartilhar os relatos da sua história, bem como encorajou outras conversas sobre as suas dificuldades em casa e na escola. Com essa interessante intervenção ela mostrou-se muito mais disposta a dedicar mais tempo a outras perguntas e a colaborar na realização de levantamentos e outras técnicas de triagem.

* * *

Genogramas

Outro modo informativo não verbal de se reunir informação em entrevistas ou testes psicológicos é o uso de genogramas. Essa representação gráfica de uma árvore genealógica proporciona aos clínicos uma descrição detalhada e muito visível das percepções de seus clientes sobre relacionamentos importantes e de como esses parentes moldaram suas vidas.

Os primeiros a difundir os genogramas no âmbito clínico foram Monica McGoldrick e Randy Gerson (1985). Com seus livros e oficinas, os genogramas passaram a ser usados de maneira habitual por diversos profissionais da saúde em geral e da saúde mental, bem como por educadores. E mais recentemente, Eliana Gil (2014) propôs o uso de figuras em miniatura como membros da família.

Essa extensão dos genogramas oferece grandes possibilidades para ajudar membros da família a examinarem seus relacionamentos, ponderarem – de maneira criativa e metafórica – a quem eles pertencem (incluindo, muitas vezes, amigos e animais de estimação) e ilustrar tantos os melhores quanto os mais difíceis aspectos de seus relacionamentos.

Hoje há muitos livros e websites sobre o tema, assim como grande número de projetos para a criação de genogramas (p. ex., www.genograms.org/components.html).

A construção de padrões interativos pelos genogramas vai além de uma árvore genealógica tradicional ao permitir que o usuário analise configurações físicas e fatores emocionais que influenciam relações conhecidas. Os genogramas dão a entrevistadores clínicos ou examinadores psicológicos uma oportunidade de reconhecer e entender rapidamente acontecimentos destacados no contexto histórico da família que podem ter tido impactos significativos no funcionamento atual de seu cliente (p. ex., um suicídio). O diagrama elaborado constitui um mapa concreto e muito observável de eventos passados que, então, podem ser abordados num contexto mais amplo para uma investigação mais aprofundada de problemas presentes.

Ao incluírem genogramas em uma "caixa de ferramentas" de técnicas habitualmente usadas para vencer clientes na defensiva e ampliar a comunicação, os clínicos não só terão obtido fatos básicos sobre indivíduos inter-relacionados que continuaram a fazer parte da história e das recordações do cliente como terão detalhes perceptíveis que podem auxiliar a estabelecer metas e orientação do tratamento.

Temas como educação, ocupação, eventos importantes da vida, doenças crônicas e relacionamentos sociais externos podem contribuir para uma entrevista muito dinâmica e informativa ou somar informação ao histórico de antecedentes numa avaliação psicológica. A construção do genograma também pode revelar aspectos importantes da história familiar relacionados a alcoolismo, doença mental ou distintas situações da vida.

Como todo procedimento adicional introduzido com o propósito de obter mais informação em avaliações, os genogramas conferem especial relevância às interações entre clínicos e clientes porque não há limite quanto aos dados que podem ser incluídos ou as perguntas que podem ser feitas.

Os genogramas também representam mapas familiares intergeracionais e são, em geral, fáceis de serem elaborados (podendo também serem solicitados antes de uma entrevista ou como dever de casa entre sessões de avaliação ou de sessões iniciais de terapia). Por meio de símbolos e notações, os genogramas facilitam aos clínicos a rápida compreensão dos elementos-chave nas vidas de familiares, permitindo-lhes adquirir uma visão geral mais apropriada dos padrões de relacionamento. E mais importante, os genogramas também ajudam os clientes a terem uma compreensão mais aprofundada de como eles (e os familiares) reagem a situações estressantes, encaram conflitos ou lidam com questões culturais e de gênero. Até mesmo como técnica não verbal, de modo geral ele encoraja – não limita – a discussão e incrementa os intercâmbios.

Um fator relevante que influencia a comunicação multigeracional é a cultura. Quando se pede às pessoas que se identifiquem etnicamente, há uma tentativa de centrar o foco na continuidade cultural e na identidade cultural (McGodrick, Giordano & Garcia-Preto, 2005). Por vezes, as pessoas não percebem o efeito de seu legado cultural em seu modo de atuarem dentro de seu sistema familiar atual.

Os problemas podem estar centrados no grau em que os clientes têm sofrido discriminação devido à sua origem étnica e racial ou na medida em que a família tenha vivido numa comunidade separada ou mantido crenças religiosas ou espirituais que reflitam seu legado cultural. Além disso, os indivíduos podem sustentar fortes convicções quanto ao papel de cada gênero nas famílias, com base em seu legado cultural ou religioso, bem como convicções no que tange à importância do individualismo em oposição ao coletivismo.

Embora haja concordância geral a respeito da estrutura e dos códigos básicos dos genogramas, existem algumas variações quanto ao modo de se descrever situações familiares, como rupturas e adoções (McGoldrick, Gerson & Shellenberger, 1999). Costuma-se indicar o homem com um quadrado e a mulher com um círculo. Na díade pai/mãe, o homem localiza-se à esquerda da mulher. Uma linha conectando os dois mostra que eles são casados. Os filhos aparecem em ordem decrescente de idade da esquerda para a direita.

Há também muitas maneiras de se interpretar um genograma. A questão das perdas pode ser um fator principal dentro do esquema. Esses fatores podem ser, por exemplo, morte, doença crônica, reveses econômicos, divórcio e outros fatos cruciais que influenciaram a vida da pessoa ou afligiram a família ao longo dos anos. Uma pergunta básica como "Até que ponto esse evento foi sentido como uma perda?" pode elucidar a percepção do cliente e expor a profundidade do trauma em questão.

Outros temas no âmbito do ciclo ou da dinâmica familiar poderiam abordar identidade, valores e crenças essenciais e outras características importantes que definem as qualidades da estrutura e da peculiaridade da família. Afirmações como "Só o seu melhor é bom o bastante", "Nunca acredite que seu esforço é o melhor", "Só dependa de (e confie em) seus familiares" ou "Só esta família te protege sempre" podem ter permanecido desde o início da linhagem familiar. Além disso, os limites são um aspecto fundamental de definição de um sistema familiar.

Essas "barreiras interpessoais" distinguem a família do resto do mundo, quer sejam físicas ou psicológicas. Elas podem ser completamente abertas ou muito rígidas, e regular o acesso dos membros a pessoas, ideias e valores de fora. Com a construção do genograma, o clínico tem a oportunidade de adentrar no mundo do cliente e vislumbrar por trás do contexto geracional que exerceu considerável influência sobre os problemas presentes.

Estudo de caso
Nosian H.

Nosian H., uma mulher casada, tinha 32 anos quando foi avaliada pela primeira vez em uma entrevista inicial. Era a mais velha das três filhas de uma família do Oriente Médio que se mudara para os Estados Unidos após uma revolução cultural.

Nosian descrevia-se como uma criança que tinha se tornado "parental" ao ser incumbida de muitas responsabilidades com curta idade. Embora tivesse se dedicado à atuação na juventude, passava a maior parte de seu tempo cuidando das irmãs. Já havia participado de atividades terapêuticas diversas vezes, mas os sintomas que experimentava naquele momento interferiam demais em seu trabalho e em seus relacionamentos.

No começo da sessão, ela contou abertamente que era muito ansiosa e distraída e que tinha problemas para dormir. Mencionou também que tinha baixa autoestima, apesar de suas consideráveis realizações acadêmicas e profissionais (um mestrado e seu trabalho como diretora de um programa).

A família ampliada de Nosian era grande e, para ela, as interconexões eram importantes, mas também complicadas. Com o propósito de intervir de maneira eficaz com ela, era importante obter um genograma que detalhasse essas relações e depois utilizar o diagrama como caixa de ressonância para descrever verbalmente seus conflitos familiares e pessoais do momento (Figura 4.2). Era preciso compreender mais a fundo seus antecedentes para reconhecer corretamente as suas tentativas de separação e individuação, e esse método permitiu que esse processo se desse de maneira mais confortável.

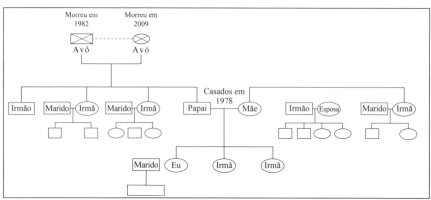

Figura 4.2

Quando solicitada a realizar esse esquema, Nosian gostou de reservar um tempo para se recordar dos membros (vivos e mortos) da sua família e examinar os distintos relacionamentos e como eles interagiram e influenciaram a sua vida. Para ela, foi uma experiência muito prazerosa. O resultado forneceu um "retrato" mais completo da identidade dela e da importância das interações familiares. Essa criação deu início a uma longa conversa, que levou a diversas decisões quando a terapia ficou mais consolidada.

* * *

Brasão de família

Um procedimento menos complicado para abordar a estrutura e os valores da família consiste em solicitar o desenho de um "brasão familiar". Essa técnica visual transforma a coleta do histórico quando da admissão num exercício divertido e muito informativo (Oster & Crone, 2004). A instrução para essa tarefa foca a discussão e confere uma estrutura adequada à sessão. Uma solicitação de elaboração de imagens da constelação familiar no início de uma entrevista ou avaliação determina uma forma inovadora de comunicar que uma experiência marcante está prestes a ocorrer.

A criação de um "brasão da família" permite aos clientes representarem suas percepções de uma parte principal de sua identidade e lhes dá a oportunidade de amplificar as visões ou valores compartilhados daquilo que suas famílias significam para eles. Pelo processo em que realizam uma imagem e revelam uma impressão das crenças da família, os clientes logo se veem atraídos por esse modo diferente de revelar a história familiar. Além disso, a inclusão dessa instrução fornece um formato breve e estruturado para descrever temas e preocupações entre determinados membros da família.

Talvez alguns exemplos possam esclarecer esse método interessante voltado para a revelação e a autodescoberta. Um homem mais velho (um ex-pastor) descreveu seu "brasão de família" com um grande coração (para definir valores comuns de amor e cuidado) e lágrimas (o esforço feito por cada membro). Outra cliente explicou que seus símbolos de martelo e pregos, vara de pesca e bandeira norte-americana refletiam os padrões de trabalho, diversão e patriotismo da família. Já um homem diferente e mais irritado ponderou que seu "brasão" incluiria vasos sanitários para representar a "mer..." que vivenciara na vida familiar em sua juventude.

A maneira mais fácil de se apresentar esse método é traçar o contorno de um grande escudo no papel e pedir aos clientes que concluam o desenho com ilustrações de símbolos representativos de valores ou crenças familiares. Esse é o âmago que define suas famílias e os torna distintos.

Com o uso dessa instrução ao longo de anos, parece haver um trampolim útil na comparação dessa imagem com outros desenhos de temores, problemas e futuros sonhos. O processo enseja grande espontaneidade para a revelação interpessoal e documenta visões atuais sobre as famílias dos clientes, que poderão mudar com o tempo na terapia.

Estudo de caso
Albert J.

Albert J. (14 anos) apresentou-se para uma sessão de admissão numa clínica de saúde comportamental ambulatorial. Adotado aos 9 anos junto à irmã gêmea, Albert vinha passando por problemas de adaptação à sua nova escola de ensino médio. Segundo seus pais adotivos, ele mostrava-se distraído, tinha baixa capacidade de concentração e suas dificuldades constantes pareciam tolher sua confiança e sua autoestima. Além disso, os pais adotivos de Albert reclamavam de seu hábito de mentir demais e da inconstância de suas notas. Apesar de seus problemas, Albert era líder no acampamento, frequentava a escola bíblica e passava os verões com a família da sua mãe. No bairro, ele era considerado amigável e extrovertido.

Até o momento da entrevista, Albert não tinha passado por nenhuma terapia individual nem testes psicológicos. Ele se mostrou reservado e pouco disposto a fornecer informações pessoais. Diante de sua reticência em participar da sessão, o funcionário de admissão, um assistente social autorizado, pensou que os desenhos seriam um método melhor para ter acesso a informações iniciais e estimular as trocas verbais. Após algumas solicitações de desenhos do tipo tradicional, foi solicitado a Albert desenhar um "brasão da família". Com essa instrução, ele criou a seguinte imagem (Figura 4.3).

Depois dos desenhos, Albert pareceu muito mais relaxado e disposto a falar por meio das imagens. Orgulhou-se de seu "brasão" e falou abertamente sobre os valores da família e suas crenças espirituais. Ele e a família frequentavam a igreja e o foco deles no amor e no cuidado surgiu em seus

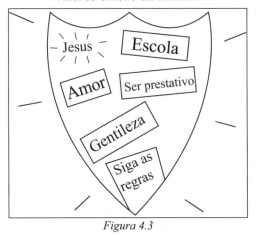

Figura 4.3

comentários a respeito da estrutura familiar e dos ajustes que ele fizera desde que os pais o acolheram e depois o adotaram. Essa linha de indagação impulsionou muitas vias de descoberta para o planejamento de seu tratamento, com terapias individual e familiar.

* * *

Desenhe seu mundo

Outra maneira fácil de se estabelecer relação com novos clientes e obter mais informação sobre a vida deles tem origem na instrução "Desenhe o seu Mundo". Nessa tarefa, pede-se aos clientes que tracem um grande círculo numa folha de papel e depois desenhem, dentro desse círculo, símbolos representativos de diferentes aspectos de suas vidas. Em muitos casos, as pessoas apresentam imagens gráficas de suas famílias, objetos que lhes pertencem (p. ex., bicicletas, sistemas de videogames) ou coisas que elas ocupam ou frequentam (p. ex., casa, escola, igreja).

Por vezes, contudo, os clientes centram o foco em seus estados de espírito ou suas preocupações. Um desenho com essa instrução em um de meus livros anteriores retratou o "mundo" de uma jovem "sendo fatiado e ficando fora de controle" (Oster & Crone, 2004). Outro pedido similar resultou num "mundo" desenhado com palavras pungentes sugerindo abuso prolongado e pensamentos suicidas. Outro, ainda, foi a criação de um coração quebrado e fraturado ao meio, com um lado sugerindo amor e felicidade e o outro expressando sentimentos de mágoa, como "triste", "enraivecido" e "chateado".

Quando desenhos como esses ficam prontos, é possível analisá-los de modo a melhor esclarecer os pensamentos e os sentimentos por trás deles. Nesse ponto, nas conversas de acompanhamento posterior podem ser apresentados resultados alternativos e talvez mais satisfatórios que aprimorem as habilidades do cliente para resolver problemas.

Esse método de adicionar uma instrução especial de desenho pode aumentar os repertórios cognitivo e emocional do cliente, bem como ajudar na busca de autoconhecimento. E com essa nova informação os clientes ficam mais dispostos e determinados a aceitarem o planejamento da intervenção.

Estudo de caso
Amku L.

Amku L., então com 17 anos, nascera na África e fora para os Estados Unidos quando da sua adoção. Embora francófono de nascença, ele também falava inglês sem problemas. Segundo todos os relatórios, Amku começara a apresentar problemas comportamentais quando ingressou no ensino médio após a mudança para outro bairro. Ao que parece, ele começou a sair com uma turma "errada", passou a fumar maconha e a matar aulas e fugiu de casa. Nesse período tumultuado, ele viveu nas ruas.

Embora seu histórico médico indicasse normalidade no nascimento e nas etapas de desenvolvimento, aos 5 anos ele tinha sido ferido pela explosão de uma granada quando brincava com amigos (duas crianças que morreram na ocasião). Ele ficou hospitalizado durante meses com cicatrizes de queimaduras em várias partes do corpo. Ele também teve resultado positivo no teste de tuberculose.

Além de seus traumas anteriores, Amku tinha um extenso histórico legal e psiquiátrico. Registros de antecedentes mencionavam várias detenções por roubo, invasão e agressão, com consequente internação juvenil. Depois, ele havia sido hospitalizado por ter exibido comportamentos bizarros (p. ex., falar sozinho, derramar leite sobre si mesmo, rir e dançar sem motivo aparente). Também tinha fugido do hospital em três ocasiões e sido agressivo e ameaçador para com os funcionários.

Seguiram-se outras hospitalizações com relatos similares de atos incomuns e regressivos (urinar no chão, espalhar fezes, cuspir nas janelas). Registros de internação documentavam relatos de "amnésia" e "Transtorno de Personalidade Múltipla". Um resumo de tratamento mencionava que Amku apresentava irregularidades em sua capacidade de pensar com clareza e recordar fatos e experiências com precisão. Nele também se afirmava que o garoto mostrava escasso controle dos impulsos, desprezava as normas sociais, tinha juízo e discernimento deficientes e apresentava comportamentos agressivos.

Quando entrevistado e avaliado antes da admissão num centro de tratamento residencial, o humor e a aparência de Amku eram congruentes com sua idade cronológica. Ele estava adequadamente vestido e bem arrumado. Parecia orientado em tempo, lugar e pessoa, e sua fala era normal em tom e volume. Embora parecesse focado e atento à orientação em questionários de autorrelato, por vezes respondia precipitadamente, sem planejamento nem prévia ponderação. Parecia também um tanto calado e retraído, apesar de dizer que sempre tivera problemas de confiança com adultos.

Não querendo pressioná-lo nesse ponto, o examinador preferiu recorrer a uma série de solicitações de desenho. Pensou-se que Amku se sentiria mais à vontade para contar sua história por essas vias alternativas, que seriam mais proveitosas para ele aprofundar-se a respeito de sua vida pregressa. Para estabelecer esse tipo de relação, o examinador pediu a Amku "Desenhe seu Mundo", isto é, que ele traçasse um grande círculo num papel e desenhasse objetos significativos que retratassem sua vida e seus momentos. Amku pareceu aliviado com a oportunidade de falar indiretamente sobre seu passado e criou o desenho da Figura 4.4 para representar a sua vida.

Valendo-se dessa poderosa ferramenta para transmitir a profundidade de seus conflitos, Amku escreveu principalmente sobre dificuldades e temores anteriores. Por meio dessa imagem, ele salientou seus anseios passados por recordar seus verdadeiros pais, sua confirmação dos maus-tratos que recebera, seus sentimentos de solidão e remorso e a origem da sua desconfiança. Só então ele conseguiu verbalizar as principais situações da sua história. Depois, mostrou-se mais disposto a descrever seus problemas atuais (relacionados à autoestima negativa) e articular suas esperanças para o futuro (p. ex., ter menos conflitos com os outros e viver uma vida mais normal, com aspirações adequadas à sua idade).

O desenho pareceu diminuir a ansiedade de Amku, deu-lhe um meio estruturado de exprimir suas preocupações de maneira menos direta e a sensação de confiança de que o examinador realmente o escutaria valendo-se de diversos métodos não ameaçadores.

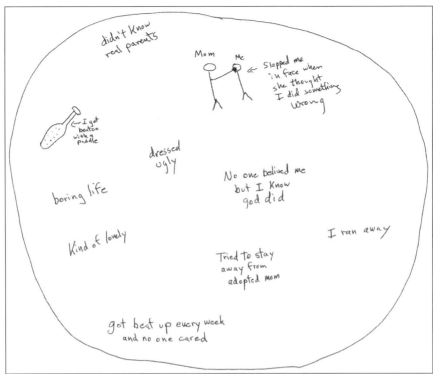

Figura 4.4 – (Didn't know real parents = Não conheci meus verdadeiros pais / I got beaten with a paddle = Me bateram com uma raquete / Slapped me in face when she thought I did something wrong = Ela batia no meu rosto quando achava que tinha feito algo errado / Dressed ugly = Vestia roupa feia / Boring life = Vida chata / No one believed me but I know God did = Ninguém acreditava em mim, mas eu sabia que Deus acreditava / Kind of lovely = Relativamente adorável / Tried to stay away from adopted mom = Tentava ficar longe da mãe adotiva / I ran away = Dei o fora / Got beat up every week and no one cared = Apanhava toda semana e ninguém ligava)

* * *

Desenhe-se com amigos

Para a maioria das pessoas, especialmente quando adolescentes, as amizades são fundamentais e constituem uma extensão do eu em desenvolvimento. Além dos parentes, os colegas dão opinião de um ponto de vista da mesma idade, oferecem outros olhos e ouvidos do mundo e são uma caixa de ressonância segura para queixas e outros problemas prementes.

A inclusão do examinador no mundo das amizades permite um vislumbre no mundo de outra pessoa. Esse contexto é importante na fase de coleta de informação de entrevistas e avaliações clínicas. Como as solicitações para desenhar imagens de famílias, fazer os clientes desenharem-se com amigos é uma chance para estudar a autoimagem e a dinâmica interpessoal, além de avaliar os interesses em geral. É um método rápido e fácil que abre muitas portas para descobrir a pessoa avaliada.

Simples de fazer (basta pedir ao cliente que se desenhe com amigos) e nada ameaçador, esse exercício pode elucidar como clientes sociáveis (ou solitários) veem a sua situação entre indivíduos da mesma idade. A partir desse tipo de imagem, perguntas podem explorar diversos aspectos de atividades e obter uma impressão geral da vida cotidiana.

A ilustração reforça o arcabouço de compreensão do mundo dos clientes e os envolve numa atividade não verbal divertida e frutífera. A introdução de desenhos na avaliação clínica e nos testes psicológicos certamente vence qualquer tensão preconcebida que os clientes possam gerar com sua resistência. Na maioria dos casos, ela torna o processo muito mais agradável e ativo.

Desenhos cinéticos da escola

Outra via a seguir com o intuito de superar a postura reservada e defensiva e explorar as percepções de vida do cliente é solicitar um desenho da atividade escolar. Um produto da série de desenhos cinéticos da família, o Desenho Cinético da Escola (KSD) é uma adaptação para jovens em idade escolar. Criada por Prout e Phillips (1974) e depois reformulada por Sarbaugh (1983), essa instrução gera diversas respostas que os alunos podem representar, como professores, amigos ou eles próprios durante atividades do dia a dia.

O criador original deu as seguintes instruções: "Gostaria que você desenhasse uma imagem da escola. Inclua-se nela, com sua professora e um ou dois amigos, todos fazendo alguma coisa". Depois agregou um inquérito a ser feito após o desenho para suscitar associações. O clínico pode pedir que o aluno identifique as pessoas e ações nos desenhos, junto a quaisquer objetos não identificados.

Mais interessada em conseguir que os alunos projetassem atitudes e opiniões pessoais em seus desenhos, Sarbaugh (1983) propôs uma solicitação mais aberta com a instrução "Desenhe uma imagem de gente na escola fazendo algo". Se para os alunos for desconfortável fazer esse desenho ou ficarem perplexos com a instrução, os examinadores podem encorajá-los a usarem suas ideias. Quem desenvolveu esse método sugeriu também uma fase cromática para os desenhos em que se pudessem incluir lápis de cera para ampliar as possibilidades de interpretação.

As impressões dos desenhos assemelhavam-se às orientações oferecidas pelos procedimentos de desenho cinético de família (Prout & Phillips, 1973). As pessoas nos desenhos são analisadas de acordo com as orientações de Machover (1952). Depois, aprofunda-se o exame das imagens em termos de ação, estilo e símbolos.

Por sua vez, Sarbaugh (1983) empregava interpretações baseadas numa perspectiva simbólica. A sua visão caracterizava os alunos por meio das singularidades colocadas nos símbolos. Esse método contrastava fortemente com o uso de um sistema de pontuação psicológica formal. Nele, ela acreditava, os alunos já tinham símbolos interiores existentes e seus desenhos poderiam ser mal interpretados. O viés mais subjetivo de Sarbaugh nessa instrução de desenho baseava-se em seus muitos anos de experiência clínica.

Nossos livros anteriores também refletiram resultados semelhantes (Oster & Gould, 1987; Oster & Montgomery, 1996; Oster & Crone, 2004). Em geral, pessoas com atitudes negativas quanto à escola representam-se sentadas em carteiras escolares em sua sala de aula, de cabeça baixa, em uma postura de sonolência e desinteresse, ou simplesmente parecendo assoberbadas e perplexas. Todas com base numa instrução mais simples, "Desenhe-se na escola". Por certo, esses desenhos expressam vigorosamente as experiências dessas pessoas na escola (muitas vezes, é por essas razões que elas são avaliadas).

Posteriormente, Knoff e Prout (1985) combinaram as técnicas KFD e KSD num método que denominaram Sistema de Desenho Cinético. Eles ressaltaram a necessidade de aplicar ambas as instruções para aumentar a utilidade clínica e a profundidade interpretativas das duas. Depois, os resultados integrados poderiam a) determinar as dificuldades socioemocionais nos contextos do lar e da escola, b) detectar problemas familiares relacionados a atitudes ou comportamentos na escola; c) isolar o contexto em que estão ocorrendo problemas de relacionamento que contribuem para outras complicações interpessoais (Cummings, 1986). O manual desses autores resume exaustivamente a pesquisa e a literatura do KFD e do KSD e apresenta o seu novo sistema integrado.

Estudo de caso
Kesandra B.

Aos 17 anos, Kesandra B. foi admitida num programa intensivo de educação especial em razão da intensificação de um grave distúrbio emocional. Antes, já tinha sido hospitalizada devido a pesadelos que ela descreveu como "estar no inferno". Ela também confirmou alucinações auditivas e visuais durante o dia, quando afirmou que podia ver e ouvir o diabo e que havia demônios em seu quarto. Além disso, ela observou que tivera "poderes escuros" no passado. Esmagada por esses sintomas, Kesandra apresentou-se retraída, negando-se a participar de atividades e dormindo excessivamente.

A história de Kesandra caracterizava-se por abusos emocional e físico. Ela também tinha testemunhado muitos conflitos entre seus pais. Em certo momento, foi retirada de casa e colocada em instituições. As inserções em escolas geralmente resultaram em frustrações e fracassos. O sistema não parecia adequado para atender às consideráveis necessidades de Kesandra. Avaliações anteriores indicavam funcionamento muito deficiente (QI abaixo de 55) e pontuações de aproveitamento em nível entre primeira e segunda séries.

Antes de começar na nova escola, Kesandra precisava de uma avaliação de seu funcionamento emocional e sua atitude com relação à aprendizagem. Ela mostrou-se prestativa e disposta a agir, mas seu humor foi bastante instável nas duas sessões; por vezes parecia triste e deprimida e imediatamente depois estava eufórica e entusiasmada. Seu ritmo de fala alternava entre lento e rápido, dependendo do conteúdo da sessão, e seus pensamentos eram, às vezes, ilógicos, incoerentes e caracterizados por associações imprecisas.

Quando lhe ofereceram a oportunidade de criar um desenho de si mesma na escola, Kesandra representou uma pessoa muito triste, assoberbada e indefesa (Figura 4.5). Ao que parecia, a escola nunca tinha sido uma experiência positiva para ela, que por meio dessa imagem gráfica

Figura 4.5

pungente aprofundou-se em uma história de fracasso e de sentir-se diferente e menos competente do que seus colegas.

Ela se utilizou dos desenhos para falar sobre outras escolas em que estudara e o motivo pelo qual nunca se sentia apoiada. O efeito notável da ilustração visual sugeria que Kesandra era capaz de se expressar por meio de criações artísticas desse tipo. Houve uma reunião de planejamento com seus futuros professores e orientador, que tiveram acesso aos desenhos e à entrevista para embasar o planejamento educacional e terapêutico.

* * *

Desenhe seu eu "ideal"

Muitas vezes, os clínicos deparam-se com indivíduos deprimidos e com tendências suicidas, que perderam toda a esperança de ter uma vida que valha a pena viver, e foram hospitalizados ou têm dificuldades em seu dia a dia. São indivíduos que já não percebem um futuro agradável ou que os conecte emocionalmente a ambições ou pessoas de tempos anteriores. Esses sentimentos de impotência e desesperança são esmagadores e se apossam das capacidades cognitivas que permitem resolver problemas. Com tais clientes é preciso muito esforço para eles colaborarem e, em geral, apenas para obter respostas vagas.

Uma intervenção breve e que oferece um fio de esperança a clientes em tamanha aflição é sugerir-lhes a criação de seu eu ideal (normalmente, para dali a dez anos). Com essa proposta de desenho, pessoas em crise conseguem olhar para além de seu estado atual, um momento em que as coisas estarão mais sob controle. Com as instruções "Desenhe seu eu ideal" (sua fantasia de onde e com quem você estará vivendo daqui a dez anos) são oferecidas muitas possibilidades. Para uma criança pequena, essa instrução talvez seja a oportunidade de canalizar suas fantasias de esporte ou canto (p. ex., jogar na defesa central dos Yankees ou ser uma estrela do rock and roll). Para um adolescente, ela enseja um tempo de mais liberdade e controle (isto é, viver longe de casa, formar-se na universidade, ter o primeiro emprego), e até para o estudante de pós-graduação torna-se um tempo de ambições pessoais (situação na carreira escolhida, lares e famílias grandes).

Para o adulto, em especial aquele em profunda crise no momento, essa instrução oferece um exemplo concreto de superação do próprio viés negativo e exemplos concretos para um futuro a ser vivido. Um exemplo foi uma administradora escolar de 40 anos que se apresentou ansiosa, apática, triste, irritadiça e cansada para uma avaliação de internação. Ela também disse que havia perdido o interesse em atividades antes desejadas e que sua autoestima tinha sido abalada. Uma escala de depressão forneceu muitos indícios de perturbação interior significativa e um questionário sobre suicídio aplicado posteriormente refletiu um padrão de atos autodestrutivos e derrotistas.

Entretanto, quando instada a desenhar-se dali a dez anos, seu humor melhorou, pois ela concebeu a imagem de uma vida mais ativa e agradável ao seguir uma carreira diferente. Com essa nova perspectiva, ela ficou mais disposta a receber a assistência de que precisava para superar seu estado naquela época, de sensação de insatisfação e impotência.

Outro estudo de caso, Carla (15 anos) experimentou sentimentos similares de desesperança.

Estudo de caso
Carla S.

Com 15 anos de idade, Carla S. residia numa clínica para internação de longo prazo devido a uma série de dificuldades comportamentais, como surtos de agressão, tristeza, destruição de bens e, na escola, problemas ligados aos muitos "incompletos" recebidos nas aulas. Testes intelectuais anteriores haviam mostrado várias inconsistências em seu funcionamento, com pontuações gerais bem abaixo da média. Mais notavelmente, ela experimentava deficiências na área de processamento da informação e fluência verbal. Havia também falhas em resolução de problemas e habilidades sociais, resultando em confusão interpessoal e reações inadequadas. Além disso, observavam-se sinais de dificuldades de atenção e tendência à distração.

Apesar de suas aparentes limitações cognitivas, Carla respondeu de imediato às propostas de desenho. Ela elaborou imagens com facilidade e suas ilustrações foram muito expressivas. As propostas de respostas gráficas diminuíram a sua relutância a responder perguntas diretas e venceram sua resistência a testes prolongados. Com sua série de desenhos, ela conseguiu expor "um problema" ("sua boca") e seus conflitos com irmãos no passado. Ela também desenhou uma imagem muito atraente de seu eu "ideal" (Figura 4.6).

Valendo-se dessa imagem, ela pôde concentrar-se em muitos de seus atributos pessoais e pareceu expressar grande capacidade de recuperação, a despeito de uma infância tumultuada, além de transmitir esperança para o seu futuro. Ela deu-se conta de que precisava de muito apoio e estímulo e acreditou que talvez estivesse no lugar certo para atender às suas diversas necessidades. Também se dispôs a continuar com o restante da avaliação, que oferecia subsídios para a sua equipe de tratamento tentar mais aspectos de terapias expressivas, de modo a aumentar a sua autoestima e suas estratégias de resolução de problemas.

Figura 4.6 – (Random person happy = Pessoa aleatória feliz)

* * *

Desenhe seu estado de ânimo (atual)

Frequentemente, os psicólogos clínicos deparam-se com emoções puras e intensas que lhes causam desconforto. Conhecem pessoas que, muito angustiadas, hesitam em revelar seus pontos fracos e temores ou não conseguem usar as palavras "certas" para descrever sua aflição interior. Um método simples a se oferecer a esses indivíduos para ajudá-los a descrever sua dor emocional é pedir-lhes que descrevam diretamente sua depressão, ansiedade, raiva ou sentimentos em torno de experiências traumáticas.

* * *

Geralmente é mais fácil para as pessoas representarem seus estados de ânimo mais intensos do que tentarem articular oralmente sua tristeza e suas sensações de pânico. Contando com essa oportunidade, os clientes logo apresentam retratos de desespero ou imagens de raiva (Oster & Montgomery, 1996; Oster e Crone, 2004). É um método que fala com descrições alternativas deles próprios e pode abordar múltiplas áreas de sofrimento.

Como em todas as técnicas de desenho, esse também se torna um enfoque diferente e inovador de coleta de informação e com frequência traz grande alívio a clientes que enxergam no processo um jeito de serem "vistos e ouvidos" de muitas maneiras distintas.

Estudo de caso
Consuela L.

Consuela L., uma menina de 14 anos de origem sul-americana, tinha sido internada num hospital público em decorrência de sintomas agravados de depressão, com ideias suicidas e um plano manifesto de autolesão. Havia outros sintomas evidentes, como perda de apetite, energia e motivação reduzidas, isolamento social, incapacidade de concentração e sentimentos expressos de solidão, impotência e desânimo. Embora não se detectasse nenhum fator estressante específico, Consuela mencionou infelicidade geral, limitadas relações sociais e discórdia na família como principais questões de interesse.

Quando do primeiro atendimento em consulta psicológica (entrevista e uma testagem breve), ela estava angustiada e indiferente. Embora reconhecesse muitos momentos de tristeza e solidão em questionários de autorrelato, ela relutava em ampliar seus pensamentos ou exprimir o que sentia. A fim de complementar esse processo de avaliação, foi solicitado a Consuela que desenhasse uma representação de seu estado de espírito. De imediato, ela dedicou-se a essa tarefa e apresentou a ilustração a seguir (Figura 4.7). Segundo ela explicou, "Eu sou a flor com montes de pétalas que não param de cair – chove demais".

Ao descrever sua dor interior com essa metáfora conhecida, ela expôs muitas autopercepções negativas, além de um ambiente familiar em cons-

Figura 4.7

tante estado de discórdia. Ela se disse incapaz de confiar em seus colegas e, em geral, relutante em confidenciar seus sentimentos a adultos. Também considerava seu ambiente hostil e estressante, ao passo que ela contava com poucos recursos emocionais para se defender ("a chuva continua a cair, como minhas pétalas").

Utilizando-se desse singular método de autoexpressão, Consuela sentiu-se muito mais disposta a discutir a sua situação sem receio de acabar dominada. O exercício de desenho proporcionou-lhe um palco confortável no qual ela podia falar por intermédio da imagem gráfica e permitiu-lhe ver o restante da avaliação como uma experiência positiva (em vez de negativa).

Nesse contexto, ela teve mais vontade de realizar outros testes e levantamentos. Por exemplo, a sua tristeza profunda refletia-se também quando ela completava frases. Ela mencionou que – eu odeio "a mim mesma", minha família "não me ajuda", não há nada "que me faça feliz", simplesmente não consigo "lidar com a pressão", na escola "eu me sinto infeliz". Todas essas expressões escritas coincidiram com o retrato muito revelador e expressivo da sua depressão, bem como outros aspectos da avaliação, que incluíram questionários sobre suicídio e técnicas projetivas.

* * *

Definição e resolução de problemas

As instruções desse desenho incluem: "Todo o mundo tem problemas. Quero que você desenhe um problema que *talvez* tenha (nesta folha de papel); depois faça outra ilustração, na folha seguinte, para mostrar como você poderia resolver seu problema".

Há muitas possibilidades à disposição do clínico que aplica essa instrução. Algumas pessoas podem focar em irmãos "chatos" e no que poderiam querer fazer com eles, ao passo que outros exemplificam problemas de inabilidade social ou incapacidade de fazer amigos mostrando como poderiam apresentar-se a outras pessoas que gostariam de conhecer. E alguns clientes focam em problemas na escola com a revelação de que a solução é estudar mais.

Num exemplo de um livro anterior (Oster & Crone, 2004), Meung – 12 anos, de origem asiática – estava sendo avaliado para iniciar uma terapia porque tinha notas ruins e discutia com a mãe solteira, uma profissional atuante assoberbada pelas responsabilidades pessoais e angustiada por sua incapacidade de dedicar tempo suficiente ao filho, bem como pelas ações passivo-agressivas e a falta de comunicação dele. Na primeira sessão, Meung estava amuado e pouco disposto a analisar seus problemas. Sua atitude de autodefesa e sua excessiva resistência eram difíceis de vencer.

Como alternativa a esse "momento difícil", o examinador pediu que Meung desenhasse um problema em uma folha de papel e desse uma solução em outra. Ele imediatamente se empenhou com vigor nessa nova tarefa. Na primeira imagem, ele esboçou a mãe gritando com ele e retratou-se dominado e encolhido na presença dela. A outra ilustração (uma solução) mostrava Meung e sua mãe jogando basquete, ambos com um sorriso no rosto. Quando ele mostrou esse desenho à mãe, ela o abraçou e prometeu achar tempo para compartilhar atividades divertidas com ele.

Em contexto e situação diferentes, Alysha G. recebeu uma instrução semelhante:

Estudo de caso
Alysha G.

Alysha G. (19) voltara recentemente para casa de seu primeiro ano na faculdade depois de ter ficado para trás por faltar às aulas e não cumprir com as tarefas exigidas. Antes de seu primeiro ano no curso, Alysha já apresentava problemas emocionais e comportamentais havia muito tempo e tinha recebido atendimento hospitalar e medicação, além de frequentar escolas alternativas, como um programa de vida ao ar livre e um internato terapêutico.

Por ocasião de uma entrevista clínica realizada após um encaminhamento para testes psicológicos, Alysha e sua mãe mencionaram sintomas de apatia, postura defensiva, irritabilidade e cansaço como questões a superar. Ela também se referiu a problemas de anedonia (isto é, perda de interesse em atividades que antes eram prazerosas), além de retraimento social e perda de confiança.

Enquanto ela estava de licença médica da universidade, era fundamental documentar seu funcionamento cognitivo e emocional e rever as suas necessidades de adaptação em sala de aula quando voltasse às aulas. Na primeira entrevista, pediram a Alysha uma série de desenhos para incluir objetos e situações do dia a dia (p. ex., HTP, ela própria na escola), que

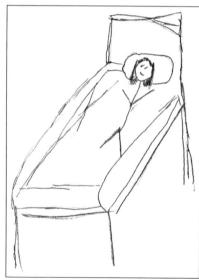
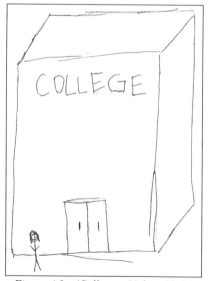

Figura 4.8   *Figura 4.9* – (College = Universidade)

caracterizariam sua maturidade intelectual e forneceriam indicadores de possíveis conflitos emocionais. Quando lhe pediram que desenhasse um problema atual e como o resolveria, ela logo desenhou-se na cama e depois outra imagem dela entrando na faculdade (Figuras 4.8 e 4.9).

Ao traçar essas figuras, Alysha mostrou-se mais aberta a abordar a sua depressão e sua esmagadora sensação de impotência. Até esse momento ela ficara bastante calada e contara com sua mãe para falar quase tudo, mas então aproveitou a oportunidade de retratar seus sentimentos nesse formato não verbal.

Com a aplicação dessa e de outras instruções de desenho, toda a resistência inicial foi superada e Alysha logo expôs a intensidade da sua tristeza diante de sua mãe e do clínico de admissão. Seus outros desenhos, por sua vez, também complementaram a impressão geral sobre sua crise e a necessidade de avaliação mais aprofundada para esclarecer seus pontos fracos e fortes nas áreas intelectual, educacional e emocional.

* * *

Antes, durante e depois das crises

No momento da admissão em centros de atendimento de crises, salas de emergência ou unidades hospitalares, tem sido habitual que clientes em dificuldades consigam expressar seus fatores de estresse com mais facilidade em papel do que falando sobre o que pensam e sentem. Assim, os clínicos têm a oportunidade de ver concretamente os problemas que resultaram na consulta, examinar os sintomas daquele momento e oferecer um lampejo de esperança para o futuro. Quando se utiliza esse método alternativo, os desenhos tendem a refletir muitos aspectos das diversas dificuldades com as quais os clientes tiveram de lidar e revelam seus recursos emocionais e seus mecanismos de enfrentamento.

Por exemplo, em uma série de desenhos comoventes realizados por uma cliente, ela descreveu sua vida antes da hospitalização como "criando o inferno". Em contrapartida, uma ilustração em que uma figura representava seus sentimentos quanto à sua condição de paciente internada expressou profundamente a intensidade de seus conflitos com o mundo exterior.

Ela via nos esforços do hospital um grande sapato a esmagá-la com "sua opressão e seu controle" e sentia-se triturada pelo "pé enorme" (Oster & Montgomery, 1996). Um último desenho, intitulado "Liberdade", exprimia seu desejo de ser independente. Após uma bem-sucedida permanência na unidade, ela conseguiu dominar meios mais eficazes de lidar com suas emoções e ganhou maior percepção. Por fim, ela concebeu desenhos mais otimistas sobre o futuro e que representavam habilidades recém-descobertas.

Outro exemplo de aplicação dessa instrução de desenho reflete seu valor:

ESTUDO DE CASO
LOREN Y.

Loren Y. tinha 20 anos quando a avaliaram no âmbito de um programa de tratamento residencial. Com um longo histórico de negligência e abandono, Loren tinha passado por uma série de casas de acolhimento e de grupo, além de hospitalizações psiquiátricas por comportamentos impulsivos, agressivos e de autolesão.

Solicitou-se à equipe de tratamento uma avaliação abrangente para obter informação atualizada a respeito da situação emocional e cognitiva de Loren, para fins de planejamento de intervenções terapêuticas e assistência posterior. Os diagnósticos anteriores haviam indicado transtorno de apego reativo, transtorno explosivo intermitente, TDAH e deficiência intelectual.

Durante os procedimentos de entrevista e testagem, Loren mostrara indicadores de ansiedade e fúria. Suas vulnerabilidades cognitivas, sua falta de percepção e suas limitadas habilidades de resolução de problemas contribuíam para que ela facilmente se sentisse frustrada e assoberbada em quaisquer circunstâncias estressantes. Esses fatos e suas repercussões acabaram por resultar em baixo autoconceito, incerteza e confusão, com poucos recursos para reagir adequadamente. Diante de situações ambíguas de entrevista ou teste, ela se retraía ou ficava muito agitada e era necessário suspender as sessões.

No entanto Loren respondeu aos pedidos de desenho de maneira mais colaborativa. Ela pareceu desfrutar do processo pelo qual se expressava por intermédio desse método criativo (não era como "a escola") e envolveu-se mais. Ainda que suas ilustrações fossem elementares e pouco sofisticadas, elas lhe deram a oportunidade de discutir os fatos ocorridos antes de ser enviada ao centro de tratamento residencial.

Suas imagens sugeriam muita tristeza em sua vida antes da admissão e mais esperança quanto ao futuro (Figura 4.10). Ela pareceu mais estável do que se mostrara ao chegar ao centro e mencionou que estava trabalhando

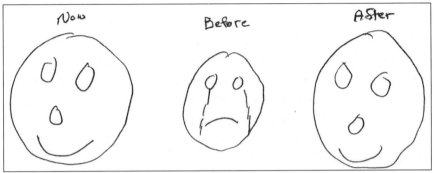

Figura 4.10 – (Now = Agora / Before = Antes / After = Depois)

com seu terapeuta de diferentes modos para conseguir expressar suas necessidades de maneira mais eficaz. Agradeceu a oportunidade de comunicar-se mediante técnicas inovadoras e conseguiu concluir toda a avaliação nas várias sessões seguintes.

* * *

Comentários finais

Os procedimentos criativos de desenho foram concebidos durante muitos anos e ofereceram aos clínicos breves formatos estruturados que expandem o *feedback* interpretativo em sessões de avaliação e terapia inicial. Essas ferramentas clínicas têm ajudado o diagnosticador a desvendar diferentes aspectos do funcionamento cognitivo e emocional, além de auxiliarem o terapeuta a vencer a resistência e abrir novas vias para melhorar o diálogo. As imagens gráficas produzidas durante essas trocas proporcionam aos clínicos novas oportunidades de explorarem o mundo interior e exterior dos clientes de uma maneira especial e não ameaçadora.

Neste capítulo foi examinado um grande número de instruções de desenho, mas existem muitas mais, bastando um pouquinho de criatividade para que modificações desses procedimentos gerem uma variedade de respostas. Há outras possíveis instruções: desenhe uma experiência desagradável, desenhe seu animal preferido, desenhe sua pior lembrança, desenhe um sonho, desejo ou sentimento, desenhe um grupo ou desenhe sua primeira recordação. Todas podem fornecer muita "matéria para reflexão" em entrevistas de admissão e posteriores entrevistas clínicas.

As avaliações diagnósticas constituem grande parte do desenvolvimento de um plano de tratamento viável. Durante um tempo relativamente curto, os clínicos têm de recorrer a diversos procedimentos e experiências para avaliar vários aspectos do funcionamento do cliente. Por si só, nenhum instrumento pode fornecer todas as informações necessárias. Para o clínico, portanto, é imperativo adquirir conhecimento sobre as vantagens e os inconvenientes de muitos procedimentos antes de escolher uma determinada bateria de testes.

Referências

Cummings, J. A. (1986). Projective drawings. In H. M. Knoff (Ed.). *The assessment of child and adolescent personality.* Guilford Press.

Gil, E. (2014). *Play in family therapy.* Guilford Press.

Grafton, A., & Rosenberg, D. (2010*). Cartographies of time: A history of the timeline.* Princeton Architectural Press.

Haynes, R. B. (2012). *Clinical epidemiology: How to do clinical practice research.* Lippincott Williams & Wilkins.

Knoff, H. M., & Prout, H. T. (1985). *The Kinetic Drawing System: Family and school.* Western Psychological Services.

Machover, K. (1952). *Personality projection in the drawing of the human figure.* Charles C. Thomas.

McGoldrick, M., & Gerson, R. (1985). Constructing genograms. In M. McGoldrick e R. Gerson. *Genograms in family assessment.* (pp. 9-38). W. W. Norton.

McGoldrick, M., Gerson, R., & Shellenberger, S. (1999). *Genograms: Assessment and intervention.* W. W. Norton.

McGoldrick, M., Giordano, J., & Garcia-Preto, N. (Eds.). (2005). *Ethnicity and family therapy*. Guilford Press.

Oster, G. D., & Crone, P. (2004). *Using drawings in assessment and therapy* (2. ed.). Taylor e Francis.

Oster, G. D., Gould, P. (1987). *Using drawings in assessment and therapy*. Brunner/Mazel.

Oster, G. D., & Montgomery, S. S. (1996). *Clinical uses of drawings*. Jason Aronson.

Prout, H. T., & Phillips, P. D. (1974). A clinical note: The Kinetic School Drawing. *Psychology in the Schools*, *11*, 303-306.

Sarbaugh, M. E. (1983). Kinetic Drawing-School (KS-D) technique. *Illinois School Psychologist's Association Monograph Series*, *1*, 1-70.

Wesson, M., & Salmon, K. (2001). Drawing and showing: Helping children to report emotionally laden events. *Applied Cognitive Psychology*, *15*(3), 301-319.

5
Uso de desenhos em entrevistas clínicas

Coleta de informação

Avaliações e terapias começam com a entrevista clínica, essencialmente um intercâmbio de contextos entre clientes e profissionais de saúde comportamental. Desde a primeira sessão, cada cliente avaliado será completamente diferente na apresentação e nos sintomas manifestos. Ao colher informações, o clínico precisa: a) fazer com que o contato humano seja confortável; b) ser capaz de estabelecer empatia; c) construir uma aliança de trabalho; d) infundir esperança de que os problemas enfrentados são superáveis; e) proporcionar metas claras e intervenções úteis (Sommers-Flanagan & Sommers-Flanagan, 2013).

Conselheiros profissionais, assistentes sociais, terapeutas da expressão, enfermeiros psiquiátricos, médicos e psicólogos podem participar, mas não conseguem ler a mente dos pacientes – eles precisam descobrir o histórico, o sistema de apoio, os sintomas presentes e a resiliência da pessoa à sua frente.

Para auxiliar nesse processo complexo, formatos clínicos estruturados e não estruturados foram criados e são utilizados visando obter informações valiosas que determinem o rumo do tratamento. Por exemplo, a entrevista semiestruturada realizada com uma jovem quando ingressava num centro de tratamento residencial. No processo de coleta de dados do histórico, foi-lhe solicitado que respondesse por escrito a uma série de perguntas, como dados básicos ("Onde você nasceu?", "Mencione seus pais e irmãos", "Você já repetiu alguma série?"), além de questões mais subjetivas (p. ex., "Como você descreveria a sua infância?", "Como você descreveria a sua vida antes de vir aqui?") e dúvidas quanto ao estado de espírito (p. ex., "Você já teve pensamentos suicidas?").

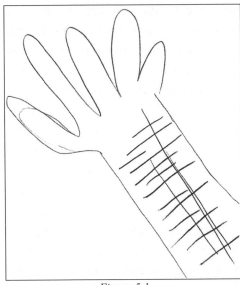

Ao responder, a jovem descreveu sua infância como "caótica, desorganizada, traumática, abusiva, negligenciada e medonha". Ela disse ter sido vítima de abusos físico e sexual em muitas ocasiões nos seus primeiros anos. Mais adiante, no curso da entrevista, os pedidos de desenhos desvendaram a mágoa e o sofrimento subjacentes da jovem e como ela atuou essa angústia ao cortar-se (Figura 5.1).

Figura 5.1

Por certo, essas afirmações simbólicas estimularam e deram destaque a muitas discussões posteriores. Ela disse que finalmente sentiu-se "ouvida" pelo orientador de admissão que lhe fez todas as perguntas "certas" para ajudá-la a se adaptar a esse difícil período de transição na sua vida.

Como mostra esse exemplo, as entrevistas clínicas iniciam diálogos interativos entre profissionais de saúde mental e clientes com o propósito de começar uma avaliação substancial das questões problemáticas e das necessidades de uma pessoa. Os resultados desses intercâmbios determinam a necessidade de testes e impressões diagnósticas complementares, bem como o rumo das intervenções terapêuticas. É por meio dessa conversação direcionada – que pode incluir perguntas estruturadas, listas de verificação e outras ferramentas clínicas – que se colhem inúmeros fatos e impressões informativas para formar um retrato completo do funcionamento e das preocupações do cliente.

De todas as técnicas empregadas para acelerar as metas de entrevistas abrangentes, os desenhos (como os genogramas ou os desenhos simbólicos de família, escola ou trabalho, estado de ânimo ou planos para o futuro) parecem atingir os objetivos de desenvolvimento da expressão individual e incremento de habilidades interpessoais de maneira mais fácil e mais profunda (Oster & Gould, 1987; Oster & Montgomery, 1996; Oster & Crone, 2004).

Diferente de uma simples conversa entre duas pessoas, a entrevista clínica estabelece papéis específicos. Depois, as perguntas são direcionadas para se compreender o cliente da maneira mais completa possível. Essa progressão da descoberta envolve escuta ativa, resposta enfática, firmes sentimentos de validação e atitudes aprendidas com destreza, que resultam em entrosamento positivo (Rogers, 1957). Geralmente, há um prazo definido, como uma única sessão no caso supracitado de entrevista de admissão, uma entrevista em sala de emergência para avaliar a necessidade de internação ou uma sessão inicial de terapia para determinar a necessidade de tratamento contínuo.

Na maioria das entrevistas, os clínicos devem começar permitindo aos clientes explorarem seus próprios pensamentos, sentimentos e comportamentos (Meier & Davis, 2010). Embora o impulso natural seja ajudar e intervir o quanto antes, os clínicos precisam se conter sempre para não dar conselhos ou estabelecer impressões diagnósticas. E eles precisam, sobretudo, ajudar seus clientes a seguirem suas próprias orientações e fazerem suas próprias descobertas. Portanto sua principal responsabilidade é encorajar os clientes a se expressarem abertamente sem grande resistência. Quando desenhos são empregados nesse contexto, esse processo interativo desdobra e reforça a comunicação mediante diversos métodos que levam em consideração aspectos da linguagem verbal e não verbal.

Estudo de caso
Jacob D.

Jacob D. tinha 16 anos quando foi entrevistado na sala de emergência de um hospital público antes de ser internado com sintomas de depressão e ideação suicida manifesta. Além desses pensamentos e sentimentos preocupantes, Jacob admitiu ter alucinações auditivas e visuais e preocupar-se com a morte. Sobretudo, sentia-se muito sozinho. Disse que não consumia álcool nem drogas e nunca tivera problemas com a Justiça. Tratava-se de sua primeira hospitalização psiquiátrica.

Em seus anos de desenvolvimento, Jacob passara igual quantidade de tempo nas casas dos pais, uma vez que eles se divorciaram quando ele tinha 4 anos. Ambos os pais trabalhavam e após a separação viviam bastante perto um do outro. Jacob estava na sétima série quando da avaliação. Tinha poucos amigos e suas notas haviam sido sempre irregulares. Durante a entrevista ele mencionou que lhe era difícil ficar motivado, em especial para estudar ou fazer o dever de casa. No aspecto social, Jacob parecia tímido e desajeitado.

Jacob era um jovem esguio de cabelo comprido e parecia ter a idade que de fato tinha. Estava alerta e orientado e não expressou maneirismos incomuns. Não estava em estado de angústia aguda no momento da entrevista e expressava uma adequada variedade de afetos. Embora não houvesse evidência clara de interferência no pensamento, ele admitiu ouvir vozes desconhecidas que faziam com que se sentisse "paranoico" e disse ter alucinações visuais ("uma pessoa de sorriso maldoso").

Jacob falou especialmente que curtia ficar sozinho. Mencionou que tinha bruscas mudanças de humor e dois dias "ruins" a cada cinco na semana. Embora negasse a tristeza naquele momento, observou que no ano anterior tinha se cortado quando se sentia chateado. Disse que essa conduta de autolesão era resultado de estar insatisfeito com a escola e as amizades, além de ter sido criticado por sua falta de esforço.

As respostas de Jacob a instrumentos de autorrelato indicando sinais de depressão e ideação suicida estavam em nível moderado para preocupação clínica. Em geral, ele negava experiências significativas de conflito interior e principalmente sua preferência por estar sozinho e suas expressões de frustração. Afirmou que tinha raiva das coisas quase o tempo todo e achava sua vida injusta. No mês anterior à sua admissão, ele estivera preocupado com pensamentos relacionados à morte e a morrer, achando que tanto fazia viver ou morrer.

Outras informações importantes obtidas durante a entrevista sinalizavam para maior isolamento social e sentimentos de alienação. Essa relutância em se aproximar de outras pessoas parecia abalar sua confiança e sua motivação. Ele também se disse muito sensível, por isso ficava na defensiva e resguardava-se em suas interações interpessoais.

Visto que Jacob parecia limitado em sua capacidade de se abrir em muitos aspectos, sendo preciso abordá-lo de outro modo, optou-se por solicitar uma série de desenhos. Uma dessas solicitações (desenhar sua vida "antes e depois" da hospitalização) mostrou-se uma maneira eficaz de discutir seus problemas e como intervir.

Nesses dois desenhos (Figuras 5.2 e 5.3) primeiro ele retratou-se solitário e confuso. Depois elaborou a respeito das frustrações causadas pelo isolamento a que ele próprio se impunha. A sua imagem gráfica seguinte caracterizou seu desejo de começar a falar com seus colegas e conquistar amizades significativas. Ficou feliz com as ilustrações visuais e reconheceu que esse outro meio de se expressar poderia ajudá-lo no futuro.

Figura 5.2 – (Before = Antes)   *Figura 5.3* – (After = Depois)

Evidentemente, Jacob necessitava de muito apoio para compreender de maneira correta seus pensamentos e sentimentos e melhorar suas habilidades para resolver problemas. Durante a sua breve internação, ofereceram-lhe terapias grupais e individuais, e ele começou a aceitar esse tipo de assistência. Era importante que o entrevistador se comunicasse com o pessoal da unidade e em seu relatório ele salientou os meios criativos pelos quais Jacob se comunicava de modo a intervir eficazmente em seu tratamento. A terapia familiar também foi estabelecida para melhor se compreender e expressar as necessidades de Jacob para seus pais e suas expectativas em relação a ele.

* * *

Realização de uma primeira entrevista

Durante uma triagem de admissão, um exame de estado mental, uma avaliação diagnóstica ou algum dos muitos outros tipos de entrevistas clínicas (p. ex., avaliações específicas focadas no trauma ou avaliações da família), restam diversos elementos que são fundamentais para a obtenção de diagnósticos corretos e para o sucesso da definição terapêutica.

Antes de tudo, os clínicos responsáveis pelas entrevistas têm de oferecer um espaço seguro para perguntas e diálogo. Por sua vez, os clientes devem perceber que eles não serão julgados e têm apoio para se expressarem com liberdade sem sofrerem consequências negativas. Além disso, os clínicos abordam a confidencialidade, tranquilizando seus clientes de que a informação obtida só será divulgada com seu consentimento (Sommers--Flanagan & Sommers-Flanagan, 2013).

No caso do tratamento inicial, essa informação pessoal só será compartilhada se houver perigo imediato para o cliente ou mais alguém. Em outras circunstâncias, como em uma triagem de admissão em sala de emergência, em um centro de crises ou para conseguir assistência residencial, o cliente tem de estar ciente de que a informação será distribuída a outros profissionais envolvidos. Dedicar tempo para falar dessas questões de confidencialidade contribuirá para ganhar confiança e deixar os clientes mais descontraídos e acessíveis.

Quando possível, fazer perguntas abertas talvez seja mais proveitoso do que perguntas mais específicas, que requeiram respostas do tipo "sim" ou "não". Em muitos casos, dar aos clientes tempo para processar e responder perguntas abertas traz reflexões pessoais e possivelmente permite uma melhor percepção de aspectos problemáticos. Por exemplo, em vez de perguntar simplesmente "Você se sente deprimido/a?" e esperar uma resposta direta, afirmativa ou negativa, muitas vezes é melhor explorar pensamentos e sentimentos por trás do estado de espírito, e, ainda melhor, pedir para "desenhar o estado de humor" e aprofundar-se na elaboração (Oster & Crone, 2004).

Quando se dedica tempo a analisar como os clientes se sentem, em lugar de fazer perguntas sobre depressão, gera-se uma infinidade de possibilidades que determinam a singularidade do estado de ânimo em questão. E respostas verbais a ilustrações de estados de espírito – como "sinto muito estresse" ou "o peso do mundo" está nos meus ombros ou "não me interesso" mais por nada que costumava adorar – enriquecem consideravelmente as interações e retratam em maior profundidade as experiências do cliente.

Estudo de caso
Lori S.

Lori S. tinha quase 16 anos quando a internaram numa unidade psiquiátrica após revelar pensamentos suicidas à enfermeira da sua escola de ensino médio. Ela nunca havia sido hospitalizada por seus problemas emocionais ou comportamentais, mas já fizera muitos anos de tratamento ambulatorial devido à depressão e ao isolamento social. Antes da internação, seus sentimentos de tristeza haviam se agravado junto a pensamentos suicidas. Ela também tinha feito cortes em suas pernas e em seus braços e começara a usar maconha.

O psiquiatra de Lori havia trocado a medicação, mas a intervenção não deu resultado. Na noite anterior à revelação de seu desejo de morrer, Lori teria pensado em cortar-se com uma lâmina de barbear. E ela realmente se cortou, já na unidade, após uma explosiva sessão de terapia familiar.

Na avaliação, Lori mostrou ser uma jovem bem alimentada e de média estatura. Tinha cortes feitos por ela própria em ambos os antebraços. Estava alerta e orientada, mas com certa constrição afetiva. Comentou que se sentia alvo de zombaria e rejeição de seus colegas. Também descreveu sua decepção com os pais pelo fato de, segundo ela, eles não entenderem a profundidade de sua depressão. Disse estar "triste a maior parte do tempo" e que, apesar do longo tratamento, raramente se sentira feliz.

Então Lori foi instruída a retratar seu estado de espírito em papel. Embora relutante a princípio, ela decidiu que essa solicitação lhe permitia revelar (mediante um contexto diferente) como se sentia na maioria dos dias. Certamente, a imagem dramática (Figura 5.4) refletia seu remorso e seus sentimentos de isolamento e de impotência. Com o desenho, ela conseguiu esclarecer sua mágoa e sua angústia.

Ela teve mais facilidade em falar de seus sentimentos depois de criar a imagem e ficou feliz pelo examinador ter permitido esse tipo alternativo de expressão. Reconheceu que quase sempre se sentia sozinha, triste e com

Figura 5.4

vontade de chorar, poucas vezes se sentia importante e geralmente queria se esconder das pessoas. Ademais, sentia-se distante dos colegas, achava a vida injusta e nutria muitos sentimentos deprimentes sobre si mesma. Ela também disse sentir-se desesperançada de as coisas melhorarem em sua vida e que muitas vezes tinha vontade de fugir ou de se machucar.

Em conjunto, as respostas dela refletiam um "grito de ajuda". A introdução da técnica de desenho permitiu que ela exprimisse a intensidade de sua tristeza e seus sentimentos de desesperança.

* * *

Enfim, os profissionais de saúde comportamental que realizam entrevistas clínicas têm de ser atentos observadores dos clientes. Eles devem escutar não só as palavras deles como também os indícios não verbais, como postura, afeto, tom de voz e movimentos corporais. Por exemplo, quando um cliente responde "Tá tudo bem comigo", ele pode estar na defensiva ou com raiva. Com frequência há muita coisa acontecendo por trás dessas palavras.

Observações comportamentais

Cuidadosas observações durante entrevistas clínicas, avaliações diagnósticas e posterior testagem constituem meios importantes para se obter pistas cruciais sobre as condições emocionais e interpessoais dos clientes. Nas avaliações, o conhecimento adquirido mediante atento exame e as hipóteses geradas nos intercâmbios costumam ser tão essenciais para o correto diagnóstico e para a correta orientação de tratamento quanto quaisquer pontuações de teste (Sattler, 1997, 2001). Os comportamentos observados com uma vigilância cuidadosa também ensejam orientações pertinentes visando a ponderadas recomendações.

Durante a troca de perguntas e respostas, bem como ao ministrarem formas estruturadas de aplicação de desenhos, os clínicos têm a oportunidade de avaliar o alcance da atenção, a tolerância à frustração, o nível de ansiedade, a coordenação motora, o método de resolução de problemas, o grau de propensão à distração e a reflexão do cliente (Kaufman & Lichtenberger, 2005).

Valendo-se dessas observações perspicazes, os clínicos chegam a conclusões preliminares sobre características pessoais, como autoconceito, hábitos de trabalho ou reações ao incentivo. Por exemplo, o grau de esforço empenhado em uma tarefa de desenho pode refletir uma determinada atitude com relação a novas experiências de aprendizagem, como satisfação ou desafio, em oposição àquelas capazes de gerar ansiedade e incerteza.

Com cuidadosas observações, os clínicos podem determinar se a aparência de seu cliente é adequada à situação ou se é de muito desânimo ou desleixo, ou formal ou informal demais. Eles também podem inferir se a atividade do cliente está dentro do nível normal e se seus gestos e seu afeto se expressam plenamente ou são contidos. Além do mais, os sinais de conforto interpessoal ganham importância porque os clínicos precisam estar atentos a sinais de depressão, de preocupação ou de excitação incomum. E no aspecto interpessoal, é preciso que os clínicos percebam indícios de uma postura reservada ou distante, uma apresentação submissa ou dramática, ou uma atitude prestativa ou oposicionista.

Questões de impulsividade, perfeccionismo ou traços compulsivos também podem ser verificadas observando-se com cuidado as trocas verbais do cliente ou sua maneira de encarar um questionário ou uma instrução de desenho. Por exemplo, cabe supor que um indivíduo tem pouca tolerância à frustração quando se aborrece facilmente com pequenos erros e começa a apagar ou a riscar detalhes. Certas facetas da expressão emocional de uma pessoa – como raiva na voz, tristeza no rosto ou tremor nas mãos – podem ser consideradas indícios de intensa agitação interior ou traços mais permanentes da personalidade.

A capacidade de observação perspicaz por parte do examinador também confere mais valor ao processo interativo de entrevista e avaliações clínicas. Até o tempo dedicado ao *rapport* com o cliente pode ser valioso na criação de hipóteses de trabalho que detalhem aspectos que são pontos fortes e fracos; por exemplo, avaliar o nível de atividade, o grau de atenção e os processos de pensamento lógico.

Embora seja prudente ter cuidado ao tentar fazer muitas interpretações com base nessas observações, elas continuam a ser pontos importantes de informações que, quando incorporadas a outros dados informativos e resultados de testes, podem ajudar a obter um retrato mais preciso do cliente. Os cenários a seguir apresentam o conceito de observação comportamental como um dos principais componentes de uma entrevista minuciosa.

Estudo de caso
Eduardo L.

Eduardo L. tinha 18 anos quando seu pastor o levou a uma sala de emergência em decorrência de abuso de entorpecentes e funcionamento em declínio. Além de usar entorpecentes (ou por causa disso), ele se afastara das atividades e suas notas haviam caído. Supostamente, Eduardo vinha usando heroína IV nos oito meses anteriores e tivera uma overdose apenas duas semanas antes da internação.

Na época, ele foi reanimado pelo serviço de emergência médica (depois de sua mãe ligar para o 911) e levado a outro hospital, do qual teve alta após ficar doze horas em observação. Embora já tivesse recebido breve tratamento ambulatorial, Eduardo nunca havia passado por terapias prolongadas. Porém ele havia participado de programas educativos sobre abuso de entorpecentes. Tinha sido suspenso da escola e preso por porte de maconha ao menos duas vezes (na oitava e na nona séries). Sua liberdade condicional incluía a obrigação de se envolver nesses programas.

Quando da sua primeira entrevista clínica, Eduardo era um jovem bem nutrido e musculoso, de média estatura e sem anomalias físicas. Era destro e não usava óculos. Parecia alerta e orientado, sem apresentar maneirismos não usuais. Sua fala era clara e orientada para objetivos.

Não havia evidência visível de sintomas depressivos agudos nem expressões que indicassem depressão ou ideias suicidas. Contudo seu afeto era restrito, assim como sua espontaneidade. Ele negava a maioria dos problemas e não via seu consumo de drogas como um vício. Afirmou que tinha usado sobretudo no outono – durante a temporada de futebol americano – e reduzira consideravelmente seu consumo para sua participação em luta livre. Aparentemente, consumia três ou quatro trouxinhas duas ou três vezes por semana.

Enquanto preenchia questionários e instrumentos de triagem, o estilo de solução de problemas de Eduardo era bastante uniforme. Ele parecia se sentir desafiado pelas tarefas e se concentrava quando as atividades eram breves e estruturadas. Conseguia manter a sua atenção centrada e não se distraía com ruídos externos. Todavia, quando a apresentação das exigências era mais complicada ou inovadora, a aparência exterior de Eduardo mostrava-o mais tenso, contido e ansioso por não ter certeza de suas respostas, além de visivelmente agitado.

Estudo de caso
Randall M.

Randall M (15 anos) estava sendo entrevistado para admissão numa clínica de saúde comportamental do centro da cidade. Com um longo histórico de dificuldades emocionais e de adaptação, Randall queixava-se de maus-tratos físicos cometidos por familiares adultos. Ainda muito novo havia sido atendido em terapia ambulatorial por problemas de conduta, como provocar incêndios, mentir e roubar. À época, ele foi avaliado e os resultados indicaram inteligência média, déficit de atenção e conflitos emocionais decorrentes de desentendimentos com a mãe. Foram esses desentendimentos que levaram à consulta, pois a mãe reclamou que Randall não a respeitava, desobedecia às regras da casa, chegava tarde da noite e não cuidava da limpeza.

Randall era um rapaz alto e esguio, sem anomalia física alguma. Chegou à sessão um pouco ansioso, falando devagar e sem mostrar traquejo social. Foi coerente e estava alerta e orientado em termos de tempo, lugar e pessoa. Não apresentou sinais de comunicação atípica nem de bloqueios ao expressar seus pensamentos. Pareceu ter nível intelectual pelo menos médio e demonstrou excelente compreensão do raciocínio abstrato. Negou ter fortes sentimentos de tristeza ou ideação suicida. Também desmentiu o uso de drogas.

Randall era bem arrumado em sua aparência – exceto pela calça suja, que, segundo a mãe, era um grande conflito entre eles (ou seja, ele não se importar com sua vestimenta). Aliás, a mãe tendia a falar por ele e depois o pressionava a se manifestar. Esse tipo de dupla mensagem era típica nas interações dela com o filho. Posteriormente, ele admitiu que escondia suas emoções e era passivo-agressivo com a mãe.

Essas primeiras observações evidenciaram que era preciso estruturar boa parte do trabalho terapêutico de um ponto de vista familiar. Claramente, Randall necessitava de tempo e espaço próprios para ventilar frustrações pessoais e começar a aprender a resolver problemas com mais eficácia. O relacionamento entre mãe e filho parecia intrincado e sufocante, e ambos se mostravam muito irritados por não serem ouvidos nem valorizados.

* * *

O âmago da entrevista

Uma entrevista assemelha-se a um teste, quer psicológico, quer educacional (Kaplan & Saccuzzo, 2012). Existem certos métodos para coletar dados comportamentais e emocionais de maneira que a informação seja a) aplicada para fazer previsões fundamentadas, b) avaliada em função de sua confiabilidade e sua validade, c) utilizada com indivíduos ou grupos e d) estruturada ou não estruturada.

As entrevistas continuam a ser um dos recursos mais importantes na área de seleção de pessoal (Posthuma, Morgeson & Campion, 2002), além de terem vantagens no âmbito clínico (Groth-Marnat, 2009). Elas são, ainda, essenciais também em profissões da área da saúde, como medicina geral e enfermagem (Eggly, 2002). Mesmo fora do âmbito profissional, as habilidades de entrevista são importantes para todos, inclusive para os pais quando acham que algo está errado na família.

Em geral, a entrevista consiste em uma interação entre pessoas, quer seja apenas uma, um grupo ou, por exemplo, membros da família. Porém, assim como no ambiente controlado de testagem psicológica, os clínicos devem manter a autoridade e assumir a responsabilidade pela orientação e pela atmosfera. Há entrevistas de muitos tipos e propósitos, mas todas têm certas características em comum. Por exemplo, as entrevistas envolvem interações mútuas nas quais as partes influenciam uma à outra (Breggin, 2002).

Um estudo clássico detalhou a índole transacional e recíproca do processo e descobriu que os participantes aumentavam ou diminuíam seu nível de interação de acordo com as reações dos outros. Assim, os participantes das entrevistas influenciam mutuamente o comportamento e o conteúdo de suas manifestações verbais. Outro estudo, anterior a esse, observou que quando atores profissionais no papel de clientes respondiam aos clínicos com fúria, esses entrevistadores, mesmo sendo altamente capacitados e experientes, reagiam ficando cada vez mais furiosos. Esse fenômeno de "facilitação social" provou que qualquer pessoa pode ser influenciada pela outra numa entrevista. Por exemplo, sentimentos desconfortáveis exibidos por entrevistadores costumam ser captados facilmente pelos entrevistados e podem tornar a situação e as interações muito tensas e desconfortáveis. Ao contrário, ambientes interpessoais que permanecem cordiais e acolhedores normalmente motivam respostas positivas (apud Kaplan & Saccuzzo, 2012).

Ciente de que os participantes da sessão têm grande impacto uns nos outros, um clínico competente sabe como criar uma atmosfera descontraída e segura por meio desses princípios de "facilitação social". Mas é importante lembrar que o entrevistador eficiente mantém o foco na tarefa e dá o tom para interações significativas.

Os clínicos devem entender que o cliente há de experimentar os sentimentos que eles expressarem, com provável reciprocidade, isto é, a ansiedade do clínico quase sempre provoca respostas exaltadas. E ao permanecerem confiantes e relaxados, eles têm um impacto tranquilizador no ambiente e inspiram confiança em seus clientes. Mesmo em situações difíceis, como as prisões, ou quando se trabalha com crianças ou adultos gravemente perturbados, o tom da sessão é muito importante.

Tipos de entrevistas clínicas

Vários tipos de entrevistas clínicas foram elaborados e são utilizados para diversos fins. Em certos casos, o clínico atende o cliente pela primeira vez, em outros um cliente já atendido está passando por uma crise aguda. Os clínicos também entrevistam distintos indivíduos em ambientes muito diferentes – um estudante num centro de orientação universitária, uma família numa clínica no centro da cidade ou alguém obrigado pelo sistema legal ou pelos serviços sociais a marcar uma consulta para estabelecer critérios de apoio ou intervenção devido a certas deficiências.

Os profissionais incumbidos de realizar essas sessões precisam ser altamente capacitados em métodos diferentes de aconselhamento interpessoal, assim como devem ser bem informados em relação aos habituais formatos estruturados de entrevista e aos critérios de diagnóstico diferencial que conduzirão a conversa e as conclusões quanto ao tratamento.

Muitos tipos de encontros têm sido desenvolvidos para uso em diferentes momentos e com diversas pessoas. Examinaremos duas das entrevistas clínicas mais comuns (a entrevista de admissão e o exame de estado mental), formatos fundamentais a se aprender e integrar na "caixa de ferramentas" de habilidades de qualquer clínico.

Entrevistas de admissão

A entrevista inicial ou de admissão acontece no primeiro contato. Ainda que parte das informações possam ser obtidas por telefone ou via e-mail, o conteúdo real é obtido no primeiro encontro no consultório. Nesse momento, os profissionais de saúde comportamental conseguem avaliar a aparência, as interações iniciais e a franqueza do cliente quanto a aspectos problemáticos. Em seguida, o clínico faz uma série de perguntas que definem as futuras interações, como: a) por que o cliente foi ao consultório; b) seu histórico com outros profissionais; c) suas dificuldades emocionais e de saúde em geral; d) seus sintomas à época e desde quando eles persistem; e) o que ele espera conseguir na entrevista; f) suas expectativas quanto a futuras avaliações e opções de tratamento (Burgess, 2013).

Por exemplo, perguntar ao cliente por que ele foi se consultar pode gerar uma reação inicial bastante imprecisa ("Todo mundo acha que estou legal, mas me sinto uma bagunça"). Com outras indagações orientadas (quer por perguntas estruturadas ou técnicas não verbais como os desenhos), os clínicos podem descobrir que o cliente sofre de considerável aflição subjacente e está tendo ataques de pânico pela primeira vez. Posteriormente, outras perguntas podem ser uma tentativa mais direta de definição: se os fatores de estresse são agudos ou crônicos, quais métodos o cliente tentou para aliviar a ansiedade e se os sintomas são específicos ou um agravamento de outras sensações.

Por sua vez, alguns clientes se apresentarão muito confusos ou desorganizados, sendo preciso usar de muita habilidade para deles obter as informações necessárias. Nesses casos, geralmente é preciso fazer perguntas mais sistemáticas e estruturadas para avaliar os principais problemas e fornecer impressões diagnósticas mais precisas.

Princípios de entrevista baseados em pesquisas sugeriram que a compreensão acurada leva ao autoexame (apud Breggin, Breggin & Bemak, 2002). Essas diretrizes recomendam que o entrevistador comece com perguntas abertas, "escutando, facilitando e esclarecendo" questões durante os estágios iniciais (Maloney & Ward, 1976). Por exemplo, "Fale sobre você", "O que lhe incomoda?" ou "Por que você veio aqui hoje?" talvez seja tudo o que um clínico precisa perguntar ao iniciar uma sessão. Sendo assim, é fundamental os clientes acreditarem ser capazes de expressar suas principais queixas com clareza e que o clínico escute com atenção e ativamente o que eles têm a dizer.

Já as perguntas mais diretas são mais úteis no final da entrevista de modo a preencher detalhes ou lacunas até então implícitos. No entanto essas perguntas específicas são benéficas quando o tempo é limitado, o cliente não está à vontade ou não coopera, ou é uma pessoa não verbal ou intelectualmente limitada (Othmer & Othmer, 2001). É preciso um histórico completo que inclua: a) problemas médicos; b) diagnósticos e tratamento anteriores; c) marcos de desenvolvimento; d) prévios fatores de estresse; e) relações sociais; f) progresso escolar e no trabalho; g) uso de entorpecentes (Zimmerman, 2013).

Crianças em geral podem precisar de perguntas mais diretas e observação atenta em lugar de abertura e ambiguidade. Os seguintes temas podem estar incluídos em perguntas típicas formuladas em entrevistas iniciais ou de admissão:

- Qual a sua idade e data de nascimento?
- Que escola e que série você frequenta?
- Conte-me sobre você, sua família... e a escola.
- Como seus amigos o/a descreveriam?
- Que tipos de drogas você e seus amigos usam?
- Quantos dias ruins você tem na semana?

Essas perguntas são tanto orientadas quanto abertas. Elas envolvem a coleta de fatos e adotam certos pressupostos (p. ex., a maioria dos adolescentes usam drogas ou a elas estão expostos; a maioria tem dias bons e ruins). Escutar criticamente as respostas costuma levar a longas discussões sobre as razões pelas quais o cliente está ali naquele dia em particular ou suscita muitas outras perguntas para esclarecer o funcionamento no dia a dia em casa e na escola.

A introdução de desenhos também pode facilitar essas interações mediante instruções como "trace uma linha de tempo a começar com a sua lembrança mais antiga", "desenhe seu mundo" ou "esboce seu eu ideal daqui a dez anos e inclua o contexto e as pessoas que você gostaria de ter em sua vida". Mesmo desenhos básicos como o HTP podem revelar aspectos de problemas percebidos ou características da vida no lar ou da dinâmica familiar. Com perguntas ativas, participação em atividades e observações cuidadosas, uma entrevista completa pode resultar não só num início concreto como também em uma importante elucidação de objetivos e planejamento da terapia.

Estudo de caso
Marilyn C.

Com 9 anos, Marilyn foi encaminhada pelos pais a uma clínica de terapia expressiva ambulatorial porque vinha passando por problemas na vida social e escolar. Anotações obtidas na admissão por telefone mencionavam que Marilyn tinha poucos amigos e apresentava sinais de TDA e ansiedade. Quando entrevistada de forma mais aprofundada, a mãe disse que Marilyn tinha baixa concentração, demorava muito para fazer o dever de casa, sentia-se oprimida com facilidade e parecia tímida e nervosa demais. Relatórios da escola acrescentavam à descrição que a menina tinha uma atitude passiva e não disposta a cooperar, isolava-se dos outros alunos e mostrava-se medrosa e esquiva. Esses problemas persistiam há vários anos, e mais recentemente haviam sido observadas mudanças nos hábitos alimentares da menina.

Quando atendida sozinha, Marilyn pareceu nervosa, mas alerta e orientada. Os pensamentos que ela expressou foram lúcidos e orientados a objetivos. Aliás, ela tinha uma linguagem sofisticada e envolvia-se em conversação com bastante facilidade. Ela concordou com a mãe que se distraía facilmente, devaneava com frequência e preferia atividades solitárias a projetos grupais. Quando lhe perguntaram sobre seu humor, ela afirmou ser excessivamente sensível, que era fácil magoar seus sentimentos e que tinha dificuldade em se manter concentrada no trabalho escolar. Ela também mencionou que ficava muito nervosa perto de colegas e tendia a evitar a maioria dos contatos sociais. Contudo disse que se sentia feliz, que era bem aceita pelos pais e estava sempre esperançosa.

Além das perguntas, pediram a Marilyn que fizesse uma série de desenhos. As ilustrações foram muito expressivas e pareceu ser esse um modo menos ameaçador para ela descrever a si mesma. Sua imagem de uma árvore foi especialmente reveladora de seu temperamento (Figura 5.5). A figura parecia refletir a sua vulnerabilidade e sua necessidade de se esconder e se sentir protegida (o rosto dentro da árvore). Os galhos nus e espinhosos pareciam representar a sua postura defensiva e reservada diante de interações interpessoais. Curiosamente, ela acrescentou um raio ao desenho, talvez como expressão das ameaças percebidas em seu ambiente.

Esse desenho e outras imagens reforçaram os indícios da aflição da menina e as razões pelas quais a mãe a levara em busca de assistência. Graças às perguntas e às atividades criativas que elucidaram seu funcionamento cotidiano, ela

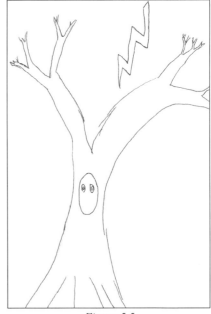

Figura 5.5

conseguiu falar abertamente sobre sua situação e sugerir como gostaria de receber ajuda.

* * *

Exame de estado mental

Considera-se o Exame de Estado Mental (EEM) mais estruturado para a busca de respostas clínicas (Strub & Black, 1993; Smith, 2011). Ele tem em conta comportamentos, atitudes e movimentos do cliente, bem como as respostas a muitas perguntas referentes a atenção, orientação e estado de saúde geral e mental. Mais abrangente, em muitos casos esse formato de perguntas proporciona um panorama mais amplo do funcionamento geral do cliente. Embora o Exame de Estado Mental possa ser efetuado em qualquer cliente, inclusive aqueles com menores dificuldades, seu uso é mais frequente com pessoas que apresentam problemas mais graves.

O Exame de Estado Mental constitui apenas um componente de uma avaliação abrangente. Ele complementa outras seções, como o histórico da queixa atual, e fornece dicas que apontam quais testes mais detalhados é preciso realizar (p. ex., avaliação cognitiva). O EEM também põe à disposição outra maneira de estruturar dados sobre certos aspectos do funcionamento mental do cliente. Habitualmente, utiliza-se um formulário-padrão com observações anotadas sob determinados títulos.

À primeira vista, o EEM pode parecer muito trabalhoso e demorado, mas na prática cotidiana é possível realizar essa entrevista estruturada em tempo bastante breve. O que se obtém mediante o EEM é especificidade em certos aspectos do funcionamento, além da informação normalmente colhida pelos clínicos com seu tipo habitual de entrevista e suas observações comportamentais.

Fatores como aparência geral, abordagem interpessoal de perguntas, atenção e orientação, humor e afeto, coordenação motora, articulação e vocabulário, flexibilidade intelectual e níveis de consciência são componentes-chave desse exame rápido, porém abrangente. Os elementos a seguir são os principais aspectos do exame:

- *Aparência*: este tópico inclui fatores como gênero, idade aparente, estatura e peso, cuidado pessoal em geral, roupa adequada ao clima da estação, postura, coordenação motora grossa e fina e anomalias físicas.

- *Abordagem interpessoal*: esta seção concentra-se em observar se o cliente parece amigável ou na defensiva, franco ou disposto a cooperar, confiante ou hostil, descontraído ou ansioso. Outros adjetivos adequados para se descrever a disposição do cliente para a entrevista podem ser: sedutor, negativo, evasivo, irritável ou desinteressado. Este elemento do EEM foca também em ritmo e produção de fala, articulação, nível de contato visual, alcance da atenção e memória de curto e longo prazos.

- *Atenção e orientação*: esta categoria abrange a avaliação preliminar de tempo, lugar e pessoa, atenção geral, coerência, capacidade de resumir, pensamento lógico, juízo e percepção e processos mentais (inclusive evidências de alucinações e delírios).

- *Afeto e humor*: esta seção visa obter respostas às seguintes indagações: como o cliente se sente na maioria dos dias; qual é a sua perspectiva (pessimista ou otimista); se foi fácil alcançar o entrosamento; indícios de ideação suicida ou homicida; maturidade dos mecanismos de defesa (p. ex., o abuso da negação costuma ser considerado um sinal de imaturidade), risco de violência.

Algumas questões que abordam as seções de investigação supracitadas e exploram os níveis de sofrimento são:

- Você tem dificuldade para pegar no sono?
- Como é seu nível de energia ao longo do dia?
- Há coisas que lhe causam muita preocupação?
- Há certas coisas que você se sente compelido a fazer repetidamente?
- Você sente que sua mente lhe prega peças?
- São seus sonhos intensos ou irreais demais?
- Seus hábitos alimentares são incomuns ou têm mudado?
- Você se pega fazendo muitas coisas sem saber por quê?
- Seu nível de energia mudou ou você sente que não precisa dormir?
- Quando entra num lugar desconhecido você sente que os demais estão olhando para você?
- Você acha que outros lhe fizeram mal ou pretendem fazê-lo?

As respostas a essas perguntas formam uma base sólida para representar o nível de sofrimento que os clientes podem estar experimentando. A formulação de impressões diagnósticas nesse ponto de uma avaliação também serve como orientação mais clara para outros profissionais de tratamento e evidencia a necessidade de intervenção terapêutica.

Com a última edição do DSM (5ª edição, Associação Psiquiátrica Americana, 2013), os clínicos têm acesso aos critérios de diagnóstico mais recentes para melhor determinar como os transtornos emocionais são categorizados. Ela passa a ser um recurso educativo essencial para estudantes e profissionais, servindo como guia prático e funcional à organização das informações resultantes de entrevistas e respostas a questionários.

Estudo de caso
Breanna P.

Breanna P. tinha 17 anos quando a encaminharam para uma entrevista de diagnóstico porque seu quadro estava piorando. Ela havia fugido recentemente de um centro de tratamento residencial e só voltara depois de ser presa pela polícia. Breanna tinha um longo histórico de significativo abandono e abusos físicos e sexuais. Já tinha recebido diagnósticos de transtorno esquizoafetivo, tricotilomania (arrancar seu próprio cabelo) e transtorno de ansiedade generalizada. Relatórios de hospitalizações anteriores mencionavam episódios de alucinação auditiva, paranoia e ideias de referência. Na escola, ela mostrara comportamento agressivo e violento. Avaliações anteriores indicavam funcionamento dentro da faixa de "deficiência" (52-69).

Um resumo do EEM incluía o seguinte:

• *Aparência, atitude e atividade motora*: Breanna apresentou-se vestida informalmente e pareceu muito prestativa, embora um pouco agitada, durante a entrevista.

• *Estado de espírito e afeto*: ela descreveu seu estado de espírito com "tudo bem" e seu afeto foi adequado.

• *Fala*: vagarosa, em voz baixa, com problemas de articulação.

• *Processos mentais*: no geral pertinentes, sem evidência de pensamento circunstancial ou tangencial.

- *Percepção*: ela negou ter alucinações auditivas ou visuais enquanto toma medicações.
- *Estado de alerta*: ela estava alerta e orientada em tempo, lugar e pessoa.
- *Concentração*: nenhuma dificuldade de concentração.
- *Memória recente e distante*: ela conseguiu recordar-se de todos os três objetos após um e cinco minutos. Não teve dificuldade com a memória distante.
- *Linguagem*: seu vocabulário foi adequado e ela conseguiu expressar suas necessidades e seus planos para o futuro. Limitada capacidade de abstração.
- *Interpretação de provérbios*: ela teve dificuldade nas explicações.
- *Insight e senso crítico*: ambas as áreas eram limitadas.

As descobertas desse EEM permitiram à examinadora incorporar essas impressões a um relatório mais abrangente. Ela ordenou testes psicológicos aprofundados a fim de documentar o funcionamento cognitivo geral de Breanna e detalhar as necessidades específicas que ela teria depois de sair do centro terapêutico, num momento mais apropriado. O EEM orientou o pessoal e o psiquiatra da unidade em intervenções mais imediatas.

Aparentemente, sua fuga era um dos comportamentos impulsivos, desinibidos e descontrolados ocorridos depois de ela rejeitar a medicação. Assim que a retomou, ela ficou mais disposta a aceitar o regime de tratamento e todo o pessoal percebeu que seu quadro havia melhorado.

* * *

Entrevistas para casos de trauma

O Transtorno de Estresse Pós-traumático (TEPT) é um quadro crônico e debilitante que se desenvolve como reação a fatos catastróficos da vida, como combate militar, ataques sexual e físico e consequências de desastres naturais (van der Kolk, 2014). O quadro também pode se desenvolver em decorrência de descaso e abandono desde a infância (Walker, 2013). Além disso, os sintomas de estresse traumático podem resultar da consequência persistente de provações traumáticas causadoras de intensas sensações de medo e desamparo, como a morte inesperada de um ente querido ou um acidente.

Qualquer pessoa que tiver passado por um evento doloroso e perturbador pode experimentar o TEPT. Indivíduos que foram vítimas de abuso quando crianças ou estiveram repetidamente expostos a situações de ameaça à sua vida têm maior risco de desenvolver TEPT. Após experimentar um evento traumático, a maioria das pessoas tem reações como choque intenso, fúria, nervosismo, medo e até mesmo culpa excessiva. Essas reações são comuns e, na maioria dos casos, cedem com o tempo. Para uma pessoa com TEPT, porém, essas sensações continuam e até se intensificam, tornando-se tão fortes que impedem a pessoa de viver uma vida normal (Williams & Poijula, 2013).

Pessoas com TEPT têm sintomas por mais de um mês e não conseguem funcionar tão bem quanto antes do evento. Os sintomas associados ao TEPT geralmente manifestam-se em três grupos: relembrança da experiência, evitação e hiperexcitação. Além disso, às vezes os sobreviventes de traumas podem experimentar estados dissociativos e alterações de personalidade. Eles também têm dificuldade em controlar suas emoções e parecem ter claras deficiências em relacionamentos e vínculos íntimos. Ademais, é frequente o surgimento de sintomas concomitantes, como depressão e abuso de entorpecentes.

Costuma-se agrupar os sintomas de TEPT em três categorias principais, a saber:

- *Relembrança*: indivíduos que sofrem de TEPT revivem a provação repetidamente em pensamentos, sensações e recordações do trauma. Em muitos casos, isso se dá por meio de *flashbacks*, alucinações e pesadelos. Essas pessoas também podem experimentar considerável angústia quando certas situações ou fatos lhes trazem o trauma à lembrança, como a data de um aniversário importante.
- *Evitação*: os sintomas de TEPT podem gerar a necessidade de evitar pessoas, lugares, pensamentos ou situações que suscitem lembranças do trauma original. Essas associações podem gerar sentimentos de desapego ou desejo de se isolar da família e dos amigos, além de perda de interesse em atividades antes apreciadas.

• *Excitação acrescida*: este grupo de sintomas pode incluir a expressão de emoções excessivas, problemas no relacionamento com outros, dificuldade em conciliar ou manter o sono, explosões de fúria, dificuldade de concentração, sobressaltar-se com facilidade. Quem experimenta sensações como essas pode também apresentar sintomas físicos, como hipertensão arterial, tensão muscular ou problemas estomacais.

São várias as razões pelas quais os profissionais de saúde comportamental deveriam determinar se os clientes têm histórico de exposição a trauma (Foa & Yadin, 2011). Os seguintes fatores estão entre os mais importantes: a) problemas relacionados a traumas são comuns; b) os sintomas de TEPT contribuem para outros efeitos na saúde; c) o TEPT ainda não é suficientemente reconhecido por diversos profissionais quando realizam entrevistas regulares de triagem.

Nas últimas décadas, pesquisadores desenvolveram uma variedade de entrevistas estruturadas e não estruturadas e de instrumentos de avaliação que abordam a exposição a traumas e sintomas relacionados. Dispõe-se de uma ampla variedade de instrumentos e protocolos que permitem medir o TEPT de maneira psicometricamente correta e factível para quase qualquer aplicação em todos os âmbitos, inclusive avaliações baseadas em arteterapia. O crescente foco no uso de procedimentos de avaliação com base em evidências promove a contínua divulgação de tais técnicas até elas passarem a fazer parte da prática clínica habitual.

Os clínicos podem começar com perguntas a respeito de sintomas relacionados ao trauma. Outra possibilidade é o profissional aplicar um instrumento de triagem de autorrelato antes de uma primeira consulta. Depois, colher e examinar as triagens preenchidas para detectar clientes que provavelmente apresentem sintomas de intenso sofrimento. Entre as áreas a se questionar podemos incluir: a) frequência de pesadelos sobre um acontecimento assustador; b) evitação de situações que façam o cliente lembrar-se de circunstâncias estressantes; c) constante hipervigilância e facilidade de sobressalto; d) sensação de distância com relação aos relacionamentos e arredores.

Exemplo de uma pessoa que preencheu esses instrumentos de triagem é um homem de 49 anos que se apresentou para uma avaliação inicial numa clínica ambulatorial. No curso da entrevista, centrada em possíveis sintomas de TEPT, ele revelou episódios de persistentes pesadelos, medos e pensamentos incômodos, bem como esforços para fugir aos pensamentos perturbadores que lhe causavam reações fisiológicas desagradáveis. Ele também experimentava diversos sinais de trauma anterior (lacunas no seu estado de alerta, ideias paranoicas e despersonalização), sendo que todos eles se traduziam em graves empecilhos em sua vida pessoal, social e ocupacional. Ademais, havia muitos casos de alcoolismo e maus-tratos em sua família de origem. Programas ambulatoriais ordenados pela Justiça para tratar o abuso de entorpecentes tinham sido de pouco sucesso. Embora relutasse em receber tratamento intensivo, ele se dispôs a participar de uma avaliação abrangente depois de ser informado das consequências do TEPT.

Uma vez obtida informação preliminar dos clientes, as seguintes sugestões podem facilitar posteriores discussões sobre suas respostas a técnicas de triagem (Wilson, 2004). Os clínicos precisam: a) responder enfaticamente à necessidade de privacidade ao falar sobre essas questões, sem fazer suposições que possam destoar dos sentimentos da pessoa; b) dar informação sobre os efeitos físicos que podem decorrer de acontecimentos traumáticos; c) reconhecer o sofrimento da pessoa ao relatar suas experiências; d) demonstrar interesse e preocupação quando ela revelar esses "segredos". Depois de analisar os resultados da triagem e discutir essas respostas com os clientes, é importante o profissional decidir se há a necessidade de avaliações mais especializadas em saúde mental.

Dois desses instrumentos – o Caps-5, vinculado à versão mais recente do DSM (DSM-5; Wethers et al., 2013), e o Levantamento de Sintomas (para adultos) e Lista de Verificação de Trauma (para crianças) – serão examinadas nas seguintes seções.

Uma avaliação abrangente do TEPT procura analisar a definição atual, incluindo exposição a um fato traumático com o desenvolvimento da síndrome característica persistindo por ao menos um mês e continuando a minar o funcionamento social e ocupacional do cliente. Enquanto as perguntas estruturadas e as listas de verificação oferecem um ponto de partida para um diagnóstico diferencial, entrevistas clínicas e testes psicológicos complementares fornecem ainda mais oportunidades para esclarecer respostas e utilizar-se de raciocínio clínico e observações nas pontuações cumulativas.

Durante essas avaliações mais extensas, técnicas não verbais como linhas de tempo, genogramas, desenhar recordações desagradáveis ou elaborar um problema e o modo de resolvê-lo, podem levar a discussões pertinentes sobre um trauma anterior e como superar seu impacto.

Escala de TEPT ministrada por clínicos

Desenvolvida originalmente no Centro Nacional para TEPT em 1989, a Escala de TEPT Ministrada por Clínicos (Caps) é uma entrevista estruturada abrangente para TEPT (Blake et al., 1995). A Caps foi projetada para ser aplicada por clínicos e pesquisadores clínicos com conhecimento prático de TEPT, mas também pode ser ministrada por profissionais adequadamente capacitados. A entrevista completa leva entre 45 e 60 minutos. Com os anos, ela foi revista para adequá-la às definições mais recentes de TEPT.

A Caps tem sido considerada o "padrão de excelência" na avaliação do TEPT. Em sua última edição, a Caps-5 é uma entrevista estruturada de 30 pontos destinada a:

- fazer um diagnóstico atual (mês passado) de TEPT;
- fazer um diagnóstico de TEPT na vida inteira;
- avaliar sintomas de TEPT na semana anterior.

Além de avaliarem os 20 sintomas de TEPT mencionados no DSM-5, as perguntas apontam ao início e à duração dos sintomas, à angústia subjetiva, à influência negativa no funcionamento social e ocupacional, à melhoria nos sintomas desde uma aplicação anterior da Caps, à validade da resposta em geral, à gravidade do TEPT em geral e às especificações para o subtipo dissociativo (despersonalização e desrealização).

Para cada sintoma destinam-se perguntas e sondagens padronizadas. A aplicação requer a identificação de um evento traumático indicador para servir de base para a pesquisa de sintomas. Recomenda-se a Lista de Verificação de Eventos da Vida para o DSM-5 (LEC-5), além da pesquisa do Critério A incluída na Caps-5.

A Caps-CA (para crianças e adolescentes) também desenvolveu uma escala de TEPT modificada de 33 pontos ministrada pelo clínico em jovens de 8 a 18 anos. Os pontos foram revisados para adequá-los à idade, acrescentando-se também opções de resposta a imagens. Utiliza-se a Lista de Verificação de Eventos da Vida para detectar eventos traumáticos.

Como a Caps, a Caps-CA mede frequência e intensidade de sintomas associados a sintomas de TEPT, bem como o efeito de tais sintomas em aspectos do funcionamento, como angústia geral, habilidades de enfrentamento e comprometimento, além de diagnósticos atuais e da vida inteira e estratégias de enfrentamento (Nader, 2004, 2015).

Estudo de caso
Kienna T.

Kienna T., uma jovem de 17 anos, estava sendo avaliada para inclusão num programa de educação especial. Com um histórico documentado de abuso e remoção da casa dos pais aos 4 anos de idade, ela apresentava problemas comportamentais e emocionais de longa data que haviam resultado em várias hospitalizações e internações em diversas residências coletivas. Com efeito, a primeira intervenção psiquiátrica ocorreu quando a menina, com 7 anos, mostrou reações a estímulos internos, apresentou associações incoerentes e fez comentários sobre ferir-se e ser ferida por outros. Seu extenso histórico de saúde mental incluía tentativas posteriores de autolesão, bem como violência e agressão a outras pessoas.

A entrevista clínica a que Kienna submeteu-se incluiu a aplicação da Caps para avaliar suas experiências relacionadas a acontecimentos traumáticos. Ela disse ter passado por vários eventos dolorosos e dignos de menção, como ter presenciado o incêndio da casa de um vizinho, ser vítima de um ataque físico e de agressão com arma, além de ter ferido outra pessoa. Após mais investigação, ela afirmou ter machucado a mãe em uma briga, tentado matar a irmã do meio e empurrado a tia escada abaixo.

Kienna revelou também o episódio em que foi vítima de ataque sexual, quando tinha 12 anos, considerando-o o mais perturbador e difícil de todos. Ela admitiu que esse fato agravou sua angústia e seu transtorno naquele período de sua vida (uma época em que suas alterações comportamentais aumentaram). Contudo ela não conseguia ficar concentrada na discussão e parecia evitar os pensamentos e sentimentos que a lembravam desse trauma do passado.

Durante o restante da entrevista, Kienna exprimiu sentimentos de medo e desamparo excessivos, pareceu estar revivendo recordações intrusivas de acontecimentos passados e lembranças indesejadas, tendo mencionado que essas reflexões eram constantes em sua vida e com frequência lhe traziam ideias de autolesão. Ela também relatou sonhos sobre determinados incidentes de seu passado e confirmou seus frequentes pesadelos, nos quais geralmente era machucada ou espancada.

Com esses aspectos mencionados durante a Caps, além de outras questões de violência que faziam com que Kienna fosse hiperexcitável e excessivamente reativa em suas ações (bem como suas dificuldades na atenção combinadas com sua baixa tolerância à frustração), suas respostas indicaram critérios suficientes para um diagnóstico de TEPT.

Junto com esses indicadores emocionais houve desenhos incluídos visando avaliar a motivação de Kienna para a aprendizagem. Como refletiu num desenho de si própria na escola (Figura 5.6), ela obviamente tinha reações fortes com relação a salas de aula convencionais. Suas dificuldades evidenciavam-se em avaliações anteriores indicativas de funcionamento muito deficiente. A despeito dessas vulnerabilidades, entendeu-se que ela poderia beneficiar-se da sua incorporação a um programa educacional específico.

Figura 5.6 – (I hate school = Odeio a escola)

* * *

Inventário de sintomas de trauma

O Inventário de Sintomas de Trauma (TSI) é uma medida de autorrelato de estresse pós-traumático e outras sequelas psicológicas de episódios traumáticos e consta de 100 pontos (Briere, 1995). Como se trata de um levantamento bastante sucinto, costuma-se utilizá-lo para a detecção de traumas antes de se tomar a decisão de incluir uma entrevista mais longa, como a Caps, em uma avaliação inicial. Ele pode também ser incluído em uma bateria de testes psicológicos.

Pede-se aos respondentes que estimem a frequência com que experimentaram cada sintoma nos últimos seis meses. A avaliação efetua-se em uma escala de frequência de quatro pontos, desde 0 ("nunca") até 3 ("frequentemente"). O TSI tem 10 escalas clínicas que avaliam uma variedade de sintomas relacionados a traumas: excitação ansiosa, depressão, raiva/irritabilidade, experiências intrusivas, evitação defensiva, dissociação, inquietações sexuais, comportamento sexual disfuncional, autorreferência reduzida e comportamento de redução de tensão. O TSI também inclui três escalas de validade que podem ser úteis à detecção de tendências de resposta que invalidariam os resultados dos testes. Essas escalas avaliam respostas atípicas, nível de resposta (relatar muito pouco) e respostas incoerentes.

O TSI contém pontos correspondentes aos critérios de sintomas do DSM-4 (B, C e D) para o TEPT, mas não avalia especificamente esses critérios. Convertem-se pontuações de escala brutas em pontuações T para as 10 escalas clínicas e as três escalas de validade baseadas numa amostra normativa (com normas separadas conforme gênero e idade). Há um software de pontuação disponível no editor de testes. O TSI é recomendado para medir diversos sintomas relacionados a traumas em contextos clínicos ou de pesquisa.

ESTUDO DE CASO
NINA F.

Nina F. (18) passava por uma entrevista de admissão para uma residência terapêutica coletiva. Em razão de seu comportamento agressivo e de automutilação, ela já havia residido em diversos lares de acolhimento familiar e instituições de acolhimento. Também foi hospitalizada em muitas ocasiões, em especial depois de passar para um ambiente menos restritivo.

Quanto ao desenvolvimento, Nina nasceu com peso muito baixo (740 g) decorrente de exposição a drogas no útero. Devido ao descaso da mãe, ela foi criada por outra pessoa da família. Com o passar dos anos, ela foi vítima de abuso sexual e perpetrou atos sexuais contra um menor de idade, o que provocou uma frequente instabilidade social e de humor.

Relatórios prévios apontaram uma capacidade intelectual entre deficiente e inferior (QI 62-75). Entretanto, vistas as suas extraordinárias dificuldades emocionais e as oportunidades perdidas em sala de aula, acreditou-se que seu verdadeiro potencial fosse um tanto maior. Ela também evidenciou uma deficiência específica de aprendizagem em sua capacidade de escrever e copiar eficientemente, o que diminuía o seu desempenho educacional e sua motivação para realizar tarefas.

No aspecto emocional, Nina apresentava consideráveis sintomas de depressão e dava a impressão de abrigar excessiva ansiedade. Parecia que sua raiva e sua irritabilidade, somadas ao seu inerente distúrbio no humor, resultavam em seu quadro imprevisível. Seus sentimentos de desamparo e baixíssima autoestima naquela época pareciam sugerir uma consequência persistente das experiências traumáticas que ela sofrera. Portanto optou-se por aplicar o TSI em sua entrevista de admissão.

O TSI foi escolhido como um instrumento para detectar possíveis eventos traumáticos no passado de Nina, bem como seus efeitos atuais. Seu perfil preenchido indicava que ela tinha consideráveis sintomas de ansiedade, além de preocupantes sinais "clássicos" associados ao TEPT (p. ex., pensamentos intrusivos).

Suas respostas sugeriam, especificamente, grandes temores ligados ao fato de ter sido vítima. Ela disse que não conseguia parar de pensar nos eventos negativos de seu passado, não conseguia tirá-los da cabeça e desejava que essas coisas não tivessem acontecido com ela. Explicou também que com frequência sentia-se triste e infeliz, e que ideias e imagens assustadoras "pipocavam" em sua mente. Além disso, a angústia e a preocupação ligadas a experiências sexuais geravam grande desconforto. Por consequência, ela evitava muitas interações sociais e sempre se afastava de situações de contato interpessoal. De modo geral, jovens da mesma idade que respondem de maneira semelhante consideram-se "maus" e "indignos" e têm elevado risco de apresentarem comportamentos suicidas e de automutilação.

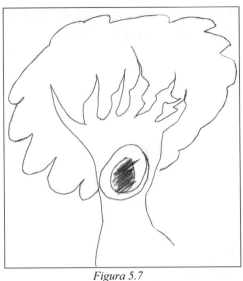

Figura 5.7

Além do TSI, Nina fez uma série de desenhos para melhor compreender o funcionamento da sua personalidade. Um dos desenhos pareceu ressaltar seu trauma do passado (Figura 5.7). Sua representação de uma árvore era notável pelo destaque do buraco no tronco (geralmente, indica um trauma anterior e vulnerabilidade emocional). Nela havia também um anel em torno da área sombreada, sugerindo o tempo que ela dedicara à cura. Os outros desenhos pareciam refletir a impulsividade e os limitados mecanismos de enfrentamento de Nina quando se deparava com o estresse. Com essas informações combinadas, ela foi aceita no lar coletivo com a assistência especializada que, conforme a avaliação, era necessária para seu sucesso.

* * *

Checklist de sintomas de trauma para crianças

A *Checklist* de Verificação de Sintomas de Trauma para Crianças (TSCC) é uma escala de autorrelato de 54 pontos utilizada para jovens de 8 a 16 anos e originalmente concebida para sintomas de traumas decorrentes de abuso sexual e outros acontecimentos traumáticos (Briere, 1996). Ela consiste em duas escalas de validade (indicando que a menção de sintomas é excessiva ou reduzida) e seis escalas clínicas (ansiedade, depressão, estresse pós-traumático, inquietações sexuais, dissociação e fúria). Entrega-se ao rapaz ou à menina uma lista de pensamentos, sentimentos e comportamentos e pede-se que ele ou ela indique com que frequência cada uma dessas coisas lhe aconteceu. Os pontos são avaliados numa escala que vai de 0 = "nunca" a 3 = "quase sempre".

A escala é redigida num nível de leitura correspondente a 8 anos de idade, para facilitar a entrega e obter informações mais exatas. Ela é útil na avaliação de crianças que passaram por acontecimentos traumáticos, como agressões física e sexual, perseguição de colegas, enormes perdas, testemunhar episódios de violência contra outrem e desastres naturais. O instrumento é adequado à aplicação individual ou em grupos. Novamente, ele é usado principalmente como medida de triagem para avaliar a necessidade de uma entrevista mais extensa e mais focada nos traumas anteriores. Costuma-se inclui-lo em muitos dos questionários efetuados durante uma avaliação psicológica mais abrangente.

Estudo de caso
Leyana G.

Leyana G. tinha 14 anos quando da entrevista clínica a que se submeteu visando à sua admissão num programa de tratamento para jovens com transtornos emocionais e distúrbios de conduta. Inicialmente, ela foi encaminhada pelo serviço de atendimento infantojuvenil em razão de um histórico de dificuldades em lidar com a raiva, bem como alucinações auditivas que a induziam a suicidar-se ou a matar outras pessoas. O centro de detenção temporária no qual ela ficou não conseguiu resolver esses últimos problemas.

Leyana nasceu com sintomas de abstinência, uma vez que a mãe teria fumado *crack* do início ao fim da gravidez. Após o nascimento, o serviço social entregou Leyana a um parente próximo, com quem permaneceu até os 5 anos de idade, quando foi devolvida para sua mãe biológica, que conseguira superar o consumo de drogas por meio dos serviços de reabilitação e se casara. Com os anos, porém, houve relatos de violência familiar e maus-tratos físicos, que demandaram serviços domiciliares de preservação da família.

O histórico educacional de Leyana estava repleto de registros de dificuldades na escola, entre as quais a sua recusa a frequentar as aulas e várias suspensões. Em certa época, ela frequentou uma escola comportamental alternativa porque brigava em sua escola comum de ensino médio. Sua conduta tornou-se ainda mais problemática no segundo trimestre, com manifestações de raiva, excessiva infantilidade, fala pressionada, mentira e graves discussões com professores e colegas, nas quais ela os xingava e os ameaçava.

Leyana era também infratora condenada por violação de liberdade condicional, furto, agressão culposa e atividades perturbadoras na escola. Leyana havia violado a liberdade condicional por três razões: inobservância da medicação, descumprimento da obrigação de apresentar-se à Justiça e falta às aulas. Como resultado, ela foi presa. Aparentemente, a tia era a instigadora do roubo e levava Leyana e outras crianças para furtarem em lojas.

Além disso, Leyana tinha um longo histórico de transtorno emocional e hospitalizações psiquiátricas, bem como de eventos potencialmente traumáticos. Ela teria começado a tomar psicotrópicos na primeira série e começou a ouvir vozes, que lhe diziam para fazer "coisas malucas", por volta dos 6 anos. Havia relatórios indicando que Leyana também parecia ser paranoica e responder a estímulos internos, como pular e gritar "Parem de se meter comigo!" ou falar em voz alta quando estava sozinha em seu quarto.

Durante sua entrevista de admissão, ela disse que as vozes que ouvia "às vezes eram maldosas, às vezes amáveis", e instruíam-na a machucar-se e a machucar outras pessoas, mas também a elogiavam. As hospitalizações psiquiátricas anteriores haviam decorrido, sobretudo, de ideações e atitudes suicidas e homicidas, além do descumprimento da medicação.

Descrições de Leyana também diziam que ela apresentava problemas de distração, hiperatividade e impulsividade, além de previamente ter recebido um diagnóstico de TDAH. Além disso, os relatórios mencionavam frequentes mudanças de humor e sinais de irritabilidade, bem como paranoia e desconfiança das pessoas em geral. Havia também um histórico de promiscuidade sexual. Ela dizia "adorar" sexo e tivera ao menos cinco parceiros sexuais desde os 12 anos, sem nenhuma gravidez.

Dentro do processo de admissão, uma assistente social clínica aplicou a TSCC para avaliar sintomas de traumas atuais e passados. As respostas de Leyana corroboraram diversas experiências ligadas a TEPT. Tendo sofrido traumas e maus-tratos consideráveis, Leyana abrigava intensa ansiedade e receios de que algo ruim lhe acontecesse. Ela também afirmou que tinha pesadelos frequentemente e lembranças referentes a traumas. Quando isso acontecia, muitas vezes ela tinha problemas de concentração durante o dia e, por consequência, dificilmente conseguia permanecer focada nas obrigações do dia a dia e na tarefa escolar.

Ela também via muitas de suas experiências na vida como "esquisitas" ou "incomuns" e considerava-se diferente de outras adolescentes. Assim, seu autoconceito parecia prejudicado. De mais a mais, ela não confiava nos homens, achava o mundo ameaçador e com frequência achava-se vítima de um complô. Também admitia sua preocupação com pensamentos intrusivos sobre o abuso que sofrera, bem como a luta com conflitos sexuais. Ainda, reconheceu casos de aparente dissociação quando ficava assustada e era dominada por seus pensamentos intrusivos e suas ideias persecutórias.

Com essas informações adicionais fornecidas pela *checklist* de traumas, Leyana foi admitida numa unidade especializada com pessoas de origens similares. Ela foi indicada para uma reavaliação psiquiátrica, além de terapia individual e de grupo. Essas últimas intervenções visariam ajudá-la a aprender outras maneiras de lidar com seus traumas passados e sua ansiedade, como a psicoeducação e os métodos de redução de estresse (p. ex., ioga). Elas também lhe dariam oportunidades de *role-playing* para aumentar a sua capacidade de relacionamento e interação com seus colegas.

* * *

Indicadores de abuso sexual em desenhos

Aqui é preciso abordar o uso de desenhos em avaliações de clientes submetidos a abuso sexual. Embora seja um tema demasiadamente amplo para ser coberto nesta seção, é útil para os clínicos adquirirem algum conhecimento de diversos indicadores que podem se apresentar na concepção de imagens gráficas. Por exemplo, muitos clientes podem comparecer às entrevistas com um problema atual totalmente diferente (p. ex., depressão ou ansiedade) e talvez não tenham revelado abuso sexual até então. Em tal caso, se um clínico perspicaz observar possíveis sinais de abuso em vários desenhos, poderá investigar mais a fundo eventuais ocorrências na vida do cliente e ressaltar essa área de interesse nas recomendações terapêuticas.

É possível que o cerne dos problemas atuais do cliente seja a história de abuso sexual jamais investigada nem discutida em maior profundidade.

Sem a introdução de desenhos no processo de avaliação, o clínico pode negligenciar esse aspecto tão importante. A inclusão de imagens gráficas proporciona um meio não ameaçador de se facilitar e incrementar essa comunicação.

Portanto torna-se relevante salientar uma lista de possíveis indicadores que foram observados em desenhos e podem auxiliar os clínicos que procurarem descobrir abusos eventualmente ocorridos. Os seguintes indicadores existentes em desenhos de vítimas de abuso sexual são uma compilação de alguns dos pontos comuns já descobertos (apud Malchiodi, 1997):

- evidente conotação sexual no conteúdo, tal como imagens de genitália, ênfase gráfica na zona pélvica das figuras, sedução como tema (Faller, 1996);
- cabeças sem corpos ou corpos sem a metade inferior (Hagood, 2000);
- encapsulação (Malchiodi, 1997);
- formas fálicas, frequentemente árvores (Hagood, 2000);
- formas (corações, círculos e cunhas) (Hagood, 2000);
- autodepreciação (Malchiodi, 1997);
- marcas repetitivas, mistura (Hagood, 2000).

Como sempre, deve-se ter cautela em qualquer interpretação, especialmente ao analisar os aspectos de desenvolvimento dos desenhos de crianças. Também é preciso detectar sinais de abuso sexual repetidos, fazendo parte de um padrão observado em vários desenhos, em lugar de pressupô-los com base num único indicador. Uma evidência clara de abuso sexual não deve se basear apenas em desenhos, mas, sim, por meio de diálogos contínuos, sugestões de outros instrumentos psicológicos e clara revelação por parte do cliente antes da implementação de recomendações (Hagood, 2000).

Estudo de caso
Louis R.

Louis R. era aluno de terceira série de escola pública e tinha 9 anos quando a mãe o encaminhou para uma avaliação em razão de sua falta de atenção, seus comportamentos perturbadores e sua impulsividade. Segundo a mãe, Louis regredira em seu comportamento e seus hábitos de trabalho durante o ano letivo após a supressão de algumas adequações em sala de aula, especialmente a assistência individualizada. Embora aparentemente ele estivesse no nível da sua série, a sua última revisão do IEP apontava constantes problemas de organização, de necessidade de acrescentar detalhes à sua escrita e de compreensão. Quanto ao comportamento, Louis parecia ser visto como imaturo e impulsivo.

Louis foi considerado uma criança em risco com tenra idade. O diagnóstico original apontava problemas de integração sensorial, bem como déficits de atenção. Além disso, havia questões relacionadas a problemas de desenvolvimento geral e sintomas do espectro autista. Embora percebido como capaz de aprender, ele precisou de apoio individual no jardim de infância e na primeira série. Já recebera terapia ocupacional e intervenções na fala e na linguagem. Também havia participado de acampamentos para necessidades especiais e treinamento de habilidades sociais. Tomava medicação para ansiedade (Prozac líquido), mas continuava a mostrar comportamentos inadequados, tanto agressivos quanto de índole sexual, em diversos ambientes.

Na avaliação, Louis mostrou ser um garoto bem-arrumado, amável e bem alimentado, que se separava da mãe com facilidade e aceitava as orientações. Não havia indícios de angústia grave. Falava com clareza e expressava pensamentos pertinentes e dirigidos a um objetivo. Contudo, às vezes ele precisava de mais estímulo e reorientação para fazer as tarefas, mas respondia positivamente ao incentivo quando não conseguia resolver um problema. Em geral, porém, ele era agitado e irrequieto, e fazia barulho se não fosse envolvido numa atividade imediatamente.

No QI e em testes educacionais, os resultados de Louis indicavam funcionamento médio, mas havia grande disparidade nas pontuações, entre abaixo da média e superior, refletindo pontos fortes específicos e habilidades menores entre suas singulares capacidades e seu progresso educacional. Mesmo sendo de esperar que Louis atingisse um nível médio ou algo acima do médio num ambiente educacional comum, acreditava-se que a irregularidade no desenvolvimento de suas habilidades causava muita insatisfação em seu desempenho escolar, além de acarretar incoerências e descuido em seu trabalho.

Num teste de coordenação motora fina e efetividade de enfrentamento, as reproduções de Louis foram difíceis e díspares. Ele esforçou-se bastante em desenhar as figuras e, embora essencialmente preciso, levou muito tem-

Figura 5.8

po para terminar. Provavelmente, os problemas no controle perceptivo-motor restringiam a sua eficiência em tarefas escritas, geravam muita frustração e diminuíam o resultado de seu trabalho. Planejar e organizar também era difícil para ele, e essas limitações denotavam uma grande necessidade de estrutura para maximizar o desempenho.

Os desenhos de objetos e figuras revelaram também muitas deficiências de coordenação motora fina e expressão. Eram muitos os indícios de imaturidade perceptiva e os desenhos tendiam a situar-se numa faixa de desenvolvimento vários anos aquém da sua idade cronológica. Tal imaturidade relacionada à emocionalidade era visível também nas técnicas projetivas

Suas respostas sugeriam alto grau de ansiedade subjacente, que fazia com que ele reagisse exageradamente ao se deparar com situações estressantes. Essas vulnerabilidades ficaram especialmente claras em seu desenho de "árvore", que não só refletia a sua imaturidade como sugeria inferências sexuais (Figura 5.8). Quando esse aspecto foi abordado, Louis admitiu que tinha "descoberto" a pornografia na internet.

* * *

Vantagens e limitações

A entrevista clínica – quer aquela informal na admissão, quer por meio de um MSE ou Caps mais formal – é uma oportunidade para os profissionais de saúde comportamental obterem valioso conhecimento sobre a origem e as histórias familiares da pessoa como um todo. Ela representa um momento crucial para o cliente e o clínico reunirem informações e adquirirem percepção. Um clínico capacitado pode examinar abundantes habilidades e empecilhos em relativamente pouco tempo. A memorização de partes de entrevistas e exames de estado mental estruturados também podem fornecer uma base sólida a um examinador eficiente.

Perguntas relevantes podem guiar uma entrevista e evidenciar ao cliente que o clínico está verdadeiramente interessado em seu bem-estar. Os clientes terão de recordar ou rever uma enorme quantidade de histórias de vida e pessoais com o clínico, que com frequência fará muitas perguntas a respeito de diversas fases da vida. Ainda que alguns componentes de entrevistas iniciais tenham sido informatizados (especialmente na coleta de informação demográfica), para os clínicos é fundamental compreender os propósitos das perguntas e onde elas se encaixam no quadro diagnóstico geral.

Também é importante aplicar nas entrevistas toda a gama de ferramentas clínicas à disposição para lidar com clientes difíceis, inclusive a aplicação de desenhos. Portanto rever os capítulos anteriores e achar momentos apropriados para introduzir formatos estruturados, como linhas de tempo, genogramas, brasões de família, diagramas de escola e trabalho ou imagens de um eu "ideal", pode ser bastante proveitoso no processo de descoberta.

Estudo de caso
Cheryl N.

Cheryl N. era uma aluna de 16 anos da décima primeira série de uma escola pública encaminhada para avaliação psicológica pela mãe e pelo padrasto devido às suas notas baixas, faltas à escola e contínuos problemas de adaptação relacionados ao divórcio dos pais, cinco anos antes. Ela oscilava entre precisar da atenção de seu pai biológico (que morava perto com o irmão dela) e de seu padrasto. Já havia recebido orientação, com resultados diversos.

Os sintomas então descritos pela mãe incluíam atitude defensiva, irritabilidade, tristeza e falta de autoestima. Ela também mencionou que Cheryl se enfurecia com facilidade, mostrava escassa concentração, parecia distraída, comia muito pouco e tinha frequentes problemas para dormir. As perguntas de encaminhamento para testes eram as seguintes: "Ela tem mesmo TDA/TDAH (histórico de distração e falta de atenção)?", "Quão grave é a sua aparente depressão (ela tinha parentes com diagnóstico de bipolaridade)?" e "Existe alguma evidência de deficiências de aprendizagem?" Havia uma reunião marcada na escola e os pais precisavam de informações e documentação para possíveis adaptações e intervenções.

No início, Cheryl estava zangada por estar "perdendo seu tempo" falando com mais um terapeuta. De muito má vontade, ela respondeu perguntas sobre sua vida e sua situação naquela época e foi bastante provocativa. Descreveu um ex-namorado como um "perdedor" e comentou que seus amigos de então eram mais velhos, tinham carro e curtiam festas. E contou que era muito desenvolta – tinha conseguido um emprego de verão num restaurante e parecia apaixonada por seus interesses em esportes, dança e redes sociais.

Nos testes de autorrelato, Cheryl descreveu-se como indecisa, facilmente influenciável, nervosa, preocupada e solitária, com indícios de baixa autoestima. Na escola, ela parecia ansiosa quanto às provas e seus receios muitas vezes interferiam em seus estudos. Ela também afirmou que tinha "pânico" em provas importantes. Ademais, disse que com frequência devaneava na escola e era desorganizada demais em seus esforços. Com efeito, havia muitos sinais de dificuldades nas funções executivas nos vários testes psicológicos, inclusive procrastinação, desatenção, pouca capacidade de planejamento e sentir-se oprimida com facilidade diante de dificuldades. Ela também reconheceu uma grande aflição intrapsíquica ligada à sua extrema melancolia, à incapacidade de dormir adequadamente, à tristeza subjacente e à impressão de que a vida é injusta.

Apesar de seu desespero, quando lhe pediram que elaborasse seu eu "ideal" dali a dez anos, Cheryl concebeu uma mulher muito atraente, a quem descreveu como bem-sucedida e dona de si (Figura 5.9). Embora o desenho ainda parecesse sugerir alguns problemas de estabilidade e controle de impulsos, o foco principal era o otimismo quanto ao seu futuro. Por meio do desenho, ela expressou sua necessidade de independência e a esperança de ser próspera e assertiva um dia.

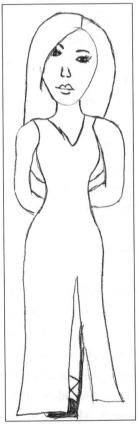

Figura 5.9

Ela desfrutou desse processo e da abordagem indireta da sua história clínica. O formato permitiu-lhe descontrair e ficar mais receptiva e cooperativa diante das solicitações do examinador. Os testes restantes foram realizados e seus resultados entregues aos pais e aos funcionários da escola, que ofereceram adaptações. Sem o benefício de outra "ferramenta clínica" a estabelecer entrosamento e ganhar confiança, os resultados provavelmente teriam tomado um rumo diferente e infrutífero.

* * *

Avaliações da família

A inclusão de desenhos em sessões iniciais de terapia familiar tem dois objetivos principais: fornecer uma técnica tangível de análise e avaliação e tornarem-se uma ferramenta de processo terapêutico (Rubin, 1978). De modo geral, as duas funções sobrepõem-se. Ao usarem desenhos no início, os clínicos podem estabelecer entrosamento com os membros da família, conectando-se com eles por meio de atividades estruturadas. Ao mesmo tempo, o terapeuta começa o processo de análise de dinâmicas e papéis interpessoais complicados.

O processo de desenho e as imagens feitas ajudam os clínicos a: a) obter uma indicação mais clara das hierarquias e dos limites dentro das estruturas familiares; b) perceber como os membros da família veem a si mesmos e à organização familiar; c) entender como eles comunicam-se, apoiam-se e compreendem-se mutuamente. Todos esses elementos são de vital importância para desvendar crenças e problemas centrais com o propósito de estabelecer metas de tratamento.

Quanto a explorar o processo de avaliação, a atividade de desenho costuma proporcionar uma experiência comum e divertida na sessão familiar inicial. E o fato de compartilhar símbolos dentro das imagens gráficas reforça as interações familiares e determina um tom geral positivo e inesquecível. Por ser algo incomum, a elaboração de imagens gráficas cria uma diversão compartilhada, proporciona uma sensação de intimidade e ajuda a família a restabelecer seu senso de identidade própria. Além disso, os procedimentos melhoram a comunicação verbal entre as gerações (Kerr et al., 2007).

Também se incluem desenhos em sessões de avaliação para ajudar a fortalecer ou desestabilizar coalizões familiares para que mudanças proveitosas possam acontecer. Ademais, as técnicas de desenho podem fazer com que problemas ocultos fiquem visíveis para os membros da família mediante suas ilustrações tangíveis, que depois podem servir para reconhecer, compreender e resolver questões problemáticas. Valendo-se dos desenhos como agentes criativos de mudança, os clínicos que os utilizam em suas sessões iniciais podem promover muitas intervenções independentemente do modelo de terapia familiar (Oster & Gould, 1987).

Na segunda edição de Uso de desenhos em avaliação e terapia *(Oster & Crone, 2004), uma mãe de quatro filhos, "Carla", de 40 anos, sentia-se oprimida e sufocada e já não conseguia lembrar-se da sua verdadeira identidade. Estava exausta, tinha pouco tempo para si mesma e nenhum tempo para refletir sobre suas capacidades e seus sonhos pessoais. Em suma, ela era um mistério para si própria e começava a se sentir perdida dentro de seu papel familiar de principal cuidadora. Quando Carla tentou explicar suas inquietações aos seus familiares durante uma sessão de avaliação inicial, eles ficaram perplexos e não souberam como reagir aos sentimentos de ineptidão que ela expressou.*

Para todos os membros da família, essa confissão aberta era desconcertante e assustadora. A descrição era especialmente incompreensível para o marido. Ele não conseguia entender que essa esposa e mãe maravilhosamente ativa, de inúmeros talentos e sempre tão envolvida em todas as atividades dos dois, estivesse expressando tais sentimentos, e ainda por cima a uma pessoa desconhecida. Ele ficou realmente pasmo e desnorteado. Essa reação o magoou, pois ele pensava que ela tinha conseguido tudo o que havia desejado – filhos, uma bela casa (todas as coisas boas da vida). Os filhos estavam igualmente perplexos porque amavam a mãe e não imaginavam que ela não fosse feliz. Do ponto de vista deles, todas as suas necessidades estavam sendo atendidas e eles certamente eram felizes. O que acontecia com a mãe que eles achavam conhecer?

O que o clínico solicitou a seguir surpreendeu a família. Ele pediu a Carla que criasse uma imagem que pudesse representar seu problema principal. Esse pedido objetivava transmitir a experiência íntima dela para sua família, e a projeção visual resultante poderia ser usada para discutir e expressar seus sentimentos profundos de maneira menos ameaçadora.

Para Carla, o desenho disse tudo. O que ela apresentou (um espelho sem nenhum reflexo) parecia simbolizar suas sensações de anonimato. Depois, ela conseguiu usar esse "retrato" como uma plataforma engenhosa para exprimir seus sentimentos de alienação e de identidade perdida diante do marido e dos filhos, de modo que todos pudessem compreender. Com essa ilustração gráfica, Carla conseguiu identificar seus principais problemas e a família percebeu que podia remanejar suas atividades para dar-lhe a oportunidade de reservar tempo para si mesma, o que fez com que se sentisse valorizada e menos assoberbada.

Não raro, tanto o clínico não arteterapeuta quanto os membros da família sentem-se um tanto constrangidos quando se solicitam desenhos pela primeira vez durante uma sessão familiar inicial. Essa sensação de desconforto é típica, uma vez que o uso de desenhos extrapola a expectativa das interações verbais habituais. Entretanto essa via alternativa pode ser muito benéfica quando as famílias se veem rigidamente presas aos seus próprios modelos de comunicação ineficaz.

O uso clínico de desenhos pode gerar um ambiente divertido dentro de uma sessão tensa, bem como pode descontrair o habitual espírito crítico que muitas vezes há no início da sessão quando os pais tentam transmitir o que há de errado em sua família (Oster & Montgomery, 1996). Com frequência, os desenhos conseguem alterar essas interações negativas e interromper um ciclo nocivo de comentários ríspidos que inibe a comunicação eficaz entre os membros da família. E os resultados criam vias de autoexpressão e somam compreensão aprofundada à expressão de aspectos problemáticos.

Ao reconhecerem abertamente o nervosismo compartilhado de expressarem-se por imagens gráficas, os clínicos podem estabelecer um terreno comum com a família – independentemente de contexto ou cultura – e moldar maneiras mais sadias de exprimir sentimentos complexos (Kerr, 2015).

Compartilhar conflitos

Com a introdução de desenhos em sessões de avaliação familiar, os clínicos ajudam a toda a família, fornecendo temas específicos para revisar áreas de conflito que talvez sejam ameaçadoras demais para serem compartilhadas abertamente. Esses temas de conversa visual também se prestam ao processo de geração de hipóteses referentes a questões e preocupações importantes da família, bem como podem fornecer aos clínicos premissas introdutórias que comecem a responder muitas das perguntas de encaminhamentos e estabeleçam um canal direto para diversos aspectos de intervenção terapêutica.

Quando se utilizam desenhos no contexto de avaliações familiares, todos os membros têm a oportunidade de, sem falar, retratar seus problemas numa arena segura. Depois eles podem revelar essas dificuldades em posteriores discussões e descobrir novas soluções para ganhar controle sobre elas. As imagens servem de ponto fulcral para esse diálogo e proporcionam um registro permanente do processo para futuras sessões. Os desenhos podem até se tornar registros visuais de relações familiares que podem ser preservados e reexaminados durante o tratamento.

ESTUDO DE CASO
JASON A.

Jason A. era um garoto de 9 anos que vivia com os pais e a irmã mais velha, perturbando-os constantemente. Quando da sua consulta para avaliação psicológica, ficou decidida a inclusão de uma sessão familiar para avaliar as questões explicitadas e a dinâmica daquele momento. Os pais preocupavam-se principalmente com a distração, a ansiedade, a variabilidade emocional e a falta de autoestima de Jason, mas também reclamavam da rivalidade e da rixa incessante com a irmã.

A fim de descrever a situação visualmente, cada membro da família foi solicitado a desenhar um problema familiar e como o resolveria. Enquanto os demais hesitavam em realizar suas imagens, a irmã mais velha, Jordan, apressou-se em representar o conflito entre ela e Jason e a sua solução. Como se vê na Figura 5.10, Jordan parecia expressar grande insatisfação, mas também conseguia controlar sua raiva. Na imagem seguinte (Figura 5.11), podemos ver Jason recebendo um prêmio por seu "bom" comportamento. Jordan achava que esse tipo de estímulo talvez pudesse reorientar as ações do irmão mais novo.

Figura 5.10 – Mom, Jacob hit me! = Mãe, Jacob me bateu! / Again! = De novo)

Figura 5.11

Era óbvio para todos os membros da família que Jason queria a atenção deles e que talvez fosse preciso um incentivo para conseguir o que eles e o menino queriam. Mesmo vendo isso como manipulação, os pais concordaram em experimentar uma abordagem diferente (elogio e prêmios) para moldar o comportamento de Jason visando a atitudes mais simpáticas. Na sessão seguinte, marcada para avaliar o funcionamento geral do menino, ficou claro que ele era, na verdade, flexível o bastante para moderar suas manhas habituais e expressar a sua necessidade de se aproximar de maneira mais afável. Naquele momento, ficou evidente que simples intervenções com membros da família dispostos a cooperar podem ter profundos efeitos na dinâmica familiar.

* * *

As tarefas artísticas oferecem ao casal – ou à família toda – a oportunidade de trabalhar em conjunto e de ressaltar a mensagem importante de que resolver os problemas em conjunto é um objetivo primordial da sua terapia. As atividades em comum também enfatizam algo importante: o fato de que as dificuldades analisadas são preocupações de todos e que a família, se trabalhar unida, pode ser um poderoso agente de mudança (Riley, 1993; Kerr, 2015). Em muitos casos, os métodos de desenho revelam problemas terapêuticos e soluções criativas que nem sempre se apresentam quando se colhem informações por meios tradicionais.

O uso de técnicas não verbais como os desenhos é especialmente útil para estudar problemas com carga emocional em famílias de adolescentes deprimidos, pois elas descobrem que costuma ser mais fácil expressar sentimentos incômodos por meio de realizações ou experiências conjuntas (Oster & Caro, 1990; Oster & Montgomery, 1996).

Os desenhos oferecem uma saída mais segura para os impulsos destrutivos ou raivosos de adolescentes perturbados que, de outro modo, podem sentir-se sufocados pelo que está sendo expresso na entrevista e talvez temam perder o controle de suas emoções e de seu comportamento. De mais a mais, o adolescente e a família, que talvez já sejam criativos em sua autoexpressão, têm outra base para aprofundar descobertas esclarecedoras com esses procedimentos não verbais.

Um aprimoramento para os profissionais

Ferramentas clínicas como os desenhos oferecem vantagens consideráveis aos profissionais que atuam em avaliações iniciais ou primeiras sessões de terapia individual ou familiar. Nessas primeiras visitas, é possível que o comportamento e a expressão de sentimentos sejam excessivamente rígidos, fragmentados ou desprovidos de foco. Cabe ao entrevistador, examinador ou terapeuta tornar o primeiro contato tão confortável quanto possível.

As solicitações de desenho têm sua própria estrutura característica e facilitam a informação seletiva e, portanto, ensejam oportunidades especiais para o entrosamento e a construção de uma ponte que indique o rumo para a mudança. As atividades iniciadas por solicitações de desenho e os resultados assim elaborados levam uma mensagem convincente para indivíduos e membros da família, a de que eles são participantes ativos do processo de coleta de informações. Mais especificamente, o uso de métodos alternativos – como desenhar ou expressar imagens internas – permite aos participantes reforçar sua percepção dos problemas percebidos.

Com o propósito de ajudar nessa complexa "dança", foram concebidos formatos de entrevista clínica estruturada e não estruturada para adquirir informações valiosas que determinem a orientação do tratamento. Por sua vez, têm sido criadas diversas instruções de desenho para estimular a melhoria da comunicação e examinar a complexidade das dinâmicas pessoal e interpessoal que é preciso revelar em sessões de avaliação. A oportunidade de adicionar expressões não verbais de emoções e conflitos amplia o acesso a experiências que geralmente não se dão na troca de perguntas e respostas ou no preenchimento de breves listas de verificação.

As experiências mais avançadas podem se tornar um ponto central para melhorar interações, explorar áreas difíceis de sofrimento e iniciar buscas diferentes, embora significativas, de informações relevantes para responder às perguntas de encaminhamento. Para tanto, os clínicos têm de se tornar observadores perspicazes da condição humana e reunir as várias ferramentas de entrevistas necessárias para desvendar os segredos do cliente.

Referências

American Psychiatric Association. (2013). *Diagnostic and statistical manual of mental disorders* (5. ed.). American Psychiatric Association.

Blake, D. D., Weathers, F. W., Nagy, L. M., Kaloupek, D. G., Gusman, F. D., Charney, D. S., & Keane, T. M. (1995). The development of a clinician-administered PTSD scale. *Journal of Traumatic Stress*, 8, 75-90.

Breggin, P. R. (2002). *The Ritalin fact book*. Perseus.

Breggin, P. R., Breggin, G. R., & Bemak, F. (2002). *Dimensions of empathic therapy*. Springer.

Briere, J. (1995). *Trauma symptom inventory: Professional manual*. Psychological Assessment Resources.

Briere, J. (1996). *Trauma symptom checklist for children: Professional manual*. Psychological Assessment Resources.

Burgess, W. (2013). *Mental status examination: 52 challenging cases, DSM and ICD-10 interviews, questionnaires and cognitive tests for diagnosis and treatment* (2. ed.). Amazon: Create Space Independent Publishing Platform.

Eggly, S. (2002). Physician-patient co-construction of illness narratives in the medical interview. *Health Communication*, 14(3), 339-360.

Faller, K. C. (1996). A clinical sample of women who have sexually abused children. *Journal of Child Sexual Abuse*, 4(3), 13-30.

Foa, E. B., & Yadin, E. (2011). Assessment and diagnosis of posttraumatic stress disorder: An overview of measures. *Psychiatric Times*, 28, 63-71.

Groth-Marnat, G. (2009). *Handbook of psychological assessment* (5. ed.). Wiley.

Hagood, M. (2000). *The use of art in counseling child and adult survivors of sexual abuse*. Jessica Kingsley.

Kaplan, R. M., & Saccuzzo, D. P. (2012). *Psychological testing: Principles, applications, and issues* (8. ed.). Cengage Learning.

Kaufman, A. S., & Lichtenberger, E. O. (2005). *Assessing adolescent and adult intelligence* (3. ed.). Wiley.

Kerr, C. (Ed.). (2015). *Multicultural family art therapy*. Routledge.

Kerr, C., Hoshino, J., Sutherland, J., Parashak, S. T., & McCarley, L. L. (2007). *Family art therapy: Foundations of theory and practice*. Routledge.

Malchiodi, C. A. (1997). *Breaking the silence: Art therapy with children from violent homes* (2. ed.). Brunner/Mazel.

Maloney, M. P., & Ward, M. P. (1976). *Psychological assessment: A conceptual approach*. Oxford University Press.

Meier, S. T., & Davis, S. R. (2010). *The elements of counseling* (7. ed.). Cengage Learning.

Nader, K. O. (2004). Assessing traumatic experiences in children and adolescents: Self-reports of DSM PTSD Criteria B-D symptoms. In J. Wilson e T. Keane (Eds.). *Assessing psychological trauma and PTSD* (2. ed.) Guilford Press, 513-537. Material protegido por direitos autorais – Disponibilizado por Taylor & Francis Cópia de revisão – Não disponível para redistribuição.

Nader, K. O. (2015). *Understanding and assessing trauma in children and adolescents: measures, methods, and youth in context.* Routledge.

Oster, G. D., & Caro, J. (1990). *Understanding and treating depressed adolescents and their families.* Wiley.

Oster, G. D., & Crone, P. (2004). *Using drawings in assessment and therapy* (2. ed.). Taylor & Francis.

Oster, G. D., & Gould, P. (1987). *Using drawings in assessment and therapy.* Brunner/Mazel.

Oster, G. D., & Montgomery, S. S. (1996). *Clinical uses of drawings.* Jason Aronson.

Othmer, E., & Othmer, S. C. (2001). *The clinical interview using DSM-IV-TR.* American Psychiatric Press.

Posthuma, R. A., Morgeson, F. P., & Campion, M. A. (2002). Beyond employment interview validity: A comprehensive narrative review of recent research and trends over time. *Personnel Psychology, 55*(1), 1-81.

Riley, S. (1993). Illustrating the family story: Art therapy, a lens for viewing the family's reality. *The Arts in Psychotherapy, 2*, 253-264.

Rogers, C. R. (1957). The necessary and sufficient conditions of therapeutic personality change. *Journal of Consulting Psychology, 21*(2), 95.

Rubin, J. A. (1978). *Child art therapy.* Van Nostrand Reinhold.

Sattler, J. (1997). *Clinical and forensic interviewing of children and families.* Jerome M. Sattler.

Sattler, J. (2001). *Assessment of children: Behavioral and clinical applications* (4. ed.). Jerome M. Sattler.

Sattler, J. (2006). *Assessment of children: Behavioral and clinical applications* (5. ed.). Jerome M. Sattler.

Sattler, J. (2014). *Foundations of behavioral, social, and clinical assessment of children* (6. ed.). Jerome M. Sattler: Publisher, Inc.

Smith, H. G. (2011). *Mental status exam and brief social history in clinical psychology*. Lulu.com.

Sommers-Flanagan, J. S., & Sommers-Flanagan, R. (2013). *Clinical interviewing* (5. ed.). Wiley.

Strub, R. L., & Black, F. W. (1993). *The mental status examination in neurology*. FA Davis Company.

van der Kolk, B. (2014). *The body keeps the score: Brain, mind, and body in the healing of trauma*. Viking.

Walker, P. (2013). *Complex ptsd: From surviving to thriving: A guide and map from recovering from childhood trauma*. New Harbinger.

Weathers, F. W., Blake, D. D., Schnurr, P. P., Kaloupek, D. G., Marx, B. P., & Keane, T. M. (2013). *The clinician-administered PTSD scale for DSM–5 (Caps-5)*. US Department of Veteran Affairs.

Williams, M. B., & Poijula, S. (2013). *The PTSD workbook: Simple, effective techniques for overcoming ptsd symptoms*. Harbinger.

Wilson, J. P. (2004). PTSD and complex ptsd: Symptoms, syndromes, and diagnoses. In Wilson, J. P., & Keane T. M. (Eds.). *Assessing psychological trauma and PTSD* (2. ed.). Guilford Press.

Zimmerman, S. (2013). *Interview guide for evaluation of DSM5 disorders* (2. ed.). Psychology Products Press.

6
Avaliações psicológicas abrangentes

ESTUDO DE CASO
MAX T.

Max T. era um aluno de 12 anos da sétima série que vinha obtendo notas díspares por muitos anos, apesar de contar com um Plano Educacional Individualizado (PEI) já estabelecido. Seus professores haviam efetuado modificações para aumentar seu sucesso educacional (p. ex., oferecendo-lhe um pequeno laboratório de aprendizagem para realizar suas provas), mas houve poucas melhoras. Os professores estavam cada vez mais desconcertados com a incapacidade de Max para expressar suas ideias por escrito e sua atitude crescentemente negativa perante a escola.

Max não apresentava surtos temperamentais, mas parecia sempre insatisfeito. Nos anos de ensino fundamental, um pediatra opinou que o caso do garoto estava próximo de um diagnóstico de TDAH, mas ele nunca foi avaliado de forma mais aprofundada nem recebeu tratamento. Apesar das aulas de reforço, ele continuava abaixo do nível da série. A sua motivação também vinha decaindo, enquanto seu mau comportamento constante refletia sua decepção.

Os professores, o gestor do caso e o orientador de Max decidiram que era preciso fazer uma avaliação psicoeducacional a fim de delinear mais claramente seus pontos fortes e fracos intelectuais e educacionais, bem como planejar serviços mais amplos, se necessário, por meio de uma expansão de seu PEI. As características da personalidade também eram de interesse para se avaliar como o mau humor, a impulsividade e a baixa tolerância à frustração poderiam estar minando seu progresso na aprendizagem.

No início da sessão de avaliação, o pai de Max preencheu uma lista para descrever os sintomas constantes do filho. Ele mencionou raiva, ansiedade, postura defensiva, distração, irritabilidade e falta de autoestima como os principais problemas.

Durante a sessão de testes, Max elaborou um desenho muito tocante de si mesmo na escola. Na imagem, ele retratou-se sentado à sua mesa, parecendo sufocado (chorando, com a cabeça entre as mãos) e perguntando-se o que fazer a seguir e como ia conseguir ajuda. O resto da avaliação forneceu um retrato completo das necessidades de Max, que foram definidas pelas recomendações do relatório final. Com essa documentação minuciosa em mãos, a equipe terapêutica e os pais de Max contaram com orientações claras sobre como prestar a melhor ajuda ao crescimento educacional e social do garoto.

Estudo de caso
Janette B.

Janette B. tinha 15 anos quando a admitiram na unidade psiquiátrica de um hospital local. Chegou ao setor de emergência de ambulância depois de dizer à mãe que tinha tomado uma overdose de vários medicamentos que achara no seu porta-joias (p. ex., Vicodin® e Benadryl®). Segundo os relatórios do plantão médico, Janette estava num "dia ruim", um dos muitos que ela parecia ter. Durante uma entrevista clínica inicial, ela expressou sensações de distanciamento e ansiedade, bem como embaraço social e sentimentos de impotência com ideias suicidas.

Janette comentou na admissão que sempre tentava ocultar seu eu autêntico e desconfiava de seus colegas. Ela concebeu um desenho de "seu mundo" mostrando muitas barreiras a separá-la dos demais na escola, bem como no seu bairro. Ela afirmou que não estava à vontade na escola e não gostava de fazer trabalhos nas salas de aula. Admitiu ter tido muitos episódios de ideação suicida no último mês e pensar que "seria melhor estar morta". A tentativa mais recente e que a levara ao hospital parecia mais proposital e premeditada do que as anteriores, quando foi vista caminhando imprudentemente numa estrada movimentada.

Já na unidade hospitalar, Janette foi encaminhada para uma avaliação psicológica visando a uma compreensão mais clara de suas qualidades e vulnerabilidades cognitivas e emocionais. As perguntas da avaliação buscavam determinar o grau em que suas experiências temperamentais estavam interferindo em seu dia a dia e auxiliar na orientação terapêutica e no planejamento da assistência posterior. Ela já havia sido avaliada quando mais nova; o diagnóstico indicou que ela tinha TDAH e "sempre tinha sido hiperativa, desatenta e desmemoriada". Ao que parece, essas características, que praticamente não haviam sido tratadas, contribuíram para piorar seu funcionamento e baixar a sua autoestima.

Testes psicológicos no processo de avaliação

Os profissionais de saúde comportamental que realizam entrevistas clínicas, avaliações diagnósticas e testes psicológicos procuram explicar o leque de problemas percebidos pelo cliente. Valendo-se de várias técnicas, eles avaliam o funcionamento cognitivo e emocional de modo a integrar uma compreensão mais profunda em conclusões aplicáveis e intervenções adequadas (Oster & Crone, 2004).

Uma vez esclarecidas as perguntas de encaminhamento, feitas as entrevistas e ponderadas as impressões diagnósticas, talvez ainda restem perguntas quanto à necessidade de informações e documentação específicas que indicarão uma determinada adaptação em sala de aula, o grau de deterioração do funcionamento ou a necessidade de programas especializados de residência, reabilitação ou assistência posterior.

Por meio de questionários de autorrelato, observações comportamentais, aplicação de testes intelectuais e neuropsicológicos, baterias educacionais, levantamentos de personalidade e técnicas projetivas (como as de desenho), cria-se, com base nas respostas do cliente, uma descrição abrangente do desempenho, baseada em dados normativos e no juízo e na experiência do examinador. Depois, esse retrato geral pode detalhar pontos fortes e fracos específicos, além de resumir com precisão e esclarecer as conjecturas diagnósticas (Gregory, 2013; Urbina, 2014).

Em muitos casos, em especial no que tange a crianças em idade escolar, os psicólogos recebem mensagens de pais e tutores cujos filhos foram encaminhados por um profissional da escola para avaliações psicológicas e educacionais (Brenner & Oster, 2013). Os responsáveis costumam ficar surpresos – e quase sempre em dúvida – quanto às razões para o encaminhamento. "Como os resultados desses testes podem ser úteis?", "O que quer dizer com 'vai fornecer dados objetivos'? – já não temos o bastante?", "Como pode isso beneficiar o PEI do meu filho quando há modificações que acabam de ser feitas?" Também são citados receios sobre o custo, a necessidade e a inclusão de mais informações sobre a família.

Como descrito no primeiro estudo de caso (Max T.), são feitos encaminhamentos para avaliações psicológicas e educacionais aprofundadas quando, a despeito de investigação preliminar e modificações em sala de aula, ainda não está claro por que o aluno continua a ficar para trás nos estudos ou encena a sua angústia de maneira evasiva ou turbulenta.

Ao solicitarem a avaliação mais abrangente, pais e professores podem eliminar qualquer grau de suposição que ainda exista a respeito das verdadeiras dificuldades da criança. Os resultados dos testes podem esclarecer com maior eficácia o que há por trás das dificuldades de aprendizagem ou emocionais e o que se pode fazer para corrigir os problemas e levar a criança a atingir seu pleno potencial.

Além do mais, testes abrangentes podem traçar um retrato mais preciso de desafios e preocupações importantes sobre o alcance da concentração, a capacidade de integração visomotora e a eficiência de enfrentamento de um aluno, uma vez que, com frequência, déficits nessas áreas funcionais de desenvolvimento cognitivo estão na raiz de dificuldades e deficiências de aprendizagem (Brenner & Oster, 2013; Oster, 2013).

Passa a ser de valor inestimável, para os pais e para os funcionários da escola, terem uma compreensão mais clara das dificuldades da criança quanto a essas vulnerabilidades. Os dados e as interpretações resultantes ajudam a explicar o comportamento durante as aulas ou a razão pela qual "Joãozinho" não termina os deveres a tempo.

Se os encaminhamentos partem de um pai ou responsável, é possível que alguém da escola da criança (p. ex., um professor recente ou um orientador) ou um profissional externo (como um professor particular, o pediatra ou um terapeuta), tendo dúvidas quanto ao diagnóstico correto ou o rumo do tratamento, queira reavaliar a necessidade de acrescentar algum teste. As perguntas habituais seriam, entre outras:

- Como os testes podem diagnosticar sintomas de TDAH corretamente?
- Será que meu filho tem uma deficiência concreta na aprendizagem?

- Sabemos que nossa filha tem grande potencial de aprendizagem, mas por que ela não se sai melhor nas tarefas em sala de aula?
- Meu filho está deprimido?
- Meu filho não tem bom desempenho nas provas porque fica ansioso demais?
- Por que meu aluno tem tanta dificuldade em socializar com seus colegas?
- Como pode uma avaliação nos ajudar a achar o melhor plano de ação?

Uma ampla bateria de testes psicológicos pode ajudar a compreender o funcionamento emocional de uma criança – ou um adulto –, isto é, detalhes sobre a estrutura da sua personalidade e como isso impacta suas necessidades no estudo ou no trabalho, bem como sintomas atuais que seja preciso abordar por meio de orientação ou, se necessário, mediante medicação.

Uma vantagem muito importante do exame mais aprofundado é que, uma vez obtidos os resultados e tendo começado a compreender os problemas de desempenho subjacentes do cliente, os psicólogos podem conceber recomendações de tratamento e orientações terapêuticas individualizadas. Pode-se sugerir novas adaptações em sala de aula (como ter um voluntário destinado a uma criança ou conseguir o acesso a anotações de professores) ou adequações no trabalho para superar problemas sensoriais ou de atenção. Aliás, com frequência os testes psicológicos se fazem necessários para prestar esses serviços especializados ou outros, como os de terapia da fala ou ocupacional.

Solicitações de profissionais da saúde

Muitas solicitações de testes psicológicos provêm também de psiquiatras, pediatras, colegas clínicos e clientes adultos em busca de mais informação para esclarecer diagnósticos ou, talvez, mudanças na medicação. Solicitações com vistas a documentar o grau de instabilidade do humor, impulsividade, atenção e risco de suicídio são pertinentes a esse tipo de informação especializada. Advogados e o sistema judicial também podem encaminhar pedidos com o propósito de descartar doença mental, conferir a deterioração da funcionalidade após acidentes automobilísticos, avaliar para serviços a deficientes e investigar a adequação parental em litígios sobre guarda, bem como avaliar a receptividade a intervenções terapêuticas. Essas solicitações também podem vir de pessoas do Programa de Assistência a Empregados, a fim de que policiais ou pilotos, por exemplo, sejam submetidos a avaliações de aptidão para o serviço. Em muitos casos, essas últimas avaliações citadas visam documentar aspectos do funcionamento, tais como queda de desempenho, capacidade decisória ou fingimento de sintomas.

No outro exemplo no início deste capítulo, Janette B. foi avaliada num ambiente hospitalar a pedido do psiquiatra da unidade. No caso dela havia a necessidade de documentação a fim de esclarecer o diagnóstico, bem como fornecer evidências à companhia de seguros de que ela precisava ficar num ambiente restrito. Como a maioria das admissões nessa unidade para adolescentes era para apenas dois dias, a tentativa de autolesão parecia grave demais e não um simples ato impulsivo. Todavia o médico responsável e a companhia seguradora solicitaram testes mais objetivos para justificar uma internação mais prolongada. Após uma avaliação completa, decidiu-se que seria apropriado e conveniente internar Janette por mais dias para protegê-la e planejar a sua assistência posterior.

Estudo de caso
Carlos B.

Outro exemplo é o de Carlos B., de 39 anos, que se apresentou para solicitar uma testagem psicológica. Suas principais queixas referiam-se a baixa tolerância à frustração, maior irritabilidade com mudanças sazonais, aflição em ambientes lotados e mudanças de humor, entre períodos de grande disposição e de desânimo. Como seu filho mais velho acabara de ser medicado para TDAH com resultados positivos, ele perguntava-se sobre seus próprios sintomas e as possíveis intervenções.

Antes de solicitar avaliações de psiquiatras e não desejando ser medicado, ele queria ter uma visão clara de seus problemas e saber se os testes psicológicos poderiam detectar possíveis sintomas de TDAH ou algo mais com relação ao seu humor, como bipolaridade e transtorno afetivo sazonal. Foi elaborado um histórico completo e deu-se início ao planejamento de testes cognitivos e de personalidade.

Resposta a perguntas de encaminhamento

Como já mencionado, os encaminhamentos para testes psicológicos provêm de diversas fontes: médicos (geralmente pediatras e psiquiatras, mas também clínicos; o sistema de Justiça (juízes, advogados, oficiais de liberdade condicional); ou diretamente de outros profissionais de saúde mental (assistentes sociais, enfermeiros psiquiátricos, orientadores profissionais, terapeutas expressivos). Os encaminhamentos vêm também de funcionários da educação e, muitas vezes, diretamente das famílias, em geral por comportamentos conflituosos na própria família, na escola ou no trabalho (Oster et al., 1988).

Subjaz às perguntas de encaminhamento a necessidade de conhecimento complementar capaz de elucidar decisões diagnósticas, detalhar pontos fortes e fracos, esclarecer déficits no funcionamento, recomendar um tipo específico de serviço terapêutico ou matrícula educacional e/ou medir o progresso educacional ou do tratamento.

O primeiro passo da avaliação de qualquer pessoa consiste em delinear claramente essas perguntas iniciais da fonte do encaminhamento e elucidar as prováveis expectativas. Quando se trabalha num contexto multidisciplinar ou em um sistema de saúde ou justiça mais amplo, costuma haver alto grau de variabilidade no nível do conhecimento quanto ao desenvolvimento infantil, experiência com psicopatologia grave em adultos e uma consciência geral sobre os recursos e as limitações dos testes psicológicos. É comum as perguntas de encaminhamento serem formuladas de forma imprecisa (p. ex., "Eu preciso de um psicológico") e exporem a confusão em torno tanto dos comportamentos e das preocupações atuais do cliente quanto dos benefícios que podem resultar do processo de avaliação.

Quem faz encaminhamentos costuma ter em mente muitas perguntas sem respostas (p. ex., "Será que esse adolescente está reagindo a um trauma do passado?", "Pode essa pessoa continuar com suas atuais obrigações de trabalho?" ou "Por que meu filho é preguiçoso?") que talvez não se prestem a ser tratadas diretamente numa breve entrevista. O psicólogo avaliador necessita, sobretudo, esclarecer mais essas perguntas iniciais e o que poderia resultar dessas indagações e ampliar o processo interativo.

De modo a obter máximo benefício, cabe ao examinador comunicar-se eficazmente com os profissionais ou com os pais que encaminharam o cliente, com o propósito de identificar os objetivos de suas solicitações. Importa também orientar as perguntas deles, bem como os testes e o relatório posteriores, visando obter conclusões adequadas para melhor atender às necessidades do cliente.

Psicólogos e outros clínicos envolvidos no processo de avaliação têm o auxílio de fontes de encaminhamento que fornecem informações claras, concisas e diretas, quer oralmente, quer por escrito. Por exemplo, o motivo do encaminhamento de um determinado jovem ou adulto, o que se sabe sobre a pessoa (e a família) e, especialmente importante, quais as expectativas da fonte do encaminhamento no que tange ao examinador e aos resultados da avaliação (Gabel, Oster & Butnik, 1986).

É preciso frisar que a responsabilidade de coletar essas informações é de quem efetua a avaliação. E, para o clínico, passa a ser particularmente conveniente ajudar as fontes do encaminhamento a organizarem as suas perguntas para especificar quais questões podem ser respondidas com facilidade pelos testes psicológicos e quais estão fora do alcance do processo de avaliação. Além disso, o examinador tem de estar ciente das escolhas com que a fonte de encaminhamento se depara (p. ex., se os resultados servirão para determinar a internação de delinquente ou colocação em uma escola, decisões sobre deficiências ou o esclarecimento do diagnóstico para medicação).

As informações específicas a se solicitar às fontes do encaminhamento têm de incluir os seguintes pedidos:

• *No entender da fonte do encaminhamento, qual é a natureza do problema que se apresenta?* Por exemplo, se uma família solicita uma avaliação psicológica, qual é a principal reclamação e como a avaliação será utilizada? Se um médico solicitar informações diagnósticas, os dados servirão para determinar a orientação terapêutica ou a eficácia da medicação?

• *Em que ponto do contato com a fonte do encaminhamento é que se faz esse pedido de ajuda para o diagnóstico?* Por exemplo, um programa de tratamento residencial solicita uma avaliação para requisitos de admissão ou, perto do fim do tratamento, para ajudar em decisões sobre colocação.

• *Quais avaliações já foram realizadas?* Frequentemente os encaminhamentos são recebidos sem que se tenha conhecimento de avaliações anteriores recentes. É fundamental solicitar da fonte do encaminhamento todos os testes anteriores conhecidos ou, se houver oportunidade, examinar os registros médicos antes de marcar uma consulta. Os testes não só se tornam inválidos quando aplicados com frequência como acabam sendo uma perda de tempo e dinheiro se a informação já conhecida bastar para responder as perguntas que surgiram.

• *Qual será o papel do examinador após a conclusão da avaliação e do relatório?* Caberá ao psicólogo analisar os resultados diretamente com o cliente ou a família, e será a fonte do encaminhamento quem informará o cliente, a família ou outros profissionais sobre os resultados?

Estudo de caso
Malcolm S.

Malcolm S. tinha 6 anos e era aluno de primeira série de escola pública quando foi encaminhado pelos pais para uma avaliação psicológica numa clínica ambulatorial a fim de esclarecer se as falhas de atenção, os atrasos na aprendizagem ou fatores emocionais poderiam estar tolhendo seu potencial educacional e seu amadurecimento interpessoal. Os professores já haviam manifestado preocupação com a desatenção, a ansiedade e o mau humor de Malcolm. Aparentemente, ele tinha dificuldades em seus primeiros esforços de leitura e escrita e começava a mostrar aversão a expressar seu conhecimento na sala de aula. Ele também hesitava muito em situações novas e mostrava grande nervosismo em situações sociais.

Segundo a mãe, Malcolm parecia ser perfeccionista, era excessivamente sensível e não gostava de ser julgado. Além disso, ele demonstrava muito desgosto com ruídos intensos. Ela o considerava distraído e ansioso, ao passo que ele tinha especial receio de revelar seus pontos fracos, apesar de parecer bastante capaz em Matemática, adorar Ciências e mostrar boa memória. Ele também teria dificuldade em se concentrar por qualquer tempo e ficava irrequieto e desatento ao tentar realizar tarefas em aula ou o dever de casa.

As vulnerabilidades de Malcolm pareciam abalar a sua confiança e às vezes ele se sentia um fracasso, motivo pelo qual se retraía. Antes de iniciar os testes, a psicóloga contatou os pais para esclarecer suas expectativas quanto aos resultados e saber se os achados seriam necessários para apoiar as decisões sobre sua matrícula na escola, nas reuniões de planejamento educacional individualizado. A psicóloga necessitava também esclarecer se a família pretendia que ela participasse dessas reuniões na escola ou contatasse os profissionais do estabelecimento. Além disso, colheu consentimentos informados para se comunicar com os professores do menino e o orientador escolar.

Identificação dos problemas percebidos

É possível que, na prática cotidiana, as fontes do encaminhamento tenham muitas perguntas sem respostas a respeito de seus clientes atormentados e em dificuldade. Geralmente, eles têm de procurar dados adicionais na forma de testes padronizados junto aos profissionais que realizam tais avaliações (Gabel et al., 1986; Oster et al., 1988).

Profissionais de saúde em geral e de saúde mental que iniciam encaminhamentos, quer se trate de pediatras, médicos de família, assistentes sociais, orientadores escolares ou outros profissionais de saúde comportamental, têm questões específicas que precisam de investigação complementar. No momento do encaminhamento, eles precisam determinar se há a necessidade de intervenções adicionais e se elas são viáveis. E, no caso de encaminhamentos feitos por familiares, isso também passa a ser questão de custo/benefício: se eles entendem do que se trata e qual é o provável produto final.

Esse parecer quanto à necessidade de testagem abrangente é mais importante dentro de um contexto de plano de saúde, que muitas vezes limita o número de testes ou dias em tratamento. Esse processo de tomada de decisão depende de muitas considerações e fontes, mas, sobretudo, de profissionais que habitualmente realizam entrevistas de admissão (por ex., assistentes sociais, orientadores profissionais) e avaliações diagnósticas iniciais (p. ex., psiquiatras e psicólogos).

Em muitos casos, outros profissionais – como terapeutas expressivos e orientadores em abuso de drogas – fazem parte desse processo, quando incluídos numa equipe multidisciplinar para contribuírem com seus pontos de vista nessa fase de coleta de informações para a elucidação do diagnóstico.

Para o tratamento eficaz acontecer é preciso identificar claramente os problemas apresentados pelo cliente e definir intervenções que proporcionem uma compreensão mais profunda, clareza de sintomas e soluções práticas. Por exemplo, é imperativo que os agentes de encaminhamento expliquem claramente as razões pelas quais alguém em crise emocional pode precisar de atendimento de emergência ou de hospitalização, ou a razão pela qual um médico ou outro profissional de saúde em geral ou de saúde mental pode ter encaminhado um cliente a uma clínica ambulatorial ou a um consultório particular para avaliação psicológica.

Em muitos casos, um "desenho" solicitado pela fonte do encaminhamento e que caracteriza dor emocional, episódios de assédio ou pensamentos suicidas pode dar início à recomendação de testes adicionais. E com essa visão mais clara das áreas problemáticas percebidas é possível adotar diversos métodos a fim de elaborar recomendações terapêuticas baseadas em testes mais abrangentes.

Mesmo quando se trata de um tratamento breve, às vezes é imprescindível dedicar tempo suficiente a uma avaliação precisa e completa. Os profissionais responsáveis pelo encaminhamento precisam de adequados retratos descritivos dos clientes, que possam ser repassados de forma sucinta a todos os profissionais envolvidos na gestão ou no tratamento do caso. Para que se tenha acesso a esse conhecimento e seja possível documentá-lo, as informações têm de ser coletadas a) esclarecendo perguntas da fonte de encaminhamento, b) fazendo um exame aprofundado do histórico, c) observando o comportamento, d) aplicando questionários de autorrelato, e) determinando capacidades intelectuais e traços de personalidade mediante a aplicação de testes objetivos e projetivos.

O papel dos psicólogos

Como profissionais de saúde comportamental, os psicólogos desempenham um importante papel na compreensão de como os fatores biológicos, comportamentais e sociais influenciam na saúde e na doença (Gregory, 2013; Urbina, 2014). Eles contam com capacitação, habilidades e conhecimento para compreender de que maneira os processos comportamentais e cognitivos básicos (p. ex., cognição, emoção, motivação, desenvolvimento, personalidade, interações social e cultural) preparam o corpo para se desenvolver normalmente ou começar a apresentar disfunções. Ao lidarem com tais problemas, eles estão capacitados para utilizar técnicas psicodiagnósticas e psicoterapêuticas que auxiliam e influenciam as habilidades das pessoas a funcionarem com mais eficácia em diversos âmbitos e papéis.

Os psicólogos trazem essa competência técnica para o processo decisório da avaliação, quando já houve tentativas de determinar o grau de aflição intrapsíquica de uma pessoa, mas ainda restam perguntas pendentes e há a necessidade de maior certeza em benefício da clareza do diagnóstico ou da orientação ao tratamento. Com as informações adicionais próprias das avaliações psicológicas, a fonte de encaminhamento pode fazer recomendações muito mais informadas e pertinentes visando a opções de tratamento.

Esse método de teste abrangente assinala determinados pontos fortes e limitações, permitindo que o planejamento efetivo evolua para a ação adequada, quer mediante avaliação ou mudanças de medicação, quer por adaptações na escola ou no trabalho ou intervenções terapêuticas. Os métodos e procedimentos escolhidos nesse processo passam a ser mais importantes do que meros instrumentos de diagnóstico, pois eles guiam os profissionais e seus clientes rumo a soluções salutares para os problemas. E quando se incluem desenhos na bateria de testes, surgem oportunidades de comunicação e revelação aprimoradas por intermédio de imagens não verbais (Oster & Crone, 2004).

Os dois exemplos de casos a seguir mostram esse processo com maior clareza e indicam como os encaminhamentos podem ser iniciados e moldados em perguntas verificáveis.

Estudo de caso
Deborah M.

Deborah M. era uma garota de 14 anos que estava entrando para a nona série de uma escola pública e foi encaminhada para testes psicológicos a fim de determinar seu estado intelectual e educacional naquele momento, bem como para especificar quaisquer problemas emocionais que pudessem obstruir seu progresso. Havia também preocupações manifestas quanto à ansiedade esmagadora de Deborah ao enfrentar novas situações. Aparentemente, ela tinha excessiva dificuldade em encarar novas transições e estava se tornando muito relutante em correr até mínimos riscos. Para Deborah, a transição para o ensino médio parecia assustadora.

Segundo a mãe de Deborah (ela ligou para falar sobre a avaliação), a filha tivera ataques de pânico durante sua adaptação inicial ao ensino médio. Depois de umas poucas semanas de aulas em setembro, ela começou a mostrar rejeição à escola. Embora tivesse sido selecionada para um programa de alunos destacados em Biotecnologia, ela não se achava preparada para a quantidade de trabalho que era necessária, resistia a quaisquer tentativas de convencê-la a participar e sentia-se bastante aquém das previsíveis exigências de trabalho. Além do mais, ela mostrava-se facilmente irritável, raivosa e oposicionista, a ponto de ameaçar a família e ter atitudes autodestrutivas. Finalmente, os serviços sociais e a polícia intervieram.

Antes de marcar uma consulta para avaliação, o psicólogo conseguiu autorização para contatar a escola, onde descobriu que já houvera uma breve entrevista de diagnóstico. Embora eles tivessem colhido um considerável volume de informações iniciais (inclusive um desenho apresentando a família em crise), precisavam de mais testes intelectuais e de personalidade para definir um rumo concreto e chegar a conclusões claras. Na conversa telefônica também se soube que a escola havia tentado várias intervenções, mas não obtivera sucesso.

Os funcionários da escola explicaram quais eram as informações específicas de que precisavam a fim de oferecer serviços alternativos e adaptações individualizadas para Deborah. Com isso, o psicólogo teve condições mais concretas de preparar uma bateria de testes que desse resposta às perguntas da escola e uma base para futuras alternativas de tratamento, se necessário.

Estudo de caso
Charles L.

Charles L., 24 anos, foi levado pelos pais à sala de urgência de um hospital local quando descobriram que ele tinha enviado mensagens de "adeus" aos parentes. No dia da admissão, ele planejara ficar em seu apartamento depois do trabalho para matar-se com um tiro da arma que havia comprado pela internet.

Ao ser avaliado pela primeira vez na unidade, Charles afirmou que tinha carregado sua arma com duas balas, caso a primeira delas não o matasse.

Entretanto ele não levou adiante a sua ameaça porque quis ver a família mais uma vez. A família leu as mensagens de e-mail, foi imediatamente à casa de Charles e ligou para a linha de prevenção ao suicídio.

Charles reconhecia seu histórico de dois a três anos de depressão, mas não recebera tratamento ambulatorial recentemente e nunca tinha sido hospitalizado por problemas comportamentais ou emocionais. Ele mencionou seu estado de confusão por não ter um rumo bem definido no seu futuro e disse que se sentia assoberbado por expectativas no trabalho e fatores de estresse no dia a dia. Afirmou também que tinha dificuldades de inserção social. Nos últimos meses, ele se sentira extremamente sozinho e isolado. Um desenho revelando seu quadro depressivo antes da sua admissão refletiu essas sensações de distanciamento de seu mundo. O esboço a lápis retratava-o perplexo e triste num canto de um quarto escuro, olhando pela janela, com uma arma junto à mesa de cabeceira.

Ao que parecia, Charles encomendara sua arma na primavera, quando começou a ter pensamentos suicidas. Devido à demorada checagem de antecedentes, ele só recebeu a arma no outono. Depois de recebê-la, ele ficou aliviado porque constatou que poderia se matar quando bem quisesse. Ao ingressar no hospital pela primeira vez, explicou que lamentava não ter concretizado seus planos. Na entrevista inicial, Charles revelou que seu médico clínico lhe diagnosticara com TDAH e receitara medicação estimulante. Porém essa intervenção teria piorado sua melancolia, sobretudo as experiências de sensações depressivas.

O psicólogo convocado para os testes reuniu-se primeiro com o psiquiatra para analisar os sintomas e conhecer seu olhar da situação, bem como a necessidade de uma avaliação abrangente. Ficou claro que o psiquiatra conversara com o médico clínico do paciente sobre os efeitos colaterais da medicação anterior. Ciente disso, ele não quis começar a tratar Charles com diferentes medicamentos sem ter mais dados sobre seu transtorno de humor e sem saber se havia algum sinal de psicose. Essa conversa entre o psicólogo e o psiquiatra deixou clara a necessidade de uma avaliação mais completa.

Quebra-cabeças que precisam de soluções

Nesses exemplos acima, as principais fontes de encaminhamento (isto é, uma mãe, um orientador escolar e um psiquiatra) tinham muitas perguntas quanto a indicadores diagnósticos e distintas orientações para tratamentos e intervenções. Para aferir exatamente o grau de perturbação, o examinador necessitava contar com informações pertinentes que o ajudasse a determinar o alcance dos problemas percebidos. Em primeiro lugar, a comunicação fazia-se necessária para examinar o histórico, ter acesso a exames anteriores e avaliar a situação atual, de modo a determinar a orientação da avaliação.

As respostas a perguntas de encaminhamento residem sempre num complicado quebra-cabeças. Como salientado pelos estudos de caso, é preciso coletar muitos dados para traçar um retrato geral do funcionamento cognitivo e emocional de uma pessoa. Uma avaliação cuidadosamente concebida fornece o arcabouço para as partes encaixarem-se com precisão nesse retrato geral. Os processos de entrevistas e testagem, que incluem múltiplos métodos de avaliação (entre os quais deve haver solicitações de desenho para expressão não verbal), estabelecem uma ampla base de informações verbais e não verbais que permite orientar as decisões, o planejamento da terapia e as mudanças desejadas.

A coleta e a documentação do histórico, o esclarecimento com as fontes de encaminhamento, as observações comportamentais, as entrevistas diagnósticas e os resultados dos testes fornecem a todos os envolvidos com o cliente um rumo terapêutico ativo em que é possível medir a mudança de maneira eficaz. Aliás, as próprias sessões de diagnóstico e avaliação são uma forma de intervenção terapêutica, e a decisão de entrevistar ou aplicar uma determinada bateria de testes deve levar em consideração a influência que ela poderá ter no cliente. As primeiras entrevistas e as técnicas iniciais podem ensejar o autoexame e a introspecção do indivíduo, gerando novas visões de sua vida e possíveis soluções dos problemas.

O objetivo final dessa avaliação abrangente consiste em integrar todas as respostas num relatório organizado e claramente escrito. Esse documento descreve os pontos fortes e fracos do cliente, indica de que modo essas características interagem no funcionamento cotidiano e, finalmente, apresenta metas e objetivos em curto e longo prazos.

Com esse conhecimento de trabalho é possível munir todos os profissionais responsáveis de orientação para reunirem diagnóstico e planejamento terapêutico precisos. Com o retrato escrito resultante do cliente ou paciente, o terapeuta principal ou a fonte do encaminhamento pode assinalar os problemas, explicar as descobertas e apontar sintomas específicos que a intervenção visará aliviar.

Princípios da testagem psicológica

Entende-se por testagem psicológica todo possível uso, aplicação e conceito subjacente de medidas psicológicas e educacionais (Kaplan & Saccuzzo, 2012). São técnicas que avaliam diferenças individuais de capacidade e recursos emocionais e pressupõem que a variação descrita com base nessas medições reflete distinções reais entre indivíduos.

As ideias fundamentais a determinarem essas diferenças baseiam-se em conceitos estatísticos, como o de *confiabilidade* das medições (isto é, sua exatidão e sua uniformidade ao longo do tempo) e o de *validade* (ou utilidade). Outros princípios abrangem o modo de se conceber e ministrar um determinado teste. Como ocorre com todos os testes (inclusive o uso de técnicas de desenho), há controvérsias, em especial no que diz respeito a sua confiabilidade, viés contra certos grupos culturais ou minorias e ética de seu uso.

Uma vez que cada cliente é único e há diferentes tipos de perguntas de encaminhamento e comportamentos problemáticos, muitos tipos de medidas foram desenvolvidos. Existem testes psicológicos elaborados para indivíduos e para grupos. Pode-se também categorizar essas técnicas de acordo com o que está sendo avaliado. Por exemplo, algumas medidas de habilidade têm pontuação expressa em termos de velocidade, exatidão ou ambas. Por sua vez, os testes de desempenho refletem principalmente a aprendizagem na escola.

Também foram desenvolvidas outras medidas para avaliar a aptidão, referindo-se ao potencial de aprendizagem e não necessariamente ao progresso atual do indivíduo. Os testes intelectuais costumam combinar essas metas ao incorporar habilidade verbal, conhecimento geral e elementos não verbais de solução de problemas, além de avaliarem as memórias auditiva e visual, o alcance da atenção, o raciocínio abstrato, a flexibilidade mental, a integração motora fina e a velocidade de cópia.

Os testes de personalidade, por sua vez, tentam descrever a tendência de uma pessoa a apresentar um determinado comportamento ou revelar como ela reage diante de certa situação. Essas medidas têm maior probabilidade de demonstrar as capacidades emocionais de uma pessoa quando se depara com circunstâncias estressantes ou descrever seus sentimentos íntimos em face de um acontecimento novo ou desafiador.

As técnicas de avaliação da personalidade usualmente são divididas em estruturadas (inventários ou questionários de autorrelato) e projetivas (nas quais o estímulo é desconhecido ou ambíguo). Assim, quando se pede aos clientes que reajam a uma mancha de tinta ou elaborem um desenho, eles não dão respostas forçados a uma decisão de "sim/não" ou um contínuo de pontuação. Eles respondem de maneira espontânea e muito peculiar com base em suas percepções e seus históricos pessoais.

Componentes de avaliações psicológicas

Em geral, uma vez realizadas as entrevistas iniciais e reunido o histórico relevante, a introdução de testes psicológicos enseja uma determinação mais ampla e objetiva das habilidades e do desempenho de clientes, baseada em padrões por faixa etária, bem como um retrato mais completo de seus recursos emocionais e experiências interiores.

O principal valor dos testes psicológicos reside em sua objetividade, por eles procurarem diminuir as possíveis distorções que muitas vezes ocorrem em opiniões clínicas devido a omissões e vieses subjetivos (Berger, 1976). Ademais, testagens abrangentes com diversos procedimentos ensejam maior entrosamento interpessoal entre examinador e cliente, visando avaliar adequadamente o comportamento do indivíduo, sintomas expressos, estilo de personalidade, inteligência e sua percepções do mundo (Anastasi & Urbina, 1997).

Como as respostas a perguntas de encaminhamento podem ser complicadas, com frequência não é possível abordá-las em apenas uma sessão de entrevista ou simplesmente incluindo e interpretando uma técnica. É preciso considerar outras informações relevantes obtidas mediante testagem abrangente de inteligência, desempenho, comportamento e personalidade, que retratam a pessoa como um todo de maneira mais precisa. Somente pela via de uma perspectiva de busca de consenso derivada de uma avaliação abrangente por múltiplos métodos é que os clínicos têm maior certeza de suas impressões, para fornecerem impressões diagnósticas precisas, planejarem adaptações em sala de aula ou no trabalho e iniciarem intervenções terapêuticas.

Para auxiliar no processo de testagem psicológica foram criadas extensas técnicas com o propósito de a) medir a inteligência (p. ex., Escala Wechsler de Inteligência para Crianças, 5ª versão, Wechsler, 2014; Teste Kaufman de Inteligência de Adolescentes e Adultos, Kaufman e Kaufman, 1993); b) detectar transtornos neurológicos (p. ex., Teste Gestáltico Visomotor de Bender, Bender, 1962); c) aferir o desempenho educativo (p. ex., Teste de Desempenho de Amplo Alcance, 3ª edição, Jastak e Jastak, 1993); d) descrever características comportamentais; e) avaliar experiências traumáticas; f) analisar perturbações emocionais graves (p. ex., Teste de Rorschach, Rorschach, 1942); g) abordar estilos de personalidade (p. ex., Inventário Multifásico de Personalidade Minnesota, MMP-2, Butcher, Dahlstrom e Graham et al., 1989; Inventário de Avaliação de Personalidade, PAI, Morey, 1991).

Com a abundante informação resultante desses testes é possível perceber e apresentar um retrato mais completo das dinâmicas intrapsíquicas e interpessoais da pessoa, que contribuíram para o seu sofrimento, bem como dos problemas que deram origem às perguntas de consultas originais.

Seleção de uma bateria de testes

A decisão quantos aos testes a serem aplicados varia conforme as perguntas de encaminhamento, a fonte do encaminhamento e a instituição envolvida, limitações de tempo e outros fatores situacionais. De modo geral, a escolha da bateria de testes visa dar ao examinador a oportunidade de observar desempenhos numa ampla variedade de situações de resolução de problemas e permitir aos clientes expressarem suas capacidades, preferências de aprendizagem, recursos emocionais e estilo de personalidade.

Não cabe esperar que as respostas de uma única técnica resolvam todas as perguntas pertinentes formuladas pelos clínicos ao tentarem traçar um diagnóstico e uma estratégia de tratamento. Além disso, nenhum instrumento pode, por si só, medir todas as capacidades de um indivíduo, pois algumas podem estar mascaradas ou prejudicadas pelos sintomas apresentados.

Em sua maioria, os psicólogos tendem a reutilizar o mesmo conjunto de testes para o qual foram treinados e sentem-se à vontade com uma referência de respostas típicas. Com o uso repetido, essas técnicas fornecem ao psicólogo uma base de comparação entre respostas e funcionamentos normais e anormais. Ainda que um determinado conjunto de testes seja útil para definir áreas problemáticas na maioria dos casos clínicos, em vários casos há a necessidade de outros testes específicos para condições incapacitantes. Por exemplo, o uso de testes não verbais em pessoas com deficiências na linguagem.

O examinador tem de estar ciente desses testes alternativos, além de se manter informado sobre novos testes em desenvolvimento e dados normativos colhidos e revistos a respeito de técnicas existentes. Ao se manterem a par dos desenvolvimentos no campo da psicometria, os examinadores conseguem ser mais úteis aos seus clientes e às suas fontes de encaminhamento.

Além dos habituais testes de inteligência, desempenho e personalidade, a compreensão da complexidade entre cérebro e comportamento deu início a um movimento na psicologia em direção ao uso de baterias neuropsicológicas ampliadas. Esses grupos de testes individuais procuram avaliar déficits específicos em capacidades relacionadas a coordenação motora, memória, atenção, flexibilidade de pensamento e outros problemas no processamento de informação. Como a maioria das pessoas tem dificuldades multifacetadas, muitas vezes os testes neuropsicológicos podem ser mais sensíveis para detectar dano cerebral ou determinadas deficiências de aprendizagem, e podem ser mais objetivos em seus resultados.

Usualmente, o desenvolvimento e o uso de testes psicológicos implicam uma série de passos inter-relacionados, abrangendo desde pressupostos teóricos, desenvolvimento e escolha de itens e metodologia estatística até investigações normativas (Oster et al., 1988). A partir da concepção inicial do teste, esse processo evolui com contínuos aperfeiçoamentos, aumentando a utilidade geral do instrumento.

Essa renovação constante se faz necessária porque nenhum teste é ideal e os contextos, os grupos e as necessidades individuais são diferentes (Gregory, 2013; Urbina, 2014). No desenvolvimento de testes, o ideal inclui pesquisa que garanta que um determinado teste seja adequado a uma amostra específica, uma determinada coorte e uma variedade de problemas clínicos, além de *feedback* empírico que ajuda a assegurar máxima utilidade clínica.

Avaliação da inteligência

Os encaminhamentos para avaliações psicológicas costumam incluir perguntas cujas respostas só podem vir da análise do funcionamento intelectual e acadêmico. Dado o papel central do desempenho escolar na vida de crianças e adolescentes, as perguntas referentes a problemas comportamentais e emocionais, assim como ao desempenho acadêmico, requerem informações sobre capacidades cognitivas e níveis reais de desempenho escolar. O examinador precisa, portanto, estar familiarizado com os aspectos técnicos de ambos os tipos de avaliação e com as questões mais amplas relativas ao seu uso.

A incessante controvérsia quanto à aplicação de testes de inteligência origina-se, em parte, na falta de definições consensuais do conceito de inteligência. E, de fato, as pontuações de QI não são medidas diretas da inteligência inata. Elas são, antes, medidas imperfeitas de uma amostra limitada de capacidades maturacionais comparadas num determinado momento às de pessoas da mesma idade. Os diversos testes estão sujeitos a mudanças com o tempo e são sensíveis àquilo a que as pessoas estiveram expostas mediante interações com as suas culturas (Gregory, 2013; Urbina, 2014). Logo, as pontuações de QI são estimativas do nível de funcionamento da pessoa na época e nos tipos de tarefas incluídas na avaliação.

Os testes de inteligência mais utilizados medem capacidades verbais, raciocínio fluente, habilidades organizacionais perceptivas, foco e flexibilidade mentais, coordenação e velocidade motoras finas, bem como atenção concentrada. E testes reformulados, como a Escala Wechsler de Inteligência para Crianças (5ª edição) (Wisc-V), têm até uma versão para computador que é capaz de explorar outras habilidades. Porém esses testes não medem adequadamente outras habilidades que poderiam ser consideradas "inteligentes", como o talento musical, a aptidão mecânica e as habilidades artísticas.

Na cultura de hoje, raramente se tomam decisões apenas com base em pontuações de QI; todavia elas são um componente importante de avaliações mais abrangentes destinadas a determinar a inclusão ou a exclusão de certos cenários ou programas.

Desempenho acadêmico

A avaliação do funcionamento acadêmico é um elemento essencial da avaliação psicológica abrangente. Quando combinada com medidas de funcionamento cognitivo, as informações obtidas numa avaliação acadêmica podem responder a perguntas concernentes a progresso ou subaproveitamento escolar, deficiências de aprendizagem ou disposição para educação pós-secundária. Por exemplo, a deterioração aparentemente repentina do desempenho escolar de um garoto ensejará, muitas vezes, um encaminhamento para testes psicológicos. Em tais casos, a inclusão de uma avaliação acadêmica pode ajudar bastante a determinar a natureza da dificuldade. E embora a maioria dos transtornos mais graves de aprendizagem seja detectada antes da adolescência, alguns alunos passam despercebidos e suas dificuldades só serão observadas gradualmente durante o ensino médio. Mesmo quando as deficiências de aprendizagem são identificadas em tenra idade, a reavaliação na adolescência pode explicar os atuais padrões de desenvolvimento de habilidades e sugerir novas metas educacionais.

Os psicólogos costumam incluir na bateria de testes uma breve medição do funcionamento acadêmico, como o Teste Abrangente de Desempenho (Wilkinson & Robertson, 2006) ou o Teste de Desempenho Individual Peabody (Markwardt, 1989). Esses testes têm função de triagem, pois apresentam estimativas aproximadas do progresso da pessoa em muitas áreas de interesse. Havendo a necessidade de uma avaliação mais aprofundada do funcionamento, costuma-se recorrer a uma bateria de testes mais extensa. Essas medições mais exaustivas incluem geralmente as baterias Woodcock-Johnson de Psicoeducação ou os Testes Wechsler de Desempenho Individual (apud Gregory, 2013; Urbina, 2014) e constam de um conjunto de testes cognitivos, com subtestes específicos de desempenho em áreas como habilidades de linguagem, ciência, matemática e humanidades.

Testes neuropsicológicos

Às vezes, a bateria comum de testes de inteligência e de desempenho pode não bastar para detectar déficits sutis de uma síndrome do lobo frontal; por exemplo, quando sinais de falta de iniciativa ou escassa sensibilidade social podem ser interpretados como falhas de comportamento, em lugar de quaisquer padrões específicos de pontuações de teste referentes à deficiência cerebral. Nessas circunstâncias, os psicólogos aplicam testes suplementares, para além de sua bateria central, a fim de testarem hipóteses desenvolvidas que não foram respondidas durante a avaliação.

Um exemplo dessa abordagem é efetuar um teste de flexibilidade mental (p. ex., Teste Wisconsin de Classificação de Cartas [Berg, 1948]) para definir o problema com maior clareza. Trata-se de um teste simples de formação de conceitos e de capacidade para mudar conjuntos, que evidencia as dificuldades em utilizar *feedback* que uma pessoa com pequenos (ou grandes) déficits em seu funcionamento executivo pode apresentar.

O Teste de Aprendizagem Auditiva-Verbal (Taylor, 1959) é outro exemplo de inclusão de testes específicos a uma bateria central quando ainda há perguntas não respondidas sobre comportamento e desempenho. Essa medida neuropsicológica é um teste útil de memória auditiva-verbal que procura avaliar a recordação imediata, a aprendizagem após ensaio e a capacidade de se lembrar, com o tempo, depois de atividades de intervenção.

Neuropsicólogos capacitados também podem aplicar baterias de testes mais completas. Esses testes – como a Bateria Neuropsicológica de Halstead-Reitan (Reitan, 1985) – tentam detectar déficits em áreas como sons da fala e flexibilidade motora. Calcula-se um índice geral de deficiência, juntamente a pontuações de corte específicas que possam revelar determinadas áreas de déficit que precisam de intervenção especializada. Outra bateria de testes muito utilizada é a Bateria Neuropsicológica Luria-Nebraska (Golden, Hammeke & Pruisch, 1980).

Essas são técnicas que examinam funcionamento motor, táctil e visual, ritmo e tom, linguagens receptiva e expressiva, tarefas de realização básica, além de aspectos de atenção, memória e aprendizagem. Em razão de seu custo e do tempo necessário para se realizar uma avaliação desse tipo, as baterias neuropsicológicas são mais adequadas a clientes que passaram por traumas psíquicos, a fim de avaliar bases de referência antes e depois de intervenções terapêuticas.

Inventários de personalidade

O objetivo da aplicação de inventários de personalidade é avaliar traços do cliente que descrevem possíveis distúrbios emocionais e determinar a relação entre esses traços e os problemas percebidos. Os psicólogos desenvolveram questionários de autorrelato, para lápis e papel ou computadorizados, que tentam medir características interpessoais, motivacionais e de atitudes. Esses testes estruturados procuram ser objetivos, tomando o padrão de respostas de um indivíduo e comparando as respostas com certos grupos de referência (p. ex., indivíduos deprimidos ou hospitalizados dentro do mesmo grupo etário).

Desses levantamentos de personalidade, o mais amplamente utilizado e mais pesquisado é o Inventário Multifásico de Personalidade Minnesota (MMPI). O MMPI foi reformulado em 1989, e o MMPI-2 incorporou diversos fatores culturalmente pertinentes, preservando a tradição do método original como um inventário multiescalar de personalidade preeminente (Butcher, Dahlstrom & Graham, 1989), concebido para ajudar na identificação de psicopatologias graves.

Além de escalas clínicas como as de Depressão ou Esquizofrenia, complementos recentes têm focado o abuso de substâncias e força do ego. O MMPI-2 avalia também o amplo leque de problemas tipicamente vistos na apresentação clínica de TEPT e dispõe de métodos sofisticados para detectar simulação e outros tipos de viés de resposta.

Outro inventário de personalidade muito conhecido é o Inventário de Avaliação de Personalidade (PAI) (Morey, 2007). Desenvolvido em 1991, o PAI ganhou aceitação rapidamente em âmbitos clínicos, de pesquisa e forenses. Estudos surgidos indicam que o PAI é bastante promissor e muito útil como ferramenta clínica e de pesquisa com sobreviventes de traumas. Como o MMPI-2, o PAI avalia rigorosamente diversas formas de tendências de respostas, uma ampla variedade de síndromes concomitantes, e contém uma escala especial de TEPT. O PAI fornece uma avaliação simples de conceitos contemporâneos referentes a diagnósticos e manejos clínicos.

Escalas de pontuação de comportamento

Outro método útil e objetivo de obtenção de informação preliminar é o uso de listas de verificação e escalas de pontuação para problemas comportamentais. Em geral, cabe aos pais, professores ou outros responsáveis diretos preencher esses formulários. A informação colhida discrimina a incidência e a gravidade dos problemas percebidos, servindo também como plataforma para ulterior discussão com o cliente ou a família.

Além dessas funções de triagem, os formulários de pontuação descritiva podem apontar comportamentos-alvo (como TDAH) para fins de intervenção, como um meio de monitoração do progresso e para avaliar a eficácia do tratamento. Por intermédio de tais formulários, os clínicos podem observar oportunamente grande número de atividades para depois concentrarem-se em comportamentos específicos ao longo das sucessivas etapas do processo de avaliação.

A *Checklist* Achenbach de Comportamento Infantil (Achenbach & Rescorla, 2001) é um excelente exemplo desse método. A escala avalia tanto a competência social quanto as dificuldades comportamentais. Ela examina muitas áreas, entre as quais as de relações interpessoais, atividades extracurriculares e desempenho acadêmico. Outro formulário de pontuação bem conhecido, especialmente no sistema escolar, é o Sistema de Avaliação de Comportamento para Crianças 2ª edição (Basc-2) (Reynolds & Kamphaus, 2015). É uma ferramenta de diagnóstico padronizado para avaliar o comportamento e as autopercepções de crianças e adultos jovens (2 a 25 anos). É preenchida por clientes e responsáveis. A escala é uma ferramenta multidimensional e multimétodo que mede diversas características comportamentais e de personalidade. Aspectos do funcionamento, como as atividades do dia a dia, comunicação eficaz, adaptabilidade e hiperatividade são algumas das áreas avaliadas.

Técnicas projetivas

As técnicas projetivas destinam-se a permitir que os clientes reajam a intenções ou situações ambíguas para revelar emoções ocultas e conflitos interiores. Em essência, as pessoas estão "projetando" seus pensamentos e sentimentos no material apresentado. Isso é muitíssimo diferente de simplesmente responder a um questionário ou um teste objetivo à procura de certas respostas. Ainda que as respostas possam ser analisadas subjetivamente com base nas experiências do clínico, houve muitas tentativas de padronização dos sistemas de pontuação dessas técnicas. Esses testes têm longa história, com origens na teoria da psicanálise que salienta atitudes e motivações inconscientes.

Defensores dos testes projetivos ressaltam a ambiguidade da situação e argumentam que os clientes podem expressar-se num nível mais profundo com esse método do que com perguntas simples sobre sintomas concretos. Essas técnicas indiretas possibilitam uma espontaneidade que está além da percepção imediata e, de tal forma, diminuem a tentação de fingir, não dependem diretamente de atitudes verbais e desvendam traços conscientes e inconscientes da personalidade.

O mais conhecido desses métodos é o Teste de Rorschach (Rorschach, 1942). Os clientes respondem a dez manchas de tinta e suas respostas são interpretadas, quer por meio de suas sequências (interpretação do processo), quer mediante complexos sistemas de pontuação (habitualmente Exner, 1995). Utiliza-se o Rorschach para abordar perguntas de encaminhamento referentes a traços de personalidade e recursos emocionais. O método ainda é um dos mais utilizados pelos psicólogos. A principal dificuldade no uso desse teste na atualidade é a proliferação de suas imagens, já vistas e discutidas em filmes ou na internet.

Outra técnica projetiva bem conhecida é o Teste de Apercepção Temática (TAT) (ou Teste de Narração). O TAT foi desenvolvido nos anos 1930, pelo psicólogo estadunidense Henry A. Murray e a psicanalista leiga Christiana D. Morgan, na Clínica da Universidade de Harvard (Aronow, Weiss & Rezinkoff, 2001). Como no caso do Rorschach, seu objetivo principal é examinar a dinâmica subjacente da personalidade. Esse método pede aos clientes a narração de um relato completo baseado numa série de pranchas que mostram pessoas ou objetos em diversas situações.

A esse respeito, os clientes tendem a interpretar situações ambíguas de acordo com suas próprias experiências e suas motivações atuais. Murray ponderou que, ao pedir às pessoas que contassem uma história sobre uma imagem, diante do examinador suas defesas emocionais rebaixariam e elas não repararam nas informações pessoais que estava sendo divulgadas nos relatos que haviam criado.

O TAT é comumente conhecido como *técnica de interpretação de imagens*. Pede-se aos clientes que contem uma história completa com um princípio, um meio e um fim para cada imagem apresentada. Costuma-se perguntar-lhes o que está acontecendo na imagem, o que os personagens pensam e sentem e como a história vai acabar. Muitas dessas cartas com imagens propõem certos temas, como motivação acadêmica, tolerância à frustração, competição, ciúme, agressão, depressão e suicídio.

Uma versão similar para crianças e adolescentes mais novos, o Teste Roberts de Apercepção (Roberts, 1994), foi desenvolvido posteriormente. A maioria dos temas assemelha-se no conteúdo, mas aborda algumas situações especificamente ligadas à infância, como a resposta dos pais à má conduta ou as relações com colegas.

Desenhos na bateria de testes

Dentro do processo de testagem psicológica, os desenhos tornam-se elementos-chave para gerar hipóteses de trabalho durante as sessões de avaliação sobre disfunção orgânica, dificuldades de aprendizagem e angústia emocional (Hammer, 1997; Handler & Thomas, 2013). Quando usados como complemento das baterias psicológicas tradicionais e dos dados históricos, os desenhos fornecem ao examinador uma informação extraordinariamente valiosa.

A observação das ações durante o desenho e a interpretação dos importantes indicadores cognitivos e emocionais contidos nas obras também oferecem uma rica fonte de abundante documentação sobre os pontos fortes e fracos do indivíduo, assim como seu modo de se relacionar com o mundo. As imagens gráficas revelam um campo de informação pertinente para além da maioria das observações, das medições objetivas ou dos questionários de personalidade; isto é, a dimensão de fantasia íntima e imaginação (Klepsch & Logie, 1982), bem como um caminho para explorar as dificuldades interiores do cliente (Oster & Gould, 1987; Oster & Montgomey, 1996; Oster & Crone, 2004). Mesmo quando se fala por meio de imagens, esses desenhos oferecem oportunidades notáveis para ponderar preocupações ocultas, conflitos interpessoais e esperanças no futuro.

Como se salientou em boa parte deste livro, os símbolos visuais derivados de diversas instruções de desenho oferecem um ponto de entrada ao mundo subjetivo de clientes, talvez consideravelmente diferente do que se inferiu de seu histórico, observou-se em seu comportamento ou foi exposto por sua apresentação verbal. Após avaliações iniciais e, posteriormente, no processo de avaliação, essas interpretações gráficas podem servir como base de referência para julgar o progresso ou a deterioração. Mas elas continuam a ter valor especial como ferramentas clínicas e como dispositivos coadjuvantes de entrevista que estimulam impressões diagnósticas, somam diversas vias para discussões e orientam a avaliação a respeito de funcionamento cognitivo e traços de personalidade. Com o uso de desenhos que forneçam esse conhecimento complementar, os examinadores ganham maior percepção das respostas conceituais e emocionais do cliente e podem dar um retorno mais eficaz à fonte do encaminhamento (Leibowitz, 1999).

Entre os desenhos para fins de avaliação cabe incluir os "desenhos livres", em que a tarefa fica completamente a critério do indivíduo avaliado, ou instruções mais estruturadas ("desenhe uma casa-árvore-pessoa"), quando se dão instruções específicas e sistemas de pontuação foram discutidos na literatura. E como enfatizado nos capítulos anteriores deste livro, essas ilustrações gráficas também podem ser úteis para obter as interpretações do examinado sobre os desenhos e considerá-las dentro do contexto de sua etapa de desenvolvimento na vida (Malchiodi, 1998; Oster & Crone, 2004). Com esse modo organizado de reunirem informação importante, os clínicos podem adquirir percepções mais valiosas no funcionamento conceitual, intelectual e emocional, bem como dispor de uma plataforma tangível para discussão posterior de áreas problemáticas do momento.

O impacto significativo do uso de desenhos na avaliação da personalidade também fez enormes avanços (Malchiodi, 2012; Handler & Thomas, 2013). Essa popularidade do uso de desenhos entre os clínicos tem estimulado o desenvolvimento de muitas variações do que se deve desenhar. Como vimos nos capítulos 3 e 4, as instruções dadas aos clientes sobre o que desenhar ou visualizar podem especificar determinadas áreas de conflito em potencial ("Desenhe a si mesmo e a sua família fazendo algo juntos"; "Desenhe-se na escola"), diversas emoções ("Desenhe seu estado de ânimo") ou experiências novas ("Desenhe uma pessoa na chuva"), para mencionar apenas algumas. Cada instrução pode oferecer uma situação única aos clientes, ao colocá-los em circunstâncias diferentes que dão acesso a aspectos característicos de suas percepções.

Estudo de caso
Janice L.

Janice L. tinha 13 anos e estava na oitava série quando os pais a encaminharam para uma bateria abrangente de testes psicológicos. Os pais notavam problemas de concentração, autoestima e mau humor como principais dificuldades da filha. Aparentemente, ela também estava "pirando" a respeito de germes. Já em tratamento por TDAH com diversos medicamentos e participando de atividades terapêuticas em grupo, ela ainda tinha problemas de distração, estava desmotivada e falava excessivamente. A avaliação visava principalmente à matrícula no ensino médio, pois os pais cogitavam escolas privadas, que propiciavam algo além do que as escolas públicas tinham a oferecer.

Segundo os pais, Janice tivera dificuldades na escola secundária de seu bairro. Eles mencionaram que ela não participava de muitas atividades e que as aulas normais eram difíceis, apesar das adaptações implementadas – por exemplo, uma sala separada para provas e nenhum limite de tempo. Janice concordou com a descrição de seus pais quanto à sua falta de esforço e disse ter pouco interesse em seu trabalho escolar. A fim de ressaltar a sua visão negativa, ela elaborou o seguinte desenho durante a sessão (Figura 6.1). Por meio dessa via expressiva, Janice pareceu aliviada porque todo mundo "conseguiu fazer ideia" de seus fracassos e frustrações.

Figura 6.1

Em meus muitos anos de testes e experiências clínicas, verifiquei que a aplicação de desenhos é útil para conseguir o entrosamento, melhorar a comunicação e enriquecer a parte projetiva das avaliações. De modo geral, os desenhos são uma forma breve e não ameaçadora de quebrar o gelo e dão conta de expor áreas de preocupação e conflito que são visíveis e evidentes e podem ser analisadas e corroboradas dentro da bateria de testes.

Tenho utilizado desenhos em diferentes ambientes (tanto em hospitais psiquiátricos quanto em clínicas ambulatoriais e consultórios particulares) no início de uma sessão de entrevista ou teste, no meio de uma conversa para ampliar o que está sendo examinando, ou depois, como parte da avaliação estruturada.

Estudo de caso
John R.

John R. era um jovem de quase 15 anos quando seu terapeuta o encaminhou para avaliação psicológica com o intuito de alcançar uma melhor compreensão de seu funcionamento intelectual e emocional e de detectar áreas específicas de preocupação. A história de John era repleta de dificuldades incessantes com colegas. Seu alto grau de dispersividade também lhe trazia muitos problemas ao fazer suas tarefas escolares. Com os anos, ele tinha sido objeto de várias medidas disciplinares devido ao seu comportamento impulsivo e suas reações. Sua baixa tolerância à frustração e raiva também tinham como alvo o pessoal da escola e figuras com autoridade.

Além disso, havia registros de prisão por roubo e agressão. Um deles aconteceu quando ele "roubou uma cadeira de jardim do alpendre de uma velhinha". Na entrevista, ele mencionou também o consumo de álcool desde os 8 anos de idade, tendo depois fumado maconha e experimentado medicamentos restritos. Embora se gabasse de suas façanhas, ele relutou em concluir muitos dos testes padronizados. Aqueles que ele realmente terminou apresentavam-no como alguém que externaliza comportamento de forma agressiva. Outros dados indicativos de imaturidade e poucas defesas para lidar com problemas foram deduzidos de técnicas projetivas.

Quando solicitado a elaborar uma imagem que representasse seu estado de espírito, John logo esboçou uma figura diretamente relacionada a seus muitos problemas (Figura 6.2). Não hesitou em falar da sua raiva e afirmou que ela era seu principal sentimento. Com essa informação, ele concordou em aceitar a sugestão de participar num grupo de controle da raiva, recomendação que constou em seu relatório.

Numa clínica ambulatorial para crianças e adolescentes, eu – como principal examinador psicológico – dei a cada cliente uma série-padrão de

Figura 6.2 – (Anger = Raiva)

instruções de desenho para que a elaborasse em outra sala (preenchendo também questionários de autorrelato) enquanto entrevistava os pais em outro lugar.

O uso eficiente do meu tempo permitiu-me reunir consideráveis informações sobre o histórico de cada jovem, além das opiniões das famílias quanto às áreas problemáticas, antes de terminar o resto da sessão de testes. Depois, os desenhos prontos foram analisados e as respostas incluídas no relatório integrativo. As típicas solicitações de desenho incluíam uma série de 10 desenhos em folhas separadas de papel. Usando, durante muitos anos, o conjunto de instruções a seguir, eu colhi uma importante base de indicadores-chave para posterior interpretação e discussão nesse contexto e nessa população:

• Faça uma casa-árvore-pessoa.

• Desenhe uma pessoa na chuva.

• Desenhe a sua família.

• Desenhe-se na escola.

• Desenhe-se com amigos.

• Desenhe seu eu "ideal" (fantasia de si mesmo dali a 10 anos incluindo contexto e outras pessoas que estiverem envolvidas).

- Desenhe "um problema que você possa ter" (observando antes dessa solicitação que todos têm problemas e que eu queria conhecer apenas um que eles poderiam ter).
- Desenhe "como resolver esse problema"

Esses pedidos resultaram em muitas imagens empolgantes que levaram a discussões para o cerne de diversas questões conflitivas relacionadas a autoestima, perspectivas dentro do lar e nos relacionamentos familiares, motivação acadêmica, apoio ou dificuldades com colegas, capacidade de enxergar para além da crise do momento e desenvoltura em superar áreas problemáticas. Cada desenho gerou informações relevantes, depois detalhadas ao longo do resto da sessão de testes, e que geraram impressões a respeito dos níveis cognitivo e emocional e que, finalmente, resultaram em diagnósticos e recomendações.

Em outros contextos, quando eu me defronto diretamente com clientes no começo de uma sessão de testes (geralmente um hospital), ou em início de terapia, tenho recorrido a outras estratégias não verbais para "quebrar o gelo" ou estimar o funcionamento deles. Essas instruções incluíram:

- Crie uma linha de tempo, um genograma ou um brasão de família (para "ver" melhor os padrões históricos dos problemas e seu sistema de apoio).
- Retrate seu "mundo" (solicitar um desenho de pessoas e objetos importantes na vida cotidiana).
- Desenhe uma imagem que represente simbolicamente experiências anteriores à admissão no hospital, mostre seu estado atual e expresse suas perspectivas para quando tiver alta.
- Desenhe uma imagem que represente de modo simbólico seu sentimento mais marcante (p. ex., "ansiedade" ou "depressão").
- Desenhe "uma experiência incomum".

Em geral, essas sugestões para expressar graficamente os conflitos e os sentimentos dos clientes de forma totalmente diferente daquela que eles podem ter previsto estabelecem uma estrutura para trocas empolgantes, capazes de quebrar qualquer resistência preconcebida.

O uso de desenhos em entrevistas e avaliações psicológicas ampliou meu mundo clínico exponencialmente. Os exemplos concebidos também ajudaram os clientes a superarem a ansiedade inicial e criaram uma experiência agradável numa situação geralmente desconfortável. A inclusão de desenhos em uma bateria de testes também destaca a importância de se avaliar a pessoa como um todo e ver outras dimensões de expressão de suas preocupações e questões. Ademais, os desenhos expõem um outro meio, para novos alunos, de avaliação das diversas maneiras pelas quais a dor, o sofrimento e os conflitos interiores podem ser descritos, sem depender apenas do uso da linguagem verbal.

O relatório psicológico

O relatório psicológico é a culminação do processo de avaliação (Groth-Marnat, 2009). Ele representa os esforços clínicos para integrar as informações reunidas num retrato abrangente do histórico, dos sintomas à época, dos recursos emocionais e dos pontos fortes e fracos no funcionamento cognitivo. Esse produto final traz esse conhecimento importante necessário à fonte do encaminhamento e guia o cliente para melhor se compreender num nível mais profundo. As evidências colhidas culminam em impressões e metas que ajudam a orientar um plano terapêutico abrangente. A combinação de testes de inteligência, educacionais e de personalidade – inclusive amostras de desenho – possibilita um retrato coerente e completo, que deve ser explicado de modo claro e adequado para qualquer número de leitores.

As avaliações concebem-se de diferentes maneiras, dependendo da formação, do estilo de escrita e da experiência do clínico. Em anos anteriores, os relatórios psicológicos eram considerados "para uso exclusivamente profissional" e escritos para outros colegas. Na atualidade dos direitos do consumidor, o cliente tem o critério primário de examinar o relatório e apresentá-lo a outras pessoas em sua rede. Dependendo da fonte do encaminhamento, o relatório provavelmente ficará à disposição de muitas pessoas, como juízes, professores, médicos, advogados, terapeutas, profissionais do serviço social e familiares. Por isso ele precisa ser compreensível para qualquer pessoa com moderado grau de conhecimento, isto é, o texto tem de ser aprofundado, mas simples.

Em geral, o formato tem regras razoavelmente padronizadas. Ele inclui métodos para aprimorar aspectos essenciais, como perguntas de consulta, histórico pertinente, avaliações anteriores, testes a serem aplicados, observações comportamentais, seções de dados e interpretação de testes (incluindo, geralmente, medidas cognitivas, questionários de autorrelato, inventários de personalidade e técnicas projetivas). Depois, elabora-se um resumo dos resultados que reúne os dados num todo concreto. Finalmente, as impressões e as recomendações diagnósticas, que englobam intervenções para terapeutas, funcionários de escolas, profissionais associados e pessoas incumbidas de decisões, são incluídas no final. Essas últimas seções são as mais lidas e, portanto, devem ser bastante específicas e práticas.

Em certos tipos de encaminhamento, especialmente de clientes encaminhados para psicoterapia, um objetivo importante é ajudá-los a incrementar seu nível de percepção pessoal. Em tais casos, os desenhos podem proporcionar uma descrição mais ampla do cliente, incluindo diversos assuntos diferentes que descrevem o que é próprio daquele indivíduo (p. ex., profundidade da depressão, motivação escolar ou como as relações familiares são percebidas).

Outro aspecto da redação de relatórios que faz sentido em qualidade e utilidade é a ênfase na elucidação dos problemas vivenciados pelo cliente. O conhecimento adquirido com o processo de avaliação e ampliado pelos desenhos aumenta a profundidade dos resultados e das interpretações, aperfeiçoa um retrato das condições problemáticas e dá uma visão clara das áreas que requerem intervenção.

Assim, em virtude de sua visibilidade e clareza, os desenhos podem contribuir significativamente para essas metas na orientação do diagnóstico e do tratamento. Muitas vezes, uma imagem com interpretações e elaborações sensíveis pode melhorar a sessão de *feedback* com o cliente, familiares, pessoal da unidade e a fonte do encaminhamento.

Resumos de avaliações psicológicas

Estudo de caso
Marvin S.

Marvin S., aluno de sétima série de escola pública, tinha 12 anos quando foi encaminhado pela mãe para testes psicológicos a fim de esclarecer se falhas na atenção, atrasos na aprendizagem ou fatores emocionais poderiam estar prejudicando seu potencial acadêmico e seu amadurecimento interpessoal.

Marvin nunca passara por tratamento terapêutico nem havia sido medicado para ajustar seu nível de atividade ou seu comportamento. Segundo a mãe, ele se tornara cada vez mais oposicionista nos últimos anos. Tinha sido especialmente provocador no último verão, com muitas birras e poucos limites interpessoais. Ele começara também a se recusar a fazer o dever de casa e, por consequência, suas notas haviam piorado. A mãe descreveu o quadro atual do filho como de apatia, distração, irritabilidade, hiperatividade e baixa concentração.

Relatórios de anos anteriores na escola sugeriam que Marvin era tímido, não tinha autocontrole e precisava ganhar autoconfiança. Entre outros problemas, ele também tinha dificuldade em lembrar-se de instruções, não conseguia concluir tarefas em sala de aula, era fácil de ser influenciado e era excitável e impulsivo. Segundo observações mais recentes sobre seu progresso, Marvin tinha sido extremamente inconstante em sua abordagem em solução de problemas.

Marvin era o mais velho de dois meninos adotados da Rússia aos 18 meses. Quanto ao desenvolvimento, Marvin estava subnutrido e fraco demais para andar quando da adoção e só começou a andar aos 22 meses. Com o tempo, porém, sua nutrição havia melhorado e ele se desenvolvera fisicamente.

Marvin frequentou a pré-escola e a creche desde os 2 anos de idade. Começou o jardim de infância no tempo certo e lá permaneceu até a quinta série. Durante esses anos, a mãe relatou muitas dificuldades com o dever de casa e disse que Marvin não queria fazer um esforço continuado. Pelo contrário, ele parecia negligente e descuidado e queria fazer tudo às pressas, sem pensar nas consequências. Ele também mostrava poucos limites com colegas, nunca se responsabilizava pelos conflitos e achava o mundo injusto.

Apesar de seus problemas comportamentais, Marvin tentara uma variedade de atividades organizadas e acampamentos. Ele também havia feito lições de violino e, mais recentemente, de piano. Curtia sobretudo música e dança, e outros adultos comentaram que ele parecia ter talento nessas áreas.

Para essa avaliação, Marvin apresentou-se como um garoto de boa aparência e bem alimentado, de média estatura e sem anomalia física. Ele não tinha dificuldade em se afastar da mãe e conseguia trabalhar de forma bastante independente. Não havia indícios de sofrimento grave nem outros sinais de ansiedade ou tristeza significativa. No geral, ele era simpático e prestativo.

Na Wisc-V, a pontuação de QI geral obtida por Marvin foi 103. Seu funcionamento ficou dentro da faixa média de inteligência (Média = 90-109) e no 58º percentil da sua faixa etária. Entretanto houve grande disparidade em suas pontuações nos subtestes, indo da média baixa à média alta, refletindo pontos fortes específicos e habilidades menores entre suas capacidades próprias.

Marvin demonstrou bom funcionamento em áreas relacionadas ao potencial acadêmico superior. Suas pontuações de subteste correspondentes a raciocínio verbal e não verbal, desenvolvimento da linguagem, juízo prático, memória em curto prazo e aprendizagem prática estavam firmemente desenvolvidas. Contudo, quando havia necessidade de concentração e flexibilidade mental, além de eficiência na caligrafia, ele apresentou pontuações mais baixas. Essas vulnerabilidades que contribuíam para o descaso em seu trabalho e prejudicavam seu rendimento. O esforço que ele despendia no trabalho escrito parecia minar sua confiança e motivação acadêmicas.

Em testes acadêmicos básicos, seu funcionamento ficou no nível da sua série ou acima dele. As suas capacidades pareciam compatíveis à sua potencialidade em geral (como se viu na Wisc-V). Suas pontuações não indicavam deficiências concretas na aprendizagem. Dos testes medidos, ele mostrou-se mais competente em leitura e teve mais dificuldade em matemática. A ortografia foi um tanto inferior, já que a postura dele foi menos confiante e mais desleixada.

Marvin fez as reproduções das figuras gestálticas de Bender – um teste de coordenação motora fina e eficácia do enfrentamento – com alguma dificuldade e irregularidade (com atraso de cerca de seis meses em seu amadurecimento perceptivo). Além disso, sua abordagem da tarefa indicava problemas no planejamento. Seus desenhos de objetos e figuras também expuseram deficiências de coordenação motora fina e expressão. Esses problemas de controle e organização na área perceptivo-motora provavelmente restringiam a eficiência de Marvin em tarefas escritas.

Mais significativo é que indicadores emocionais derivados dos desenhos sugeriam muitos conflitos internos que provavelmente interferiam em seu crescimento e desenvolvimento. Esses desenhos refletiam questões de identidade e mostravam sinais de que o garoto sofria de grande tensão interior e tinha dificuldade em se expressar adequadamente. Eles também pareciam indicar que ele lutava com a sua autoestima e seus sentimentos de domínio e confiança. Esses esforços foram observados em vários desenhos, mas um deles em especial ("uma pessoa na chuva") revelou que Marvin tinha escassos recursos emocionais quando se via diante de fatores estressantes, ainda que insignificantes (Figura 6.3). Nessa ilustração havia sinais de impotência e tristeza subjacente que faziam referência a bloqueios no amadurecimento pessoal.

Figura 6.3

Uma *checklist* com frases descritivas de sintomas de TDAH em casa indicou que Marvin perdia muitas coisas, distraía-se com facilidade e era irrequieto, agitado, impaciente, impulsivo e excessivamente tagarela. Na escola, Marvin era considerado carente de orientação adicional, desatento às instruções em sala de aula, com escassa capacidade de atenção e em aberto desafio à autoridade.

Em anos anteriores, o comportamento de Marvin caracterizara-se mais por sintomas de TDAH, como baixa tolerância à frustração, pouca concentração e humor instável. Sugeriu-se também que ele destruía coisas e era pouco organizado. Essa última característica tornava especialmente problemática a sua eficiência no dever de casa.

Do mesmo modo, Marvin descreveu-se como altamente sensível, irritadiço e impulsivo quanto ao que falava para adultos e colegas. Ele mencionou também que sua mente divagava com frequência e que lhe era muito difícil ler material escrito, salvo aquele particularmente interessante ou muito fácil. Também disse que era irrequieto e agitado e lutava para se manter focado em tarefas ou conversações.

Nos aspectos relacionados a autoconfiança, tensão e ansiedade, Marvin admitiu muitas áreas de aflição. Descreveu-se como indeciso, nervoso e muito sensível. Comentou que se preocupava grande parte do tempo, inclusive com o que outros achavam dele, e muitas vezes sentia um nó no estômago e considerava os outros mais capazes e felizes do que ele.

Ademais, sugeriu que se via muito apavorado em diversas situações (p. ex., de noite e em exames médicos) e com frequência tinha sensações similares às de pânico. Disse também que se zangava com facilidade.

Referente a desconforto afetivo, Marvin informou que se sentia amado pela família, mas tinha dificuldade nas interações com colegas. Disse que outros alunos não gostavam dele e que nunca tinha vontade de falar com eles. Não havia sinais, contudo, de angústia grave que o levasse a querer evitar tudo na vida.

Suas reações a testes mais ambíguos (Rorschach, TAT) sugeriam moderado grau de ansiedade e tristeza subjacentes, que o fariam parecer temperamental e excessivamente sensível quando se defrontava com situações estressantes. Ele parecia ser facilmente sobrepujado pela ambiguidade e limitado em sua capacidade de resolver problemas com eficácia. Nessas ocasiões, ele não reparava em detalhes importantes de interações e situações e, portanto, reagia impulsivamente e de maneira excessiva sem pensar nas consequências.

Além disso, em novas experiências de solução de problemas ou novas situações sociais, Marvin tentava evitar os desafios e ficava ainda mais relutante em fazer grande esforço. Essa postura emocionalmente imatura diante de situações estressantes indicava que era bem provável que Marvin abrigava muita tensão e ansiedade internas, que ele aparentemente não conseguia expressar de forma adequada. Em tais ocasiões, ele parecia entediado e retraído, e perdia detalhes importantes para respostas e interações apropriadas. Essas inconstâncias em suas interações e condutas provavelmente geravam consequências negativas e interferiam no desenvolvimento de motivação para realizações e autoconfiança.

Em decorrência de suas vulnerabilidades emocionais, Marvin sentia-se ineficaz e não tentava experimentar soluções ativas para os problemas. Embora parecesse ter potencial para superar as dificuldades com que se defrontava, sua baixa capacidade de lidar com o estresse interferia consideravelmente em sua iniciativa e seu processo de aprendizagem. A consciência disso somava-se às suas frustrações do dia a dia e com certeza gerava mais tensão e mais irritabilidade.

Em consequência, ele parecia depender de outros para resolver esses conflitos. Marvin também nutria alguns sentimentos de raiva e rejeição por não ser capaz de comunicar-se adequadamente. Muitas vezes, sentia-se aborrecido e agitado e manifestava seus sentimentos de modo provocador. E se não houvesse alguém para ajudá-lo, seu raciocínio falho resultava em uma lógica simplista, respostas ineficazes e contínua negatividade.

Estudo de caso
Allison T.

Allison T. também era uma aluna de 12 anos de escola pública, que estava entrando na sétima série. Ela foi encaminhada para uma avaliação para examinar seu funcionamento cognitivo e emocional. Segundo seus pais, Allison experimentara graves dificuldades de adaptação no ano anterior. Acometida por problemas de saúde, como cefaleias e fadiga, ela perdeu muitos dias de aula. Durante o ano, as notas dela caíram e ela se mostrava muito sensível e excessivamente irritadiça. Houve outros sintomas, como sinais de ansiedade, tristeza, apatia, atitude defensiva e inibição social.

O nascimento e o histórico de desenvolvimento de Allison eram bastante comuns. Até o ano anterior, ela não sofrera de problemas de saúde física nem passara por traumas, tampouco havia indícios de deficiências de aprendizagem. Seus anos de ensino elementar foram considerados excelentes em termos de notas e frequência. Assim havia sido até o ano anterior, quando ela ficou doente por um vírus e as dificuldades continuaram.

A despeito de seus recentes problemas acadêmicos, Allison tinha tentado muitas atividades (inclusive equitação e ginástica) e participado de acampamentos. Interessava-se, sobretudo, por dança e música e tinha sido dançarina competitiva por muitos anos. Ela também era considerada uma excelente artista.

Ao se apresentar, Allison era uma garota bastante alta (1,65 m), bem alimentada e de boa aparência, sem anomalias físicas e parecendo ter um pouco mais do que seus 12 anos. Embora alerta e orientada, aparentou ser afetivamente limitada e não ofereceu grande espontaneidade interpessoal. Todavia seguiu as orientações e se esforçou como era preciso.

No decorrer dos testes da avaliação, Allison mostrou habilidades de decodificação e estratégias de solução de problemas bastante díspares. Ela pareceu muito criativa e detalhista em seus desenhos, expressou-se num vocabulário amplo e com conhecimento geral e foi hábil nas tarefas práticas não verbais de resolução de problemas. Só houve hesitação e relativas limitações em áreas de resolução de problemas complexos que demandavam concentração persistente, assim como num teste de memória de trabalho.

Na Wisc-V, Allison obteve pontuação de 114 no QI geral. Seu funcionamento ficou dentro da faixa média alta de inteligência (média alta = 110-120) e no 82º percentil de seu grupo etário. Mas houve grande disparidade entre as capacidades específicas, variando entre média baixa (88) e muito superior (130).

As habilidades de linguagem expressiva eram o principal predicado de Allison. Junto ao seu conhecimento geral, seu forte domínio da fluência verbal e do raciocínio abstrato proporcionava-lhe uma sólida base para um alto potencial educacional. Ela também apresentava alta capacidade de aprendizagem prática, conhecimento de vocabulário e raciocínio não verbal quando os objetos eram conhecidos. Entretanto relativos atrasos em áreas com ênfase em novas aprendizagens e concentração auditiva provavelmente reduziam a eficácia de Allison em sala de aula e em seus relacionamentos interpessoais, e talvez criassem confusão interior e incerteza.

Em testes educacionais básicos ela obteve pontuações gerais similares às que seriam de se esperar com seu funcionamento intelectual. Mais uma vez, ela demonstrou seu nível mais alto de funcionamento em áreas de linguagem (95º percentil) e obteve pontuação excepcional em subtestes de reconhecimento de palavras e ortografia. Mostrou alguma hesitação, porém, e cometeu erros por desatenção em cálculos matemáticos. É bem provável que essa área de relativa deficiência em esforço mental persistente prejudicasse a sua autoconfiança em sala de aula e limitasse suas iniciativas na educação.

Os testes de coordenação motora fina e eficiência de enfrentamento foram realizados sem erros. Não houve indícios de dificuldades perceptivo-motoras que tornassem problemático o trabalho escrito, mas a abordagem das tarefas sugeria certo grau de problemas de organização, apontando a necessidade de estrutura para funcionar de maneira otimizada.

Os desenhos foram realizados de forma muito criativa e detalhada, indicando intensa expressão interior. Contudo a quantidade de detalhes que Allison forneceu fez com que ela fosse menos eficiente em concluir todas as tarefas que lhe foram atribuídas para trabalhar de modo independente.

Ainda, indicadores emocionais de seus desenhos sugeriam que ela tendia a se resguardar e se proteger excessivamente em suas interações interpessoais, o que diminuiria sua espontaneidade e sua eficácia. Esses sinais eram visíveis em vários de seus desenhos, que tentavam mostrá-la sob uma luz positiva e omitir seus problemas atuais. Um desenho, especificamente, simbolizava seu hábito de recorrer à negação. Conforme a instrução "Desenhe seu eu ideal", ela esboçou uma mulher que era "feliz, inteligente, bem-sucedida, divertida e saudável" (Figura 6.4). Seu interesse em apresentar-se

Figura 6.4 – (Happy = Feliz / Smart = Inteligente / Successful = Bem-sucedida / Funny = Divertida / Healthy = Saudável)

sob uma luz positiva era notável por refletir a sua relutância em revelar a dimensão de seus problemas de então. Essas manifestações de recusa a admitir suas vulnerabilidades foram um tema constante ao longo da avaliação.

Os pais de Allison não mencionaram dificuldades significativas nas capacidades de atenção da filha nas *checklists* de comportamento, mas fizeram referência a: sensibilidade, tristeza, baixa tolerância à frustração e tendência a não terminar o trabalho nas aulas. Como de costume, Allison negou quase todos os pontos problemáticos no que dizia respeito à atenção e à concentração. Ela só insinuou que sua mente vagueava quando as tarefas eram desinteressantes ou tediosas.

Embora Allison e seus pais negassem muitos dos habituais indicadores de TDAH que poderiam atrapalhar a sua maturidade social e acadêmica, os pais preocupavam-se muito com a imaturidade emocional da menina. Obviamente, Allison não reconhecia esse tipo de problema.

Respostas obtidas numa escala de autorrelato sobre sintomas de depressão tampouco sugeriam sofrimento interior. Em geral, Allison retratava-se feliz, amada e satisfeita (tanto em listas de verificação como por meio de seus desenhos). Só de vez em quando ela sentia-se entediada, zangada ou chateada. No geral, parecia ter uma impressão positiva de si mesma, mas valia-se da negação como principal mecanismo de defesa, o que, com frequência, denota ingenuidade e falta de espontaneidade emocional.

Foi somente em testes ambíguos (Rorschach, TAT) que as respostas de Allison indicaram, de fato, uma ansiedade subjacente que pudesse fazer com que se mostrasse reservada e fugidia em face de situações estressantes. Nesses testes, as respostas de Allison sugeriam seu afastamento de suas próprias emoções, o que provavelmente limitava as interações interpessoais e a distanciava de eventos que ela via como ameaças. Em razão de seu estilo fugidio, é provável que ela negligenciasse detalhes de interações e situações e reagisse impulsivamente e de forma exagerada.

Allison também parecia nutrir sentimentos de raiva e oposicionismo, sem ser capaz de expressá-los adequadamente. Muitas vezes, sentia-se frustrada quando lhe faziam exigências, mas achava que acabaria por conseguir o que queria. No entanto, se tivesse seus desejos tolhidos, seu raciocínio falho parecia resultar em uma lógica simplista, respostas ineficazes e comportamento um tanto ingênuo.

Em virtude dessas limitações do seu repertório emocional, Allison parecia evitar desafios que lhe causassem a mais ligeira apreensão, para a minimizar sensações desconfortáveis. Como resultado, essas ações podem tê-la privado de oportunidades de novas aprendizagens. Em vez de exprimir sua irritabilidade ou frustração, ela optaria por não enfrentar esses obstáculos e resistir passivamente às demandas que lhe faziam. Por consequência, ela tendia a negar problemas e não se dedicar a questões importantes que poderiam aumentar sua autoconfiança e sua motivação, deixando subdesenvolvida a sua capacidade de elevar a sua autoestima.

Palavras finais

Desde o nascimento, os testes têm grande influência em nossas vidas. Eles dão forma a impressões iniciais do nosso crescimento e do nosso desenvolvimento. Nos anos de escola, eles são aplicados para medir o progresso acadêmico, estimar atrasos na aprendizagem e determinar necessidades de adaptações e assistência especiais. E, ainda depois, são utilizados para avaliar a eficiência do local de trabalho, quantificar a deterioração quando ocorrem doenças ou determinar intervenções necessárias de serviços para incapacidades.

Em razão de sua notável bagagem educacional em estatísticas e compreensão do desenvolvimento de testes, os psicólogos permanecem à frente da aplicação de avaliações. Contudo, hoje outras disciplinas ressaltam a importância de se criar testes capazes de demonstrar exatidão na determinação de diversos tipos de funcionamento cognitivo e emocional. Mas os testes destinam-se, principalmente, a avaliar diferenças individuais de capacidades e personalidades.

Ao longo deste livro, a ênfase recaiu em demonstrar o valor dos desenhos para estimar o funcionamento cognitivo e visualizar traços emocionais. De todos os testes já desenvolvidos, os desenhos parecem ser os mais convenientes e certeiros em fornecer pistas para desvendar a pessoa em sua totalidade.

Referências

Achenbach, T. M., & Rescorla, L. A. (2001). *Manual for the ASEBA school-age forms and profiles*. University of Vermont, Research Center for Children, Youth, and Families.

Anastasi, A., & Urbina, S. (1997). *Psychological testing* (7. ed.). Pearson.

Aronow, E., Weiss, K. A., & Rezinkoff, M. (2001). *A practical guide to the thematic apperception test.* Brunner Routledge.

Bender, L. (1963). *Bender-Gestalt test.* Western Psychological Services.

Berg, E. A. (1948). A simple objective technique for measuring flexibility in thinking. *The Journal of General Psychology, 39*(1), 15-22.

Berger, M. (1976). Psychological testing. In M. Rutter e L. Herson (Eds.). *Child and adolescente psychiatry: Modern approaches.* Blackwell Scientific.

Brenner, R. A., & Oster, G. D. (2013). *From abcs to ieps: Empowering parents to communicate with their children's teachers and schools.* Amazon Digital Services.

Butcher, J. N., Dahlstrom, W. G., & Graham, J. R. (1989). *Manual for the restandardized Minnesota Multiphasic Personality Inventory (MMPI-2).* University of Minnesota Press.

Exner, J. E. (1995). *The Rorschach: A Comprehensive System. Basic foundations.* (Vol. 1). Wiley.

Gabel, S., Oster, G. D., & Butnik, S. M. (1986). *Understanding psychological testing in children: A guide for health professionals.* Plenum Medical.

Golden, C. J., Hammeke, T. A., & Purisch, A. D. (1980). *The Luria-Nebraska Battery Manual.* Western Psychological Services.

Gregory, R. J. (2013). *Psychological testing: History, principles and applications* (7. ed.). Pearson.

Groth-Marnat, G. (2009). *Handbook of psychological assessment.* (5. ed.). Wiley.

Hammer, E. F. (1997). *Advances in projective drawing interpretation.* Charles C. Thomas.

Handler, L., & Thomas, A. D. (2013). *Drawings in assessment and psychotherapy: Research and application.* Routledge.

Jastak, J. F., & Jastak, S. (1993). *WRAT-3: Wide Range Achievement Test* (3. ed.). Jastak Associates.

Kaplan, R. M., & Saccuzzo, D. P. (2012). *Psychological testing: Principles, applications, and issues* (8. ed.). Cengage Learning.

Kaufman, A. S., & Kaufman, N. L. (1993). *The Kaufman Adolescent and Adult Intelligence Test.* American Guidance Service.

Klepsch, M., & Logie, L. (1982). *Children draw and tell: An introduction to the projective uses of children's human figure drawings.* Brunner/Mazel.

Leibowitz, M. (1999). *Interpreting projective drawings: A self psychological approach.* Brunner/Mazel.

Malchiodi, C. A. (1998). *Understanding children's drawings.* Guilford Press.

Malchiodi, C. A. (Ed.). (2012). *Art therapy and health care.* Guilford Press.

Markwardt, F. C. (1989). *Peabody individual achievement test-revised (PIAT-R).* American Guidance Service.

Morey, L. C. (2007). *Personality assessment inventory professional manual.* Psychological Assessment Resources.

Oster, G. D. (2013). *Unmasking childhood depression.* Amazon Digital Services.

Oster, G. D., Caro, J. E., Eagen, D. R., & Lillo, M. A. (1988). *Assessing adolescents.* Pergamon.

Oster, G. D., & Crone, P. (2004). *Using drawings in assessment and therapy* (2. ed.). Taylor & Francis.

Oster, G. D., & Gould, P. (1987). *Using drawings in assessment and therapy.* Brunner/Mazel.

Oster, G. D., & Montgomery, S. S. (1996). *Clinical uses of drawings.* Jason Aronson.

Reitan, R. (1985). *Halstead-Reitan neuropsychological test battery: Theory and clinical interpretation.* Reitan Neuropsychology.

Reynolds, C. R., & Kamphaus, R. W. (2015). *BASC-3: Behavior Assessment System for Children* (3. ed.). Pearson.

Roberts, G. E. (1994). *Interpretive handbook for the Roberts Apperception Test for Children.* Western Psychological Services.

Rorschach, H. (1942). *Psychodiagnostics.* Verlag Han Huber.

Taylor, E. M. (1959). *The appraisal of children with cerebral deficits.* Harvard University Press.

Urbina, S. (2014). *Essentials of psychological testing* (2. ed.). Wiley.

Wechsler, D. (2014). *Wisc-V: Administration and scoring manual for the Wechsler intelligence scale for children* (5. ed.). Pearson.

Wilkinson, G. S., & Robertson, G. J. (2006). *Wide Range Achievement Test* (WRAT4) (4a. ed.). Psychological Assessment Resources.

Conecte-se conosco:

 facebook.com/editoravozes

 @editoravozes

@editora_vozes

 youtube.com/editoravozes

+55 24 2233-9033

www.vozes.com.br

Conheça nossas lojas:
www.livrariavozes.com.br

Belo Horizonte – Brasília – Campinas – Cuiabá – Curitiba
Fortaleza – Juiz de Fora – Petrópolis – Recife – São Paulo

EDITORA VOZES LTDA.
Rua Frei Luís, 100 – Centro – Cep 25689-900 – Petrópolis, RJ
Tel.: (24) 2233-9000 – E-mail: vendas@vozes.com.br